Markus Böhme

Staatsorganisations-
recht

1. Auflage 2008

ISBN 978-3-86724-067-3

1. Auflage 2008

© 2008 Niederle Media

Bezug über den Buchhandel oder direkt vom Verlag
Niederle Media
48341 Altenberge
Fax (02505) 93 98 99
E-Mail: info@niederle-media.de
www.niederle-media.de

Druck:

▶ Inhalt

▶ Staatsorganisationsrecht

▶ Vorwort

Das Staatsorganisationsrecht stellt häufig die erste öffentlich-rechtliche Materie dar, mit der man sich im Studium beschäftigt. Die große Bedeutung des Grundgesetzes, das Zusammenspiel der Verfassungsorgane, die Existenz der Grundrechte und die durch die Verfassung vorgegebenen Leitlinien beantworten zugleich die Frage, warum sich gerade eine Auseinandersetzung mit juristischen Fragestellungen lohnt: Das Recht bildet die Grundlage der Gesellschaft. Dies wird nirgendwo deutlicher als im Staatsorganisationsrecht.

Der Name **Niederle Media** steht für Skripten, die zu einem großen Teil von Autoren mit mehrjähriger Lehr-Erfahrung als Hochschullehrer oder AG-Leiter verfasst wurden und die

- klausurrelevante Themen *kompakt* darstellen,

- meist in 1-2 Tagen und demnach *zeitsparend* durchgearbeitet werden können,

- so *verständlich* sind, dass auch Anfänger damit regelmäßig auf Anhieb klarkommen,

- *Fallbeispiele, Übersichten* und *Schemata* enthalten,

- sehr *erschwinglich* sind (ab 6,60 Euro).

Aufgrund dieser Eigenschaften sind unsere Skripten hervorragend geeignet für den ersten, unkomplizierten Einstieg in die Materie oder für eine schnelle Wiederholung kurz vor der Prüfung. Dafür drücke ich schon jetzt ganz fest die Daumen,

Jan Niederle

▶ Unsere 📖 Skripten 📑 Karteikarten 🎧 Hörbücher (Audio-CDs)

Zivilrecht (je 6,60 €*)

- 📖 Standardfälle für Anfänger und 📖 Standardfälle für Fortg.
- 📖 Standardfälle BGB AT
- 📖 Standardfälle Schuldrecht
- 📖 Standardfälle Ges. Schuldverh. (§§ 677, 812, 823)
- 📖 Standardfälle Sachenrecht
- 📖 Standardfälle Familien- und Erbrecht
- 📖 Originalklausuren Übung für Fortgeschrittene
- 📖 🎧 Basiswissen BGB (AT) (Frage-Antwort)
- 📖 🎧 Basiswissen SchR (AT) und 📖 🎧 Basisw SchR (BT)
- 📖 Einführung in das Bürgerliche Recht
- 📖 BGB (AT) (9,90 €)
- 📖 Schuldrecht (AT) (9,90 €)
- 📖 Schuldrecht (BT) 1 - §§ 437, 536, 634, 670 ff.
- 📖 Schuldrecht (BT) 2 - §§ 812, 823, 765 ff.
- 📖 Sachenrecht 1 – Bewegliche Sachen
- 📖 Sachenrecht 2 – Unbewegliche Sachen
- 📖 Familienrecht
- 📖 Erbrecht
- 📖 Streitfragen Schuldrecht
- 📖 🎧 Definitionen für die Zivilrechtsklausur (9,90 €)

Strafrecht (je 6,60 €*)

- 📖 Standardfälle für Anfänger Band 1 (7,90 €)
- 📖 Standardfälle für Anfänger Band 2
- 📖 Standardfälle für Fortgeschrittene (8,90 €)
- 📖 🎧 Basiswissen Strafrecht (AT) (Frage-Antwort)
- 📖 Basiswissen Strafrecht (BT) in Vorbereitung
- 📖 Strafrecht (AT)
- 📖 Strafrecht (BT) 1 – Vermögensdelikte (7,90 €)
- 📖 Strafrecht (BT) 2 – Nichtvermögensdelikte (7,90 €)
- 📖 Jugendstrafrecht/Strafvollzug/Kriminologie
- 📖 🎧 Definitionen für die Strafrechtsklausur

Öffentliches Recht (je 6,60 €*)

- 📖 Standardfälle Staatsrecht I – StaatsorgaR (7,90 €)
- 📖 Standardfälle Staatsrecht II – Grundrechte (9,90 €)
- 📖 Standardfälle für Anfänger (StaatsorgaR u. Grundrechte)
- 📖 Standardfälle Verwaltungsrecht (AT) (7,90 €)
- 📖 Standardfälle Verwaltungsrecht für Fortgeschrittene
- 📖 Standardfälle Baurecht (7,90 €)
- 📖 Standardfälle Europarecht (7,90 €)
- 📖 🎧 Basiswissen Staatsrecht I – StaatsorgaR (Frage-Antw.)
- 📖 🎧 Basiswissen Staatsrecht II – GrundR (Frage-Antw.)
- 📖 Basiswissen Verwaltungsrecht AT– (Frage-Antwort)
- 📖 Staatsorganisationsrecht (9,90 €)
- 📖 Grundrechte (9,90 €)
- 📖 Staatshaftungsrecht (7,90 €)
- 📖 Verwaltungsrecht (AT) 1 - VwVfG
- 📖 Verwaltungsrecht (AT) 2 – VwGO
- 📖 Verwaltungsrecht (BT) 1 – POR (7,90 €)
- 📖 Verwaltungsrecht (BT) 2 – Baurecht
- 📖 Verwaltungsrecht (BT) 3 – Umweltrecht
- 📖 🎧 Europarecht (9,90 €)
- 📖 🎧 Definitionen Öffentliches Recht (8,90 €)

Steuerrecht (je 6,60 €*)

- 📖 Abgabenordnung (AO)
- 📖 Einkommensteuerrecht (EStG) (7,90 €)
- 📖 Umsatzsteuerrecht (UStG) (7,90 €)
- 📖 Erbschaftsteuerrecht: erscheint ca. April 2008!
- 📖 Steuerstrafrecht/Verfahren/Steuerhaftung (7,90 €)

Sozialrecht (je 6,60 €*)

- 📖 Kinder- und Jugendhilferecht
- 📖 Sozpäd. Diagn.: SPFH & ambul. Hilfen d. KJH
- 📖 Sozialrecht

Nebengebiete (je 6,60 €*)

- 📖 Standardfälle Handels- & GesellschaftsR
- 📖 Standardfälle Arbeitsrecht (7,90 €)
- 📖 🎧 Basiswissen Handelsrecht (Frage-Antwort)
- 📖 🎧 Basiswissen Gesellschaftsrecht (Fra.-Antw.)
- 📖 🎧 Basiswissen ZPO (Frage-Antwort) (7,90 €)
- 📖 🎧 Basiswissen StPO (Frage-Antwort)
- 📖 Handelsrecht
- 📖 Gesellschaftsrecht
- 📖 Arbeitsrecht (7,90 €)
- 📖 Kollektives Arbeitsrecht (7,90 €)
- 📖 ZPO I – Erkenntnisverfahren (7,90 €)
- 📖 ZPO II – Zwangsvollstreckung
- 📖 Strafprozessordnung – StPO
- 📖 Internationales Privatrecht – IPR (7,90 €)
- 📖 Insolvenzrecht
- 📖 Gewerbl. Rechtsschutz/Urheberrecht (7,90 €)
- 📖 Wettbewerbsrecht (7,90 €)
- 📖 500 Spezial-Tipps f. Juristen (10,90 €)
- 📖 Mediation (7,90 €)

Karteikarten (je 8,90 €)

- 📑 Grundlagen des Zivilrechts
- 📑 Streitfragen Strafrecht
- 📑 Strafrecht (BT) 1 - Vermögensdelikte
- 📑 Strafrecht (BT) 2 – Nichtvermögensdelikte

Assessorexamen (je 6,60 €*)

- 📖 Die Relationstechnik
- 📖 Der Aktenvortrag im Strafrecht
- 📖 Der Aktenvortrag im Wahlfach Strafrecht
- 📖 Der Aktenvortrag im Zivilrecht
- 📖 Der Aktenvortrag im Öffentlichen Recht
- 📖 Urteilsklausuren Zivilrecht
- 📖 Anwaltsklausuren Zivilrecht
- 📖 Staatsanwaltl. Sitzungsdienst & Plädoyer
- 📖 Die strafrechtliche Assessorklausur
- 📖 Die öff.-rechtl. Assessorklausur Bd.1 (7,90 €)
- 📖 Die öff.-rechtl. Assessorklausur Bd.2
- 📖 Zwangsvollstreckungsklausuren
- 📖 Vertragsgestaltung in der Anwaltsstation

BWL & VWL (je 6,60 €*)

- 📖 Einführung in die Betriebswirtschaftslehre
- 📖 Einführung in die Volkswirtschaftslehre
- 📖 Ratg. „500 Spezial-Tipps für BWLer"
- 📖 Rechnungswesen
- 📖 Marketing
- 📖 Organisationsgestaltung & -entwickl. (7,90 €)
- 📖 Internationales Management
- 📖 Unternehmensführung
- 📖 Wie gelingt meine wiss. Abschlussarbeit?
- 📖 Ratgeber Assessment Center

Schemata (9,90 €)

- 📖 Die wichtigsten Schemata - ZivR,StrafR,ÖR
- 📖 Die wichtigsten Schemata - Nebengebiete

* 6,60 Euro, soweit nicht ein anderer Preis in ( ) angegeben ist! Irrtümer/Änd. vorbehalten!

🎧 bedeutet: auch als **Hörbuch** (Audio-CD) lieferbar (7,90 €)

Im **niederle-shop.de** bestellte Artikel treffen idR *nach 1-2 Werktagen* ein!

§ 1 Einführung

Das Staats*organisationsrecht* ist bei den meisten Studierenden nicht sonderlich beliebt, weil es eine teils schwer zugängliche Materie darstellt. Einzige Ausnahme bilden insofern die einfach zu erlernenden Zulässigkeitsvoraussetzungen der einzelnen gerichtlichen Verfahren (z. B. der Normenkontrolle oder des Organstreits), die von den Studierenden regelmäßig sicher angewandt werden. Die Schwierigkeit des Staats*haftungsrechts* beruht in der Regel auf der Tatsache, dass man mit den hiesigen Rechtsproblemen – anders als beispielsweise im Zivilrecht beim Abschluß eines Kaufvertrages – im Alltagsleben nicht in Berührung kommt und die Materie daher zwangsläufig einen hohen Grad an Abstraktheit aufweist.

Trotzdem erfreut sich das Staatsorganisationsrecht während des Studiums und auch im 1. Staatsexamen hoher Beliebtheit, weil es sich aufgrund ständig neu auftretender Rechtsprobleme von grundlegender Bedeutung für das Zusammenwirken der verschiedenen Staatsorgane als Prüfungsgegenstand geradezu anbietet. Da die Fülle der auftretenden Fragen nahezu endlos ist, scheidet ein Auswendiglernen der möglichen Probleme – mit Ausnahme weniger „Klassiker" – in der Regel aus.

Für die Bearbeitung einer staatsorganisationsrechtlichen Klausur bietet sich jedoch folgende dreistufige Vorgehensweise an, um sich der oftmals unbekannten Materie zu nähern:

1.) Bei der ersten Lektüre des Sachverhaltes sollte der Bearbeiter zunächst nur die ihm ins Auge springenden Normen am Rand notieren.

2.) Erst in einem zweiten Schritt sollte sich der Bearbeiter auf die systematische Suche nach weiteren relevanten Vorschriften, die sich oftmals zwangsläufig im Grundgesetz finden werden, begeben. Anhand des systematischen

Aufbaus des Grundgesetzes wird somit bereits deutlich, welche Regelungen zueinander in einem abstrakten Spannungsverhältnis stehen.

3.) Im dritten Schritt ist dann eine konkrete Anwendung auf den Einzelfall erforderlich. Dies wird regelmäßig den Schwerpunkt einer jeden staatsorganisationsrechtlichen Klausur darstellen.

Die Herangehensweise an eine staatsorganisationsrechtliche Klausur lässt sich daher wie folgt zusammenfassen:

1.) Vorschriften suchen

2.) Normen systematisch einordnen

3.) Anwendung auf den vorliegenden Einzelfall

---

§ 2 Die Grundlagen des Staatsorganisationsrechts

Das Staatsorganisationsrecht beschäftigt sich im Gegensatz zur Staatslehre mit dem Aufbau eines konkreten Staates, seiner Organe, deren Beziehungen zueinander und der Gesetzgebung. Die Staatslehre, die teilweise auch als Staatstheorie bezeichnet wird, behandelt demgegenüber Fragestellungen unabhängig von einem konkreten Staat. Dabei handelt es sich beispielsweise um die Frage der Definition des Staates, der Souveränität von Staaten und deren Entstehung sowie Untergang.

I. Der Staatsbegriff

Das Grundgesetz enthält keine Legaldefinition dieses Begriffes, sondern setzt voraus, dass es sich bei der Bundesrepublik Deutschland um einen Staat handelt.

Die Definition des Staatsbegriffes ist maßgeblich dem österreichischen Staatsrechtler *Georg Jellinek* zu verdanken, der von 1851 bis 1911 lebte. Er unterrichtete seit 1891 an der Universität

Heidelberg und verfasste 1900 sein Hauptwerk, die „Allgemeine Staatslehre". Dieses Buch gilt als sein wichtigstes Werk und hat die Staatslehre maßgeblich geprägt.

Die von *Georg Jellinek* entwickelte Definition ist auch heute noch einschlägig. Sie fordert unter dem Begriff der **„Drei-Elemente-Lehre"**, folgende drei Voraussetzungen zur Anerkennung eines Staates:

1.) Staatsgebiet
2.) Staatsvolk
3.) Staatsgewalt

Das **Staatsgebiet** wird allgemein als ein bestimmter Teil der Erdoberfläche angesehen, in welchem sich die Staatsgewalt räumlich begrenzt auf die dort lebenden Menschen erstreckt.

Unter dem **Staatsvolk** versteht man die Gesamtheit der Staatsangehörigen. Das Grundgesetz enthält dazu eine Legaldefinition des „Deutschen" in Art. 116 GG. Die Staatsangehörigkeit führt in einer Demokratie zu einem gegenseitigen Verhältnis von Rechten und Pflichten zwischen dem Staat und den Staatsangehörigen. Die Staatsangehörigen sind von den Personen, die sich lediglich im Staatsgebiet aufhalten und der Staatsgewalt unterworfen sind (sogenannte Gewaltunterworfene, z. B. Durchreisende oder Ausländer) und den Personen mit Wohnsitz im Staatsgebiet (sogenannte Bevölkerung) zu unterscheiden. Obwohl es durchaus zwischen den verschiedenen Gruppen Überschneidungen geben kann, sollten diese Begriffe nicht verwechselt werden.

Nach **Art. 116 I GG** ist vorbehaltlich anderweitiger gesetzlicher Regelungen Deutscher im Sinne des Grundgesetzes, wer die deutsche Staatsangehörigkeit besitzt oder als Flüchtling oder Vertriebener deutscher Volkszugehörigkeit oder als dessen Ehegatte oder Abkömmling in dem Gebiete des Deutschen Reiches nach dem Stande vom 31. Dezember 1937 Aufnahme gefunden hat. Einfachgesetzlich wird die verfassungsrechtliche Regelung durch das **Staatsangehörigkeitsgesetz** (StAG) vom 22. Juli 1913 ergänzt.

Für die Erlangung der Staatsangehörigkeit werden allgemein zwei Prinzipien unterschieden. Man unterscheidet grundsätzlich zwischen dem **Abstammungsprinzip** bzw. **ius sanguinis** (lat. = „Recht des Blutes") und dem **Territorialprinzip** bzw. **ius soli** (lat. = „Recht des Bodens"). Das deutsche Staatsangehörigkeitsrecht[1] folgt dem Abstammungsprinzip, d. h. die Kinder von Staatsbürgern eines bestimmten Staates werden mit der Geburt und unabhängig vom Geburtsort Staatsbürger des Staates ihrer Vorfahren. Daneben besteht die Möglichkeit der Einbürgerung. In einem klassischen Einwanderungsland wie den USA wird hingegen das Territorialprinzip angewandt, d. h. der Geburtsort entscheidet über die Staatsangehörigkeit.

Da in der Zeit des Nationalsozialismus unbeliebte Personen ausgebürgert wurden, indem ihnen einfach die Staatsangehörigkeit entzogen wurde, bestimmt Art. 16 I 1 GG, dass die deutsche Staatsangehörigkeit nicht entzogen werden darf, um einen erneuten Missbrauch eines solchen Vorgehens zu vermeiden. Nach Art. 16 I 2 GG und § 17 StAG darf der Verlust der Staatsangehörigkeit nur auf Grund eines Gesetzes und gegen den Willen des Betroffenen nur dann eintreten, wenn der Betroffene dadurch nicht staatenlos wird. Allerdings hat das **Bundesverfassungsgericht** in einer vielbeachteten Entscheidung aus dem Jahre 2006 entschieden, dass Art. 16 I 1 GG die Rücknahme einer erschlichenen Einbürgerung nicht ausschließe und eine Auslegung des Art. 16 I 2 GG, nach der das Verbot der Inkaufnahme der Staatenlosigkeit sich auch auf den Fall der erschlichenen Einbürgerung erstrecke,

---

[1] Eine Einführung in das aktuelle Staatsangehörigkeitsrecht finden Sie bei *Leopold*, JuS 2006, 126 ff. und *Schnapp/Neupert*, Jura 2004, 167 ff.

nicht dem Willen des Verfassungsgebers entspreche und daher außerhalb des Schutzzwecks der Norm liege.[2]

Als **Staatsgewalt** bezeichnet man allgemein die Ausübung der hoheitlichen Macht innerhalb des räumlich abgegrenzten Staatsgebietes durch die Staatsorgane. In Deutschland findet sich das auf den französischen Staatstheoretiker *Montesquieu* (* 18. Januar 1689, † 10. Februar 1755) zurückgehende Prinzip der dreifachen Gewaltenteilung in Legislative (Gesetzgebung), Judikative (Rechtsprechung) und Exekutive (Ausführung).

Zusammenfassung:

Ein Staat setzt sich aus folgenden drei Elementen zusammen:
  1.) Staatsgebiet
  2.) Staatsvolk
  3.) Staatsgewalt, diese wiederum untergliedert in:
     a) Legislative
     b) Judikative
     c) Exekutive

II. Unterscheidung Bundesstaat, Staatenbund, Einheitsstaat

Die Abgrenzung der verschiedenen Staatsformen ist mitunter schwierig, weil die Übergänge nicht immer trennscharf abzugrenzen und oftmals fließend sind. Allgemein haben sich folgende Definitionen für die verschiedenen Staatsformen herausgebildet:

Unter einem **Bundesstaat** versteht man den Zusammenschluß mehrerer Staaten zu einem übergeordneten Gesamtstaat. Dabei ist es für einen Bundesstaat charakteristisch, dass sowohl die Gliedstaaten als auch der Bundesstaat über eigene rechtliche, politische und territoriale Kompetenzen verfügen. Die Beziehung-

---

[2] BVerfGE 116, 24 ff. = NVwZ 2006, 807 ff. Eine Auseinandersetzung mit dieser Entscheidung finden Sie bei *Kämmerer*, NVwZ 2006, 1015 ff.

12

en der einzelnen Gliedstaaten zueinander werden dabei nicht durch das Völkerrecht, sondern ausschließlich durch die Verfassung des Gesamtstaates geregelt. In der Bundesrepublik Deutschland wird den Gliedstaaten allerdings durch Art. 32 II und III GG eine eingeschränkte Teilnahme am völkerrechtlichen Verkehr ermöglicht.

Beispiele: USA seit 1787, Schweiz seit 1848, Norddeutscher Bund, Deutsches Reich von 1871 und die jetzige Bundesrepublik Deutschland.

Demgegenüber ist ein **Staatenbund** ein Zusammenschluss mehrerer souveräner Staaten mit eigener Organisation auf Bundesebene. Inhaber der Souveränität sind hierbei im Unterschied zum Bundesstaat allerdings weiterhin die einzelnen Staaten. Da die einzelnen Staaten weiterhin ihre volle Souveränität behalten, hat sich diese Organisationsform historisch selten als stabil erwiesen.

Beispiele: USA bis 1787 Schweiz von 1815 bis 1848, Rheinbund von 1806 bis 1813 und der Deutsche Bund von 1815 bis 1866.

Zuletzt gibt es noch die Ausprägung als **Einheitsstaat**, der oftmals auch als Zentralstaat bezeichnet wird. Hierbei existiert nur eine Staatsgewalt mit einer einheitlichen staatlichen Organisation. Eine regionale Aufteilung der Staatsgewalt ist dieser Staatsform fremd. Die Untergliederungen im Einheitsstaat haben entweder nur die Funktion als bloße Verwaltungsbezirke oder stellen allenfalls autonome Körperschaften dar.

Beispiele: Frankreich, Italien, Japan.

III. Exkurs: Die Besonderheiten der Europäischen Union

Die Europäische Union stellt mangels eigener Rechtspersönlichkeit eine Besonderheit dar und kann aufgrund ihres Aufbaus nicht mit den zuvor genannten Staatsmodellen erklärt werden. Dies beruht auf der Tatsache, dass die Europäische Union sowohl von

supranationalen als auch von **intergouvernementalen** Elementen geprägt wird. Die EU kann mangels vollumfänglicher Staatsgewalt noch nicht als Staat angesehen werden, denn sie verfügt nur über die von den Mitgliedstaaten verliehenen Kompetenzen und kann von sich selbst aus keine neuen Kompetenzen schaffen. Die Mitgliedstaaten haben also insoweit ihre Souveränität behalten.

Es besteht jedoch insofern Einigkeit, dass die Europäischen Gemeinschaften (EG, Euratom und die bis 2002 bestehende EGKS[3]) jeweils eigene Rechtspersönlichkeit besitzen (siehe Art. 281 EG und Art. 184 Euratom-Vertrag) und supranationalen Charakter haben. Unter **Supranationalität** (v. lat. supra = über und natio = Volk) versteht man die Möglichkeit der Gemeinschaften zum Erlass eigener Rechtsakte durch eigene Organe. Diese Rechtsakte sind unmittelbar verbindlich, so dass die Mitgliedstaaten und unter Umständen auch die Bürger daran gebunden sind.

Andererseits gibt es in der EU nicht nur die Europäischen Gemeinschaften, sondern auch **intergouvernementale** Institutionen wie die Gemeinsame Außen- und Sicherheitspolitik (GASP, Art. 11 bis 28 EU) und die polizeiliche und justizielle Zusammenarbeit in Strafsachen (PJZS, Art. 29 bis 42 EU). Hierbei handeln nach außen die Mitgliedstaaten selbst. Im Gegensatz zur Supranationalität haben diese Beschlüsse allerdings keine unmittelbare Wirkung im Recht der Mitgliedstaaten, sondern müssen jeweils mitgliedstaatlich umgesetzt werden.

Nachdem zunächst versucht wurde, den Rechtscharakter der EU mit verschiedenen Staatstheorien (Völkerrechtstheorie, Bundesstaatstheorie, gemeinschaftsrechtliche Theorie) zu erläutern, hat

---

[3] Die Beendigung der Europäischen Gesellschaft für Kohle und Stahl (EGKS) im Jahre 2002 beruhte auf der Tatsache, dass der am 23. Juli 1952 geschlossene Vertrag eine Laufzeit von 50 Jahren hatte und somit mangels Vertragsverlängerung am 23. Juli 2002 auslief.

14

sich mittlerweile durchgesetzt, dass die EU als **Staatenverbund**, also als eine Organisation sui generis anzusehen ist. Dies beruht maßgeblich auf dem sogenannten Maastricht-Urteil des Bundesverfassungsgerichts vom 12. Oktober 1993.[4] Bildlich wird die EU nunmehr mit dem sogenannten „Drei-Säulen-Modell" erläutert. Dabei bildet die EU das „Dach" und die Gemeinschaften die erste Säule. Die zweite und dritte Säule werden durch die GASP und die PJZS hergestellt.

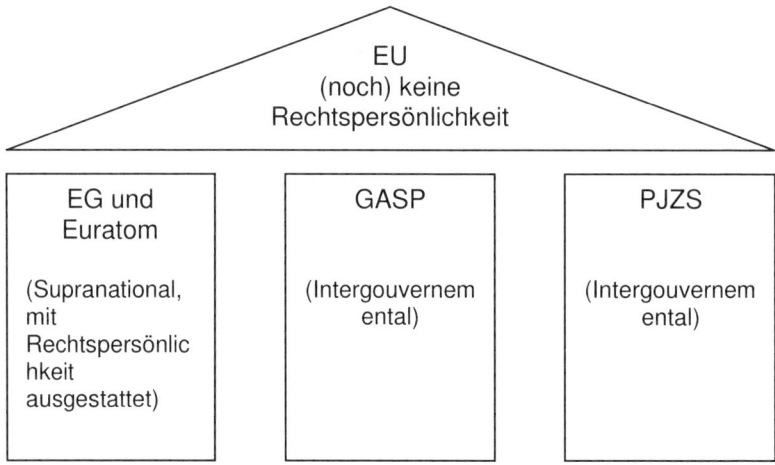

Zusammenfassend kann man somit festhalten, dass die EU in ihrer bisherigen Form nicht mit den klassischen Staatsmodellen erklärt werden kann. Vorherrschend ist die Einordnung als **Staatenverbund**, wobei die Entwicklung sicherlich noch nicht an einem Endpunkt angelangt ist.

---

[4] BVerfGE 89, 155 ff. = NJW 1993, 3047 ff.

§ 3 Das Grundgesetz als Grundlage der BRD

Die maßgeblichen staatsorganisationsrechtlichen Vorschriften finden sich in der Verfassung der Bundesrepublik Deutschland, dem Grundgesetz. Das Grundgesetz setzt sich wie sehr viele „moderne" Verfassungen aus den beiden Teilen „Grundrechte" und „Staatsorganisationsrecht" zusammen. Der Begriff Grundgesetz statt Verfassung beruht insofern auf der Besonderheit der deutschen Teilung in Ost und West nach dem 2. Weltkrieg. Die damaligen Ministerpräsidenten waren im Vorfeld der Überlegungen zum Erlass des Grundgesetzes der Auffassung, dass alles vermieden werden müsse, um die Spaltung zwischen Ost und West zu vertiefen. Daher wehrten sie sich auf ihrer Tagung im Koblenzer Berghotel „Rittersturz" vom 08. bis zum 10. Juli 1948 energisch gegen den Begriff „Verfassung", weil dies den Staatscharakter der zu errichtenden Bundesrepublik Deutschland verdeutlicht hätte. Vielmehr plädierten sie für ein Provisorium, das einen gemeinsamen organisatorischen Rahmen für den Bereich der Westzone bilden sollte und schlugen daher statt des Begriffes „Verfassung" den Begriff „Grundgesetz" vor.

I. Die historische Entwicklung bis zum Grundgesetz

Im nachfolgenden Abschnitt soll die geschichtliche Entwicklung bis zum Erlass des Grundgesetzes dargestellt werden. Diese Kenntnisse erleichtern vor allem die spätere Auseinandersetzung mit dem Grundgesetz, weil dadurch besser verständlich ist, warum bestimmte Regelungen getroffen oder aus den bisherigen Verfassungen gerade nicht mehr übernommen wurden.

1. Die Frankfurter Nationalversammlung von 1848/1849

Bei der Frankfurter Nationalversammlung, die vom 18. Mai 1848 bis zum 31. Mai 1849 in der Frankfurter Paulskirche tagte, handelte es sich um das erste gesamtdeutsche Parlament.[5] Der Einberufung der Frankfurter Nationalversammlung ging die sogenannte Märzrevolution voraus. Diese war maßgeblich von den Ereignissen der französischen Revolution im Februar 1848, die zur Abdankung des Königs führte, geprägt. Infolgedessen kam auch in Deutschland die Forderung nach Bürger- und Freiheitsrechten auf und es kam in nahezu allen Staaten des Deutschen Bundes zu Volksversammlungen und Demonstrationen. Im Laufe dieser zum Teil sehr kämpferischen Unruhen willigten die Einzelstaaten des Deutschen Bundes ein, durch allgemeine und freie Wahlen ein gesamtdeutsches Parlament wählen zu lassen, das in Frankfurt eine Verfassung ausarbeiten sollte.

Ein Vorparlament von 574 Mitgliedern, das vom 31. März bis zum 3. April 1848 in Frankfurt tagte, bereitete die Einberufung der Nationalversammlung vor. Dies führte zunächst zur Wahl von insgesamt 812 Abgeordneten und Stellvertretern. Bei einer gesetzlichen Mitgliederzahl von 649 bestand die Nationalversammlung allerdings letztendlich nur aus 585 Abgeordneten, da in zahlreichen österreichischen Wahlkreisen mit nichtdeutscher Bevölkerung kein Abgeordneter gewählt worden war.

Ein Hauptaugenmerk der Nationalversammlung war die Ausarbeitung der von der Bevölkerung eingeforderten **Grundrechte**. Hierzu wurde ein Ausschuss eingesetzt, dessen Ergebnisse am 28. Dezember 1848 im Reichsgesetzblatt als „Reichsgesetz betreffend die Grundrechte des deutschen Volkes vom 27. Dezem-

---

[5] Zusammenfassender Überblick zum Verlauf der Verfassungsgebung von 1848 findet sich bei *Schmauck*, DVP 1999, 93ff. und *Laufs*, JuS 1998, 385ff. *Kühne*, NJW 1998, 1513ff. beschäftigt sich mit der Bedeutung der Paulskirchenverfassung für den späteren deutschen Verfassungsstaat.

ber 1848" verkündet wurden. Damit waren erstmalig in der deutschen Geschichte die Freiheitsrechte der Bürger formuliert. Diese umfassten neben der Freiheit der Person, der Freiheit der Meinungsäußerung, der Glaubens- und Gewissensfreiheit, der Versammlungs- und Koalitionsfreiheit, der Gleichheit aller Deutschen vor dem Gesetz, der Freizügigkeit innerhalb des Reichsgebietes, der Berufsfreiheit und der Unverletzlichkeit des Eigentums vor allem die Abschaffung der Todesstrafe sowie aller bisherigen Standesvorrechte.

Nach langwierigen Diskussionen zur Frage der groß- oder klein-deutschen Regelung[6] wurde sodann am 28. März 1849 auch die vollständige Reichsverfassung verabschiedet, die einen Kompro-miss zwischen den Vorstellungen der monarchisch-konservativen und denen der liberal-demokratischen Abgeordneten darstellte. Die zuvor verkündeten Grundrechte wurden als Bestandteil in diese Verfassung implementiert. Nach dem Grundsatz der Ge-waltenteilung sollte die Regierungsgewalt nunmehr nach der klein-deutschen Lösung bei dem preußischen König Friedrich Wilhelm IV und bei den von ihm ernannten Ministern liegen. Der aus zwei Kammern[7] bestehende Reichstag sollte die Legislative bilden.

Obwohl zuvor 28 Einzelstaaten die Reichsverfassung anerkannt hatten, lehnte der preußische König die ihm am 3. April 1849 angetragene Kaiserwürde letztendlich ab und ließ damit das ge-samte Verfassungswerk scheitern.

---

[6] Gegenstand dieses Streits war die Frage, ob das künftige Staatsober-haupt aus dem Hause Habsburg (großdeutsche Lösung) oder aus dem preußischen Adelsgeschlecht (kleindeutsche Lösung) stammen sollte.
[7] Die erste Kammer bildete das Volkshaus mit den nach dem allgemeinen und gleichen Männerwahlrecht gewählten Abgeordneten. Die zweite Kammer wurde durch das Staatenhaus gebildet, dessen Abgeordneten je zur Hälfte von den Regierungen und den Landtagen der Einzelstaaten entsandt werden sollten.

Trotz dieses Scheiterns hatte die Paulskirchenverfassung jedoch maßgeblichen Einfluss auf die spätere Verfassungsgeschichte Deutschlands. Insbesondere die Grundrechte sind großteils in die spätere Weimarer Reichsverfassung von 1919 aufgenommen worden und haben wichtige Impulse für das spätere Grundgesetz gegeben.

2. Die Reichsverfassung von 1871

Durch die französische Kriegserklärung an Preußen am 19. Juli 1870 entstanden in Deutschland ein verstärktes Nationalgefühl und eine starke patriotische Strömung. Dies führte dazu, dass Bismarck die Gunst der Stunde im Sinne seiner Einigungsbemühungen nutzte, um Gespräche mit den süddeutschen Staaten über einen Beitritt zum Norddeutschen Bund aufzunehmen. Nachdem eine Einigung mit den beitretenden Staaten herbeigeführt worden und der preußische König zur Annahme der Kaiserkrone bereit war, fand am 18. Januar 1871 im Spiegelsaal des Versailler Schlosses die Kaiserproklamation statt.

Die Reichsverfassung vom 16. April 1871 entsprach im Wesentlichen der 1866 ausgearbeiteten Verfassung des Norddeutschen Bundes. Der Kaiser, der Bundesrat, der Reichstag und der Reichskanzler waren in der Verfassung als Staatsorgane vorgesehen. Dem **Kaiser** stand das Recht der Ernennung und Entlassung des Reichskanzlers zu. Außerdem konnte er den Reichstag einberufen und war in Kriegszeiten Oberbefehlshaber der Streitkräfte.

Der **Bundesrat** setzte sich aus 58 Vertretern der 25 Bundesstaaten zusammen, die nach deren Weisungen einheitlich abzustimmen hatten. Die Bedeutung des Bundesrates als wichtigstem Reichsorgan wurde dadurch unterstrichen, dass der Reichskanzler den Vorsitz führte.

Der **Reichstag** wurde als Volksvertretung zunächst auf drei und ab 1888 auf fünf Jahre gewählt. Die Abgeordneten wurden in allgemeinen, gleichen, unmittelbaren und geheimen Wahlen gewählt. Aktiv und passiv wahlberechtigt waren männliche Reichsangehörige nach Vollendung des 25. Lebensjahres[8], wobei in Preußen weiterhin ein nach der Steuerleistung abgestuftes Dreiklassenwahlrecht galt. Die Befugnisse des Reichstages blieben jedoch gering, weil ihm außer der Teilnahme an der Gesetzgebung weitere durchgreifende Entscheidungsfunktionen vorenthalten blieben.

Die Verfassung regelte zudem erschöpfend die **Gesetzgebungskompetenz** des Bundes. Vergleichbar zur heutigen Regelung wurde zwischen ausschließlichen und konkurrierenden Gesetzgebungszuständigkeiten des Reiches unterschieden.

Auf die Aufnahme von **Grundrechten** in die Reichsverfassung von 1871 wurde allerdings verzichtet, weil solche Regelungen mittlerweile Eingang in die Verfassungen der Bundesstaaten gefunden hatten. Dies stellt einen wesentlichen Unterschied zur gescheiterten Paulskirchenverfassung von 1848/1849 dar. Trotz zunehmender Kritik an der schwachen Stellung des Reichstags als Vertretung des Volkes wurde die Reichsverfassung von 1871 bis in die letzten Wochen des 1. Weltkrieges beibehalten.

---

[8] Obwohl die Verfassung eine solche Einschränkung nicht vorsah, wurde diese Einschränkung durch das Wahlgesetz des Reiches damit begründet, dass die Verfassungsväter selbstverständlich von einer Beschränkung auf männliche Erwachsene ausgegangen seien.

3. Die Weimarer Reichsverfassung von 1919

Die Weimarer Reichsverfassung[9] (WRV) stellt den nächsten großen Schritt in der deutschen Verfassungsgeschichte dar. Diese geläufige Bezeichnung rührt daher, dass die Nationalversammlung, die die Verfassung entwarf, in Weimar tagte. Die „Verfassung des Deutschen Reichs" wurde am 31. Juli 1919 von der Nationalversammlung beschlossen. Die Ausfertigung durch den Reichspräsidenten erfolgte am 11. August 1919 und sie trat gemäß Art. 181 WRV mit der Veröffentlichung im Reichsgesetzblatt am 14. August 1919 in Kraft.

Die Präambel lautete: „Das deutsche Volk, einig in seinen Stämmen und von dem Willen beseelt, sein Reich in Freiheit und Gerechtigkeit zu erneuern und zu festigen, dem inneren und dem äußeren Frieden zu dienen und den gesellschaftlichen Fortschritt zu fördern, hat sich diese Verfassung gegeben."

Neben grundlegenden Neuerungen führte die WRV auch einige Prinzipien der Reichsverfassung von 1871 fort. Dazu gehörte insbesondere die Beibehaltung des bundesstaatlichen Aufbaus, denn die Länder blieben als Staaten erhalten und Preußen bildete dabei wie bereits zuvor das alles verbindende Element des Reichs. Im Gegensatz zur Reichsverfassung von 1871 bildete nunmehr allerdings nicht mehr der Kaiser das Reichsoberhaupt, sondern der vom Volk auf sieben Jahre gewählte Reichspräsident (Art. 41 I und 43 I WRV). Die Auswirkungen des ersten Weltkrieges hatten somit dazu geführt, dass sich Deutschland von einer konstitutionellen bzw. parlamentarischen Monarchie zu einer **Republik** veränderte (Art. 1 I WRV). Dazu gehörte es zwangsläufig, dass die Staatsgewalt nunmehr einzig vom Volk ausging (Art. 1 II WRV). Neben dem Reichspräsidenten kam nunmehr dem auf vier Jahre gewählten Reichstag als klassischem Organ der Legislative die

---

[9] Einen Überblick finden Sie bei *Hammer*, Jura 2000, 57ff. und bei *Gusy*, JZ 1994, 753 ff. sowie JZ 1999, 758 ff.

wichtigste Rolle der neuen verfassungsrechtlichen Ordnung zu. Er konnte jedoch vom Reichspräsidenten nach Art. 25 I WRV aufgelöst werden, wobei gerade dieser Aspekt später als einer der Hauptgesichtspunkte des Scheiterns der WRV angeführt wurde. Weitere Organe waren die aus dem Kanzler und den Ministern bestehende Reichsregierung und der Reichsrat als Vertretungskörperschaft der deutschen Länder, wobei diesem gegen Gesetze des Reichstages gemäß Art. 74 I WRV lediglich ein Einspruchsrecht zustand.

Neben dem ersten Hauptteil der Verfassung, der sich mit dem „Aufbau und Aufgaben des Reiches" beschäftigte, enthielt die WRV in einem zweiten Hauptteil (Art. 109 ff. WRV) auch die „**Grundrechte** und Grundpflichten der Deutschen". Allerdings stand trotz der Überschrift die Gewährung von Rechten im Vordergrund, wobei jedoch zu beachten ist, dass diese Grundrechte von den meisten Staatsrechtslehrern im Gegensatz zu den heutigen Grundrechten nicht als bindendes Recht, sondern lediglich als Programmsätze oder Staatsziele angesehen wurden. Die Umsetzung dieser Programmsätze erfolgte nach den Grundlagen der WRV erst nach Maßgabe der konkreten Gesetze, während das Grundgesetz die einfachen Gesetze den Grundrechten unterordnet.

Die WRV war zudem durch zahlreiche **plebiszitäre Elemente** (z. B. Volksbegehren und Volksentscheid geprägt, Art. 73 und 76 WRV). Gerade die inflationäre und zum Teil missbräuchliche Zunahme dieser Möglichkeit der direkten Demokratie führte dazu, dass diese Regelungen im späteren Grundgesetz nicht mehr übernommen werden sollten.

Die grundlegenden verfassungsrechtlichen Veränderungen wirkten sich allerdings zunächst nur geringfügig auf das Gebiet der Verwaltung aus, denn die Beamten gingen nach wie vor ihrer gewohnten Tätigkeit nach, wenngleich sie von Dienern der Fürsten nunmehr zu Dienern des gesamten deutschen Volkes geworden waren. Dies veranlasste den deutschen Verwaltungsjuristen *Otto Mayer* (* 29. März 1846, † 8. August 1924) zu dem mittlerweile berühmt gewordenen Satz „Verfassungsrecht vergeht, Verwaltungsrecht besteht".

Die Weimarer Reichsverfassung fand ihr Ende in der Ernennung *Adolf Hitlers* (* 20. April 1889, † 30. April 1945) zum Reichskanzler am 30. Januar 1933. Zu diesem Schritt sah sich der damalige Reichspräsident *Paul von Hindenburg* (* 2. Oktober 1847, † 2. August 1934) genötigt, weil der Reichstag unfähig war, regierungsfähige Mehrheiten zu bilden. Dadurch wurden sogenannte Präsidialkabinette gebildet, die lediglich das Vertrauen des Reichspräsidenten besaßen, nicht jedoch das des Volkes. Nach dem Wahlsieg der Nationalsozialisten beschloss der Reichstag am 24. März 1933 das sogenannte **Ermächtigungsgesetz**, wonach die Reichsregierung auf vier Jahre anstelle des Reichstages das Gesetzgebungsrecht erhalten sollte. In diesem massiven Verstoß gegen den Grundsatz der Gewaltenteilung wird allgemein das Ende der WRV gesehen, die durch die weiteren nationalsozialistischen Gesetze faktisch immer mehr an Bedeutung verlor. Die praktische Bedeutungslosigkeit der Weimarer Reichsverfassung fand ihren Abschluss mit dem militärischen Zusammenbruch des „Dritten Reichs"[10] im April/Mai 1945.

4. Exkurs: Die Rechtslage des Deutschen Reiches nach 1945

In staatsorganisationsrechtlicher Sicht ist insbesondere die Frage relevant, ob die spätere Bundesrepublik Deutschland Rechtsnachfolger des Deutschen Reiches ist oder ob dieses den Zusammenbruch 1945 überdauert hat.

---

[10] Die Zählung beruht allgemein auf der Auffassung, dass das Heilige Römische Reich das erste Reich war, das Bismarcksche Kaiserreich wurde als zweites Reich angesehen und die Weimarer Republik wurde bei dieser Zählung einfach übergangen.

In seinem grundlegenden Urteil vom 31. Juli 1973 vertrat das Bundesverfassungsgericht und mit ihm auch die überwiegende Lehre die Ansicht, dass das Grundgesetz – und nicht nur eine These der Völkerrechtslehre und der Staatsrechtslehre! – davon ausgehe, dass das Deutsche Reich den Zusammenbruch 1945 überdauert habe und weder mit der Kapitulation noch durch die Ausübung fremder Staatsgewalt in Deutschland durch die Alliierten noch später untergegangen sei; es besitze nach wie vor Rechtsfähigkeit, sei allerdings als Gesamtstaat mangels Organisation nicht handlungsfähig.[11] Das wird vom Bundesverfassungsgericht aus einer Gesamtschau der damaligen Präambel und der Art. 16, 23, 116 und 146 GG gefolgert.

Daraus folgt, dass die Bundesrepublik Deutschland **nicht Rechtsnachfolger** des Deutschen Reiches, sondern als Staat identisch mit dem Staat „Deutsches Reich" ist, auch wenn bezüglich der räumlichen Ausdehnung nur noch eine Teilidentität besteht.

Mit diesem Urteil setzte das Bundesverfassungsgericht einen vorläufigen Schlussstrich unter diese Frage und bestätigte eine Reihe vorheriger Entscheidungen.[12] Letztendlich muss man sich jedoch bewusst machen, dass die Entscheidungen stark von der rechtlichen Problematik des Verhältnisses der beiden deutschen Staaten zueinander geprägt waren und es sich somit um eine interessengeprägte Rechtsprechung handelt.

---

[11] BVerfGE 36, 1 ff.
[12] BVerfGE 2, 266, 277; 3, 288, 319 f.; 5, 85, 126; 6, 309, 336 und 363.

24

5. Verfassungskonvent und Parlamentarischer Rat von 1948/1949[13]

Nach dem Krieg beschäftigten sich die westlichen Besatzungsmächte intensiv mit der rechtlichen Neuordnung der späteren Bundesrepublik Deutschland.[14] Nach langwierigen Verhandlungen wurden den Ministerpräsidenten am 1. Juli 1948 die nach dem Tagungsort bezeichneten „Frankfurter Dokumente" übergeben. Das wichtigste Dokument Nr. 1 enthielt dabei die Autorisierung der westlichen Ministerpräsidenten durch die Militärgouverneure, eine verfassungsgebende Versammlung bis spätestens zum 1. September 1948 einzuberufen. Das Ziel der Versammlung war dabei bereits in Dokument Nr. 1 konkret vorgegeben und lautete:

„Die verfassungsgebende Versammlung wird eine demokratische Verfassung ausarbeiten, die für die beteiligten Länder eine Regierungsform des föderalistischen Typs schafft, die am besten geeignet ist, die gegenwärtig zerrissene deutsche Einheit schließlich wieder herzustellen, und die Rechte der beteiligten Länder schützt, eine angemessene Zentral-Instanz schafft und die Garantien der individuellen Rechte und Freiheiten enthält".

Des Weiteren enthielt das Frankfurter Dokument Nr. 1 bereits die Zusage, dass die Militärgouverneure die Vorlage zur Ratifizierung der Verfassung genehmigen würden, wenn sie den zuvor genannten Grundsätzen tatsächlich entspricht. Diese Frankfurter Dokumente bildeten somit die Arbeitsgrundlage für das spätere Grundgesetz. Nach weiteren Verhandlungen zwischen den Ministerpräsidenten und den Militärgouverneuren, die sich um den genauen Ablauf des verfassungsgebenden Prozesses drehten, wurde zunächst der **Verfassungskonvent auf Herrenchiemsee** vom

---

[13] Eine Darstellung der DDR-Verfassung unterbleibt an dieser Stelle, so dass lediglich auf die Ausführungen bei *Maurer*, Staatsrecht I, § 3 IV hingewiesen wird.
[14] Einen Überblick über die Entstehungsgeschichte des Grundgesetzes finden Sie bei *Kahl*, JuS 1997, 1083ff.

10. bis zum 23. August 1948 einberufen. Durch diesen von Beamten besetzten „Herrenchiemseer Konvent" sollte eine Arbeitsgrundlage für den nachfolgenden Parlamentarischen Rat erarbeitet werden.

Am 01. September 1948 trat sodann im Bonner Museum Alexander König der **Parlamentarische Rat** zusammen, dem je 27 Abgeordnete der CDU/CSU und der SPD, 5 der FDP, je 2 der KPD, der DP und des Zentrums angehörten. Dazu kamen noch 5 nicht stimmberechtigte Abgeordnete aus West-Berlin. Zum Präsidenten des Parlamentarischen Rates wurde der spätere Bundeskanzler *Konrad Adenauer* (* 5. Januar 1876, † 19. April 1967) gewählt.

Bei den zum Teil sehr langwierigen Beratungen war es stets das erklärte Ziel aller Teilnehmer, aus den Fehlern der Weimarer Reichsverfassung zu lernen. Das Grundgesetz sollte eine streitbare Demokratie darstellen, um eine Wiederholung der Weimarer Ereignisse nach 1933 zu verhindern. Dies führte zu einem stärkeren grundrechtlichen Schutz für die Bürger. In organisationsrechtlicher Hinsicht wurde die Macht des Bundespräsidenten zugunsten des Bundestages und des Bundeskanzlers stark eingeschränkt. Der Bundespräsident übt heute als Staatsoberhaupt nur noch weitgehend repräsentative Tätigkeiten aus. Um eine größere politische Stabilität herbeizuführen, kann dem Bundeskanzler nur dann das Misstrauen des Bundestages ausgesprochen werden, wenn dieser zugleich einen Nachfolger wählt (sogenanntes konstruktives Misstrauensvotum gemäß Art. 67 I 1 GG). Plebiszitäre Elemente (wie z. B. ein Volksentscheid) als Ausdruck unmittelbarer bzw. direkter Demokratie wurden im Grundgesetz weitgehend abgeschafft. Einzige Ausnahme bilden Maßnahmen zur Neugliederung des Bundesgebietes[15] gemäß Art. 29 II 1 GG.

---

[15] Ein Beispiel hierfür ist die 1996 gescheiterte Länderfusion zwischen Berlin und Brandenburg. Diesbezüglich ist zudem auf das im Gegensatz zu Art. 29 GG vereinfachte Verfahren des Art. 118a GG hinzuweisen.

Um eine geordnete und kontinuierliche Arbeit des Bundestages zu gewährleisten, sollten die Bürger ihren demokratischen Willen nur noch durch die Wahlen zum Bundestag zum Ausdruck bringen.

Das Grundgesetz wurde am 8. Mai 1949 mit 53 zu 12 Stimmen angenommen. Am. 12 Mai 1949 gaben die westlichen Militärgouverneure ebenfalls die erforderliche Zustimmung ab. Mit Ausnahme **Bayerns**[16], dem die neue Staatsordnung zu wenig föderalistisch geprägt war, stimmten die Landtage aller westdeutschen Länder ebenfalls zu. Das Grundgesetz wurde sodann am 23. Mai 1949 feierlich verkündet und trat am 24. Mai 1949 in Kraft. Mit diesem Tag vollzog sich die Gründung der Bundesrepublik Deutschland.

6. Die Wiedervereinigung Deutschlands 1989/1990

Die **ursprüngliche Präambel** des Grundgesetzes ließ keinen Zweifel daran, dass eine Wiedervereinigung der beiden deutschen Staaten erstrebtes Ziel des politischen und gesellschaftlichen Handelns in Westdeutschland war. Daher enthielt die Präambel ursprünglich folgende Formulierung:

„Das gesamte Deutsche Volk bleibt aufgefordert, in freier Selbstbestimmung die Einheit und Freiheit Deutschlands zu vollenden."

Das Grundgesetz sah für eine potentielle Wiedervereinigung in Art. 23 S. 2 GG a. F.[17] den Beitritt oder in Art. 146 GG a. F.[18] die Verabschiedung einer neuen gesamtdeutschen Verfassung vor.

---

[16] Der bayerische Landtag stimmte jedoch dahingehend ab, das Grundgesetz anzuerkennen, wenn es – wie tatsächlich erfolgt – von zwei Drittel der Bundesländer ratifiziert würde.

[17] Die Norm lautete: „Dieses Grundgesetz gilt zunächst im Gebiete der Länder [...]. In anderen Teilen Deutschlands ist es nach deren Beitritt in Kraft zu setzen."

[18] Die Norm lautete: „Dieses Grundgesetz verliert seine Gültigkeit an dem Tage, an dem eine Verfassung in Kraft tritt, die von dem deutschen Volke in freier Entscheidung beschlossen worden ist."

Dem Auftrag der Präambel folgend vollzog sich 1989/1990 die Wiedervereinigung Deutschlands durch die Form des Beitritts nach Art. 23 GG a. F. Diese Vorgehensweise hatte den Vorteil, dass sie im Gegensatz zum Weg des Art. 146 GG a. F. schnell und einfach zu verwirklichen war und dadurch insbesondere die außenpolitisch günstige Lage effektiv genutzt werden konnte. Der **Beitritt** vollzog sich insgesamt durch die folgenden drei Verträge:

1.) Vertrag über die Schaffung einer Währungs-, Wirtschafts- und Sozialunion vom 18. Mai 1990

2.) Vertrag zur Vorbereitung und Durchführung der ersten gesamtdeutschen Wahl des Deutschen Bundestages vom 3. August 1990

3.) Vertrag über die Herstellung der Einheit Deutschlands vom 31. August 1990 (sogenannter Einigungsvertrag)

Mit dem Wirksamwerden des letztgenannten Vertrages verlor die DDR ihre rechtliche Eigenständigkeit. Zuletzt gaben die vier Siegermächte durch den **Vertrag über die abschließende Regelung in Bezug auf Deutschland** vom 12. September 1990 (sogenannter „Zwei-Plus-Vier-Vertrag" bestehend aus der DDR, der Bundesrepublik und den Siegermächten als Vertragsparteien) ihre Zustimmung ab. Damit war die Wiedervereinigung der beiden deutschen Staaten vollzogen. Durch diese Entwicklung wurde natürlich auch eine Überarbeitung des Grundgesetzes notwendig, die sich zwangsläufig an prominentester Stelle auch in der Veränderung der bisherigen Präambel niederschlug.

Die **jetzige Präambel** lautet daher:

„Im Bewusstsein seiner Verantwortung vor Gott und den Menschen, von dem Willen beseelt, als gleichberechtigtes Glied in einem vereinten Europa dem Frieden der Welt zu dienen, hat sich das Deutsche Volk kraft seiner verfassungsgebenden Gewalt dieses Grundgesetz gegeben. Die Deutschen in den Ländern

Baden-Württemberg, Bayern, Berlin, Brandenburg, Bremen, Hamburg, Hessen, Mecklenburg-Vorpommern, Niedersachsen, Nordrhein-Westfalen, Rheinland-Pfalz, Saarland, Sachsen, Sachsen-Anhalt, Schleswig-Holstein und Thüringen **haben in freier Selbstbestimmung die Einheit und Freiheit Deutschlands vollendet**. Damit gilt dieses Grundgesetz für das gesamte Deutsche Volk."

Im Übrigen sah **Art. 5 des Einigungsvertrages** vor, dass beitrittsbedingte Änderungen des Grundgesetzes geprüft werden sollten. Diesem Auftrag kam der Gesetzgeber durch die im folgenden Abschnitt darzustellende Verfassungsreform von 1994 nach.

7. Die Verfassungsreform von 1994

Die Verfassungsreform von 1994 sollte zu einer Anpassung des Grundgesetzes an die nunmehr neue Situation eines wiedervereinigten Deutschlands führen. Da sich das Grundgesetz in den zurückliegenden Jahrzehnten jedoch bewährt hatte, war es das erstrebte Ziel, die tragenden Elemente zu bewahren und lediglich Anpassungen vorzunehmen.

Neben einigen kleineren Änderungen sind als Schwerpunkte insbesondere der Bereich der Gesetzgebungskompetenz der Art. 72 ff. GG und der Bereich des Gesetzgebungsverfahrens der Art. 76 ff. GG zu nennen.[19] Dadurch wurde die Position der Länder bei der Gesetzgebung gestärkt. Eine detailliertere Darstellung dieser Änderungen kann jedoch unterbleiben, da gerade die angesprochenen Bereiche durch die Föderalismusreform von 2006 weitgehend überarbeitet und grundlegend verändert wurden.

---

[19] Ein umfassender Überlick über die Verfassungsreform von 1994 findet sich bei *Sannwald*, NJW 1994, 3313 ff.

8. Die Föderalismusreform 2006

Nachdem seit der letzten Verfassungsreform gerade einmal 12 Jahre vergangen waren, wurde im Jahr 2006 die bisher **umfassendste Grundgesetzänderung** in der Geschichte der Bundesrepublik Deutschland vorgenommen. Vorrangig sollte das Verhältnis des Bundes zu den Ländern neu geordnet werden, da dort oftmals ein sehr verworrenes Beziehungsgeflecht vorhanden war. Die Föderalismusreform wurde sowohl vom Bundestag als auch vom Bundesrat mit der gemäß Art. 79 II GG notwendigen Zwei-Drittel-Mehrheit angenommen[20] und trat am 01. September 2006 in Kraft.

Ein **Kernpunkt** der Föderalismusreform ist die Neuregelung der Gesetzgebungskompetenzen.[21] Dies beruht auf dem Umstand, dass immer mehr Gesetze (ca. 60 Prozent) der Zustimmung des Bundesrates bedurften und der gesamte Gesetzgebungsprozess sich dadurch deutlich verlängerte und verkomplizierte (vgl. Art. 77 IIa und 78 GG).

Als Eckpunkte der Reform, die im Einzelnen noch in einem gesonderten Abschnitt dargestellt werden wird, sind nur die Abschaffung der bisherigen Rahmengesetzgebung des Art. 75 GG und die Verlagerung von wichtigen Kompetenzen auf die Länder zu nennen. Für die **studentische Ausbildung** ist insbesondere relevant, dass nunmehr ausschließlich die Länder für die Gebiete des Gaststätten-, Gewerbe- und Ladenschlussrechts zuständig sind. Obwohl die Länder von der Gesetzgebungskompetenz zur Regelung des Ladenschlusses bereits weitgehend Gebrauch gemacht haben, fehlen landesrechtliche Gesetze auf den Gebieten des Gaststätten- und Gewerberechts noch weitgehend.

---

[20] Da sowohl der Bundestag als auch der Bundesrat eine Verfassungsänderung jeweils mit zwei Drittel Mehrheit beschließen müssen, wird teilweise auch der Begriff der sogenannten „Vier-Drittel-Mehrheit" verwendet.
[21] Mit der Neuordnung der Gesetzgebungskompetenzen beschäftigt sich der Aufsatz von *Degenhart*, NVwZ 2006, 1209ff.

Um ein entstehendes Vakuum zu vermeiden bestimmt daher Art. 125a I GG, dass das bisherige Bundesrecht zunächst bis zu einer Neuregelung durch die Länder fort gilt. Sollte in dem jeweiligen Bundesland daher noch keine landesrechtliche Regelung erfolgt sein, ist in der Klausur auf diese Übergangsvorschrift hinzuweisen und der Fall nach dem „alten" Gaststätten- oder Gewerberecht des Bundes zu lösen.

9. Ausblick – Föderalismusreform II

Obwohl die umfassendste Veränderung des Grundgesetzes erst am 01. September 2006 in Kraft getreten ist, haben Bundestag und Bundesrat bereits am 15. Dezember 2006 die Fortführung der Föderalismusreform beschlossen, um eine Neuregelung der Finanzbeziehungen zwischen dem Bund und den Ländern zu erreichen. Die Kommission besteht aus je 16 Mitgliedern von Bundestag und Bundesrat. Hinzu kommen vier nicht stimmberechtigte Vertreter der Landtage. Die Kommunen sollen in geeigneter Weise einbezogen werden. Die konstituierende Sitzung dieser neuen Kommission fand am 08. März 2007 statt.

In einer ersten offenen Themensammlung wurden bisher folgende Aspekte der zukünftigen Kommissionsarbeit zusammengetragen:

1.) Vorbeugung von Haushaltskrisen
2.) Bewältigung von bestehenden Haushaltskrisen
3.) Entbürokratisierung und Effizienzsteigerung
4.) Stärkung der aufgabenadäquaten Finanzausstattung
5.) Stärkung der Eigenverantwortung der Gebietskörperschaften
6.) Möglichkeiten zur Erleichterung des freiwilligen Zusammenschlusses von Ländern

Hinweis: Wenngleich der Bereich der Finanzverfassung der Art. 104a ff. GG nicht zum klassischen Kerngebiet des examensrelevanten Prüfungsbereichs gehört, sollte die Entwicklung auf diesem Gebiet aufmerksam verfolgt werden. Gerade die Aktualität der Problematik kann dazu führen, dieses Thema zum Gegenstand einer Klausur zu machen.

Kurzüberblick zu den Vorläufern des Grundgesetzes:

1.) Frankfurter Reichsverfassung vom 28. März 1849
2.) Verfassung des Deutschen Reiches vom 16. April 1871
3.) Weimarer Reichsverfassung vom 11. August 1919

II. Der Aufbau des Grundgesetzes

Das Grundgesetz gliedert sich wie viele andere „moderne" Verfassungen in mehrere Teile, die einerseits das Verhältnis des Staates zu den Bürgern und andererseits das Verhältnis der verschiedenen Staatsorgane untereinander betreffen. Zunächst soll ein kurzer Überblick über die einzelnen Abschnitte geliefert werden, die dann im späteren Verlauf noch im Detail dargestellt werden.

Ihrer grundlegenden und elementaren Bedeutung folgend, werden die **Grundrechte** bereits im ersten Abschnitt erwähnt. Daraus wird ersichtlich, dass diese Regelungen umfassende Geltung im Verhältnis des Staates zu seinen Bürgern beanspruchen. Die Hauptaufgabe der Grundrechte besteht in einer Abwehrfunktion des Bürgers gegen den Staat. Dadurch soll dem einzelnen Bürger in den wesentlichen Lebensbereichen ein größtmöglicher Schutz vor staatlichem Handeln gewährt werden, der eine Wiederholung der Ereignisse während der NS-Diktatur unmöglich machen soll. Neben dieser Hauptaufgabe der Grundrechte als **Abwehrrechte** des Bürgers gegen den Staat kommt ihnen auch noch eine Funktion als Schutz- und Teilhaberechte des Bürgers zu.

Der zweite Abschnitt regelt einige Grundlagen zum Verhältnis des Bundes zu den Ländern und enthält vor allem in Art. 20 GG die **fundamentalen Strukturprinzipien der Verfassung**. Danach schließen sich in den weiteren Abschnitten die Regelungen zu den verschiedenen Bundesorganen an.

Neben diesen Regelungen ist immer wieder der siebte Abschnitt zur „**Gesetzgebung des Bundes**" äußerst ausbildungsrelevant. Da die Föderalismusreform 2006 gerade in den Art. 70 ff. GG relevante Änderungen gebracht hat, wird dieser Thematik besondere Aufmerksamkeit zu widmen sein.

Gleiches gilt für die Ausführung der Bundesgesetze durch die Länder, die im achten Abschnitt geregelt ist. Dabei ist in Art. 83 GG der Grundsatz geregelt, dass die Länder die Bundesgesetze als eigene Angelegenheiten ausführen, soweit das Grundgesetz keine abweichende Regelung trifft. Daher kann bereits an dieser Stelle festgehalten werden, dass **Bundesgesetze durch die Länder ausgeführt werden**. Des Weiteren ist im achten Abschnitt die Regelung des Art. 87a II GG prüfungsrelevant, da dort die Problematik der Bundeswehreinsätze im In- und Ausland verankert ist.

Der neunte Abschnitt enthält die Grundlagen über die Rechtsprechung, wobei **Art. 93 GG die zentrale Vorschrift für die Aufgabenzuweisung des Bundesverfassungsgerichts** ist. Diese Zuständigkeitsvorschrift wird einfachgesetzlich durch das Bundesverfassungsgerichtsgesetz (BVerfGG) ergänzt. Die zentrale Norm zur Zuständigkeitsverteilung findet sich dort in § 13 BVerfGG. Da die Klausuren regelmäßig in ein konkretes verfassungsgerichtliches Verfahren eingeordnet und somit Zulässigkeit und Begründetheit zu prüfen sind, ist eine spätere Darstellung der einzelnen Verfahren und der dabei auftretenden klassischen Problemfelder unentbehrlich.

Die übrigen Abschnitte spielen in der Prüfungssituation und der Ausbildung eher eine untergeordnete Rolle. Dies gilt insbesondere für die im zehnten Abschnitt geregelte Finanzverfassung.

§ 4 Die Strukturprinzipien der Verfassung

Obwohl die Grundrechte im ersten Abschnitt des Grundgesetzes geregelt sind, sollen zunächst die Strukturprinzipien der Verfassung dargestellt werden, weil diese Grundentscheidungen sich zwangsläufig auch auf die Grundrechte und deren Auslegung auswirken.

Die Strukturprinzipien ergeben sich aus zahlreichen grundgesetzlichen Vorschriften, wobei Art. 20 I GG im Mittelpunkt steht. Insofern bestimmt Art. 20 I GG, dass die Bundesrepublik Deutschland ein **demokratischer** und **sozialer Bundesstaat** ist. Aus dieser Formulierung werden allgemein folgende vier Prinzipien der verfassungsmäßigen Ordnung abgeleitet:

1.) Republik
2.) Demokratie
3.) Bundesstaat
4.) Sozialstaat

Neben diese vier Prinzipien tritt zudem das alles überdeckende **Rechtsstaatsprinzip**, das trotz seiner hohen Bedeutung nicht konkret geregelt ist, sondern sich aus einer Gesamtbetrachtung der Art. 1, 19 IV, 20 III und 28 I 1 GG ergibt.[22] Verkürzt wird auch oftmals lediglich Art. 20 III GG zitiert.[23] Danach ist die Gesetzgebung an die verfassungsmäßige Ordnung, die vollziehende Gewalt und die Rechtsprechung sind an **Gesetz** und **Recht** gebunden.

Bei diesen Prinzipien ist zu beachten, dass sie nicht nur auf bundesstaatlicher Ebene gelten, sondern diese Grundsätze über Art. 28 I 1 GG auch auf die Landesebene ausgedehnt werden. Außerdem setzt Art. 23 I 1 GG für die Beteiligung Deutschlands an der Europäischen Union voraus, dass diese ebenfalls demo-

---

[22] BVerfGE 2, 280, 403.
[23] BVerfGE 92, 365, 409; 95, 64, 82.

kratischen, rechtsstaatlichen, sozialen und föderativen Grundsätzen verpflichtet ist.

Die Absicherung der in Art. 20 GG getroffenen Grundentscheidungen erfolgt über die sogenannte **Ewigkeitsklausel** bzw.
Ewigkeitsgarantie des Art. 79 III GG. Danach ist eine Verfassungsänderung nicht möglich, wenn die in den Art. 1 und 20
GG getroffenen Grundsätze berührt werden. Ein gegen Art. 79 III
GG verstoßendes Gesetz wäre demnach nichtig.[24] Aufgrund
dieser strikten Rechtsfolge und der damit verbundenen Einschränkungen im Hinblick auf eine Verfassungsänderung wird die
Regelung vom Bundesverfassungsgericht jedoch zu Recht
restriktiv ausgelegt, so dass eine Berührung der Grundsätze nur
dann vorliegen soll, wenn der jeweilige Kernbereich betroffen ist.[25]

Beispiel: Art. 102 GG normiert die Abschaffung der Todesstrafe in
Deutschland und stellt eine Reaktion auf deren Missbrauch durch das NS-
Regime dar. Im Rahmen von schwersten Verbrechen taucht in der öffent-
lichen Diskussion ab und zu der Ruf nach der Wiedereinführung der
Todesstrafe auf. Fraglich ist daher, ob dies mit dem Grundgesetz zu
vereinbaren wäre. Art. 102 GG wird nicht von der Ewigkeitsklausel des
Art. 79 III GG erfasst, so dass auf den ersten Blick nichts gegen eine
Streichung des Art. 102 GG sprechen würde. Allerdings ist zu bedenken,
dass Art. 102 GG eng im Zusammenhang mit Art. 1 GG steht. Dieser ist
wiederum von Art. 79 III GG erfasst, so dass die Nähe dieser beiden
Vorschriften einer Aufhebung des Art. 102 GG entgegensteht.[26]

Insgesamt ist daher festzuhalten, dass die zuvor genannten verfassungsrechtlichen Grundentscheidungen von elementarer Bedeutung für das Grundgesetz und die Mitwirkung auf europäischer
Ebene sind.

---

[24] BVerfGE 30, 1, 24.
[25] BVerfGE 30, 1, 24f.; 94, 12, 34; 109, 279, 310.
[26] In diesem Sinne auch BGH NJW 1996, 857, 858. Zur ganzen Thematik
des Art. 102 GG siehe *Koch*, Recht und Politik 2005, 230 ff.

I. Die Entscheidung für die Republik

Die Staatsform der Republik bedeutet im Gegensatz zur Monarchie, dass das Staatsoberhaupt gewählt und nicht durch bloße Erbfolge (wie beispielsweise im Vereinigten Königreich) bestimmt wird. Die Entscheidung für diese Staatsform birgt zur heutigen Zeit keine besondere Brisanz mehr in sich, da diese Staatsform mittlerweile zur Selbstverständlichkeit geworden ist und Art. 20 II 1 GG ohnehin klarstellt, dass alle Staatsgewalt vom Volk ausgeht. Im Gegensatz dazu hatte die Abkehr von der Monarchie durch die Weimarer Reichsverfassung noch mehr Aufregung verursacht.

Die Funktion des Staatsoberhauptes hat in Deutschland der **Bundespräsident** inne. Dieser wird gemäß Art. 54 I 1 GG von der Bundesversammlung gewählt, die nach Art. 54 III GG aus den Mitgliedern des Bundestages und einer gleichen Anzahl von Mitgliedern, die von den Volksvertretungen der Länder nach den Grundsätzen der Verhältniswahl gewählt werden, besteht. Die Wahl findet mittlerweile einer gewissen Tradition folgend alle fünf Jahre (Art. 54 II 1 GG) immer am 23. Mai statt. Dies beruht auf der Tatsache, dass sich der ehemalige Bundestags- und Bundespräsident *Karl Carstens* (* 14. Dezember 1914, † 30. Mai 1992) in Vorbereitung der siebten Bundesversammlung für den 23. Mai als „Verfassungstag[27]" entschied. Seitdem ist auch von seinen Nachfolgern an diesem besonderen Tag für die nachfolgenden Bundesversammlungen festgehalten worden.

II. Das Demokratieprinzip

Der Begriff „Demokratie" stammt aus dem griechischen und bedeutet „Macht bzw. Herrschaft des Volkes". Die allgemeine Regelung in Art. 20 I GG wird zunächst durch Art. 20 II 1 GG konkretisiert, wonach alle Staatsgewalt vom Volk ausgeht. Des Weiteren legt Art. 20 II 2, 1. Hs GG fest, dass die Staatsgewalt

---

[27] Am 23. Mai 1949 wurde das Grundgesetz verkündet.

36

vom Volk durch Wahlen und Abstimmungen ausgeübt wird. Dadurch wird klargestellt, dass einzig das Volk als Souverän in Betracht kommt und jede Einschränkung dieses Grundsatzes nicht mit dem Verfassungsprinzip in Einklang zu bringen ist.

Der Unterschied zwischen den in Art. 20 II 2, 1. Hs GG genannten **Wahlen** und **Abstimmungen** liegt darin, dass erstere **Personalentscheidungen** und letztere **Sachentscheidungen** sind. Hinsichtlich der Wahlen findet sich lediglich eine Regelung in Art. 38 I und 39 I 1 GG, wonach die Wahlen zum Bundestag alle vier Jahre stattfinden. Weitere Regelungen enthält das Grundgesetz diesbezüglich nicht. Durch Art. 20 II 2, 2. Hs GG wird jedoch klargestellt, dass das Volk als Souverän nicht alle Entscheidungen selbst treffen kann, sondern durch besondere staatliche Organe handelt. Dies unterscheidet die unmittelbare Demokratie von der in Deutschland praktizierten **mittelbaren Demokratie**. Das Demokratieprinzip erfordert jedoch, dass zwischen dem Volk und den handelnden Staatsorganen eine **unununterbrochene demokratische Legitimationskette** besteht. Dies wird vom Bundesverfassungsgericht als Zurechnungszusammenhang zwischen Volk und staatlicher Herrschaft bezeichnet.[28]

Beispiel: Der Bundeskanzler, der auch die Mitglieder der Bundesregierung auswählt, wird vom Bundestag gewählt. Durch den vom Volk gewählten Bundestag besteht somit eine ununterbrochene Legitimationskette im Hinblick auf den Bundeskanzler und die Mitglieder der Bundesregierung.

Demokratische Entscheidungen werden dabei grundsätzlich nach dem **Mehrheitsprinzip** getroffen, wobei das Grundgesetz sowohl hinsichtlich der jeweils relevanten Bezugsgröße als auch bezüglich des erforderlichen Quorums unterscheidet.

---

[28] BVerfGE 83, 60, 71f.

Grundsätzlich unterscheidet man zwischen der **Abstimmungs-mehrheit**[29], der **Anwesenheitsmehrheit**[30] und der **Mitglieder-mehrheit**[31]. Bezüglich des Quorums gilt grundsätzlich, dass die **einfache Mehrheit** (50 Prozent plus eine Stimme) erreicht werden muss. Bei Stimmengleichheit liegt keine Mehrheit vor, so dass der Antrag keinen Erfolg hatte. Im Einzelfall kann das erforderliche Quorum jedoch auch erhöht und eine Mehrheit von zwei Dritteln oder drei Vierteln erforderlich sein. In diesem Fall spricht man dann von einer **qualifizierten Mehrheit**.

Beispiele: Bundestagsbeschlüsse erfordern nach Art. 42 II 1 GG grundsätzlich die Mehrheit der abgegebenen Stimmen (= einfache Abstimmungsmehrheit). Bei einem Bundesratsbeschluß ist hingegen gemäß Art. 52 III 1 GG die Mehrheit seiner Stimmen (= einfache Mitgliedermehrheit) erforderlich.[32] Die Wahl des Bundespräsidenten erfordert gemäß Art. 54 VI 1 GG zunächst die Mehrheit der Mitglieder des Gremiums, wobei im dritten Wahlgang auf die Abstimmungsmehrheit reduziert wird. Eine Grundgesetzänderung kann nach Art. 79 II GG nur durch eine qualifizierte Mitgliedermehrheit erreicht werden. Zuletzt sei noch auf die Kombinationsmöglichkeit von qualifizierter Abstimmungs- und einfacher Mitgliedermehrheit in Art. 115a I 2 GG hingewiesen.

---

[29] Es bedarf der Mehrheit der sich an der Abstimmung beteiligenden Personen, wobei Enthaltungen und ungültige Stimmen nicht mitzählen.
[30] Hier bedarf es der Mehrheit der während der Entscheidungen anwesenden Personen, so dass Enthaltungen und ungültige Stimmen auf der negativen Seite mitgezählt werden.
[31] Es bedarf der Mehrheit der gesetzlichen Mitglieder des abstimmenden Gremiums, so dass neben Enthaltungen und ungültigen Stimmen auch abwesende Mitglieder auf der negativen Seite mitgezählt werden.
[32] Wenn auf Länderebene in den Koalitionsvereinbarungen oftmals eine Enthaltung bei den Abstimmungen im Bundesrat festgelegt wird, bedeutet dies nach obiger Definition in Fußnote 31 somit regelmäßig nichts anderes als eine Ablehnung.

Unter den weiten Begriff der „Abstimmungen" fallen folgende Unterpunkte:

1.) Volksantrag
2.) Volksbefragung
3.) Volksbegehren
4.) Volksentscheid
5.) Volksinitiative
6.) Volksreferendum

Das Grundgesetz hat allerdings von dieser Möglichkeit wegen der schlechten Erfahrungen aus der Weimarer Zeit nur äußerst zurückhaltend Gebrauch gemacht, so dass sich die einzigen Regelungen dazu in den Art. 29 und 118a GG finden. Daraus wird von der überwiegenden Meinung gefolgert, dass weitere plebiszitäre Maßnahmen nach dem Grundgesetz nicht zulässig sind. Dies wird damit begründet, dass im Parlamentarischen Rat mehrfach über die Aufnahme weiterer plebiszitärer Elemente diskutiert wurde. Eine vergleichbare Diskussion fand erneut im Rahmen der Verfassungsreform 1994 statt. Da eine dementsprechende Änderung des Grundgesetzes jedes Mal abgelehnt wurde, kann insofern von einer bewussten Regelungslücke ausgegangen werden.[33]

Hingegen sehen die **Landesverfassungen** durchaus Regelungen zur Durchführung einer Volksinitiative oder eines Volksentscheids vor. Dies ist insofern kein Widerspruch, da die zuvor angesprochene bewusste „Nicht-Regelung" auf grundgesetzlicher Ebene nur eine Sperrwirkung auf Bundesebene herbeiführt. Den Landesverfassungen steht insofern nach wie vor die Möglichkeit offen, dem Volk dieses Mittel der unmittelbaren Einflussnahme zur Verfügung zu stellen. Beispielsweise sieht die Landesverfassung von Nordrhein-Westfalen (LVerf NRW) insofern in Art. 67a LVerf

---

[33] Vgl. zum Demokratieprinzip insgesamt und insbesondere auch zu dieser Frage *Dreier*, Jura 1997, 249ff. mit weiteren Nachweisen.

NRW eine Volksinitiative vor.[34] Diese kann nach Art. 67a I 1 LVerf NRW jedoch nur darauf gerichtet sein, den Landtag **im Rahmen seiner Entscheidungszuständigkeit** mit bestimmten Gegenständen der politischen Willensbildung zu befassen. Es kommen somit nur Themengebiete in Betracht, in denen dem Landtag auch die Gesetzgebungskompetenz zusteht, so dass eine Volksinitiative mit ausschließlichem Bundesbezug ausscheiden muss.

Des Weiteren ist in Art. 68 LVerf NRW die Möglichkeit eines Volksbegehrens bzw. Volksentscheids geregelt. Hierbei ist aber erneut zu beachten, dass ein Volksbegehren nach Art. 68 I 3 LVerf NRW nur auf Gebieten zulässig ist, die der Gesetzgebungsgewalt des Landes unterliegen. Nach Art. 68 I 4 LVerf NRW ist ein solches Volksbegehren über Finanzfragen, Abgabengesetze und Besoldungsordnungen nicht zulässig.

Der Vollständigkeit halber soll auch noch darauf hingewiesen werden, dass zahlreiche Gemeindeordnungen ebenfalls die Möglichkeit des Bürgerbegehrens und Bürgerentscheids eröffnen (vgl. beispielsweise § 26 GO NRW).

III. Das bundesstaatliche Prinzip des Grundgesetzes

Das Bundesstaatsprinzip beschäftigt sich mit der Aufteilung der Staatsgewalt zwischen dem Bund und den 16 Bundesländern. Eine Verankerung dieses Prinzips findet sich nicht nur in der zentralen Vorschrift des Art. 20 I GG, sondern in zahlreichen weiteren Regelungen. Bereits die Präambel erwähnt in Satz 2 die bestehenden Länder und deutet damit eine Zweiteilung der Staatsgewalt zwischen Bund und Ländern an. Weitere Regelungen, die auf eine bundesstaatliche Ordnung hindeuten, finden sich in Art. 28 I, 29 in Verbindung mit 118, 118a, sowie Art. 30 und 31 GG.

---

[34] Eine vertiefende Erläuterung zur Einführung der Art. 67a und 68 LVerf NRW findet sich bei *Neumann*, NWVBl. 2003, 1ff.

Außerdem lautet die amtliche Überschrift „Grundgesetz für die **Bundesrepublik** Deutschland" und der zweite Abschnitt trägt die Überschrift „Der Bund und die Länder".

Dabei ist allerdings zu beachten, dass das Grundgesetz **nur die Bundesstaatlichkeit gewährleistet**, nicht jedoch die Existenz einzelner Länder. Dies wird bereits aus Art. 29 I 1 GG deutlich, wonach das Bundesgebiet neu gegliedert werden kann, um zu gewährleisten, dass die Länder nach Größe und Leistungsfähigkeit die ihnen obliegenden Aufgaben wirksam erfüllen können. Solche Maßnahmen ergehen nach Art. 29 II 1 GG durch **Bundesgesetz**, das der Bestätigung durch Volksentscheid bedarf. 1994 wurde zudem Art. 29 VIII GG eingeführt, wonach nunmehr auch die Länder selbst durch Staatsvertrag eine Gebietsneugliederung vornehmen können.

Kennzeichnend für einen Bundesstaat ist dabei, dass mehrere Gliedstaaten einen Gesamtstaat bilden und sowohl die Gliedstaaten als auch der Gesamtstaat originäre Staatsgewalt besitzen.[35] Daraus ergibt sich nach Ansicht des Bundesverfassungsgerichts ein zweigliedriger Konstruktionsaufbau des Bundesstaates, in dem drei Rechtskreise zu unterscheiden sind:[36]

1.) Der Verfassungsrechtskreis zwischen den Organen des Zentralstaates
2.) Der Rechtskreis zwischen Gesamtstaat und Gliedstaat
3.) Der Rechtskreis zwischen den Gliedstaaten

Diese Rechtsbeziehungen bestimmen sich untereinander allein nach den Regelungen des Grundgesetzes, so dass für die Anwendung von Völkerrecht kein Raum besteht.[37]

---

[35] Siehe dazu bereits oben § 2 II.
[36] BVerfGE 13, 54, 77f.
[37] BVerfG NJW 1973, 609, 610.

Eng mit dem bundesstaatlichen Prinzip verknüpft ist der **Grundsatz des bundesfreundlichen Verhaltens** bzw. der **Bundestreue**. Dieser nicht ausdrücklich geregelte Grundsatz tritt neben die im Grundgesetz festgelegten gegenseitigen Rechte und Pflichten zwischen Bund und Ländern und ergänzt diese. Hauptaussage dieses Grundsatzes ist, dass sowohl der Bund als auch die Länder bei der Wahrnehmung ihrer Kompetenzen die gebotene und ihnen zumutbare Rücksicht auf das Gesamtinteresse des Bundesstaates und auf die Belange der Länder zu nehmen haben.[38] Wichtig ist dabei zu beachten, dass der Grundsatz in beide Richtungen gilt und entgegen seines leicht mißverständlichen Wortlautes demnach nicht nur die Länder zur Rücksichtnahme verpflichtet. Das Bundesverfassungsgericht hat die Verletzung dieses Grundsatzes durch den **Bund** beispielsweise in den folgenden Fällen angenommen:

1.) Willkürliche Ungleichbehandlung von Ländern durch den Bund bei Verhandlungen[39]
2.) Übermäßige Beschneidung des Regelungsspielraums der Ländergesetzgebung[40]
3.) Unmittelbare Verhandlung im Gesetzgebungsverfahren mit einzelnen Gemeinden unter Umgehung des betroffenen Landes[41]
4.) Nichteinhaltung des Verfahrens zur Verständigung bei Mitwirkungsakten des Bundes bei der Rechtsetzung durch die EG nach Art. 23 GG[42]

Demgegenüber verletzen die **Länder** den Grundsatz des bundesfreundlichen Verhaltens nach Auffassung des Bundesverfassungsgerichts in den folgenden Fällen:

---

[38] BVerfGE 92, 203, 230.
[39] BVerfGE 12, 205, 255ff.; 86, 148, 211f.
[40] BVerfGE 34, 9, 20.
[41] BVerfGE 56, 298, 320.
[42] BVerfGE 92, 203, 234ff.

1.) Willkürlicher Abbruch von Verhandlungen mit dem Bund[43]
2.) Nichteinschreiten gegen ein die Bundeskompetenzen beeinträchtigendes Verhalten von Gemeinden[44]
3.) Offenbar missbräuchlicher Gebrauch von Gesetzgebungskompetenzen gegenüber dem Bund und anderen Ländern, insbesondere ohne Rücksicht auf Finanzinteressen oder auswärtige Beziehungen[45]

Letztendlich wird man anhand der genannten Beispiele sagen können, dass der Grundsatz auf eine gegenseitige Rücksichtnahme hinausläuft und Ausdruck eines allgemeinen Rechtsgedankens von Treu und Glauben ist.

IV. Das Sozialstaatsprinzip

Das Sozialstaatsprinzip ist ein weiteres zentrales Prinzip des Grundgesetzes. Trotz seiner grundlegenden Bedeutung wird es im Grundgesetz nur an zwei Stellen beiläufig erwähnt (Art. 20 I und 28 I 1 GG). Das Sozialstaatsprinzip besagt zunächst, dass der Staat für eine gerechte Sozialordnung zu sorgen hat.[46] Dementsprechend muss er Fürsorgepflichten für Hilfsbedürftige ausüben und sozial bzw. wirtschaftlich schwachen Menschen zur Seite stehen. Dieser **Handlungsauftrag an den Gesetzgeber** besteht aber nicht nur auf dem klassischen Gebiet des Sozialrechts, sondern gilt für die gesamte Rechtsordnung. Speziellere Regelungen dieses Grundsatzes finden sich in einer Reihe von Vorschriften:

1.) Art. 6 IV GG spricht jeder Mutter Anspruch auf den Schutz und die Fürsorge der Gemeinschaft zu[47]
2.) Art. 6 V GG stellt uneheliche Kinder den ehelichen Kindern gleich[48]

---

[43] BVerfGE 1, 299, 315f.
[44] BVerfGE 8, 122, 141.
[45] BVerfGE 4, 115, 140; 6, 309, 362.
[46] BVerfGE 110, 412, 445.
[47] BVerfGE 32, 273, 279.

3.) Art. 14 II GG normiert die Sozialpflichtigkeit des Eigentums und stellt somit eine Wechselbezüglichkeit zwischen den Eigentumsinteressen und der Sozialpflichtigkeit her.

Es ist jedoch zwingend zu beachten, dass sich angesichts der Weite und Unbestimmtheit dieses Prinzip nach ständiger Rechtsprechung des Bundesverfassungsgerichts daraus regelmäßig kein Gebot entnehmen lässt, soziale Leistungen in einem bestimmten Umfang zu gewähren.[49] Wie der Gesetzgeber den Gestaltungsauftrag des verfassungsrechtlich nicht näher konkretisierten Sozialstaatsprinzips erfüllt, ist seine Sache.[50] Zwingend ist lediglich, dass der Staat die Mindestvoraussetzungen für ein menschenwürdiges Dasein seiner Bürger schafft.[51] Das Sozialstaatsprinzip begründet für den einzelnen Bürger folglich auch **kein subjektives Recht** bzw. Anspruch auf eine bestimmte Leistung.

V. Das Rechtsstaatsprinzip

Im Gegensatz zum Willkürstaat ist ein Rechtsstaat dadurch gekennzeichnet, dass die öffentliche Gewalt an gesetzliche Grundlagen und eine dauerhafte Wertordnung gebunden ist. Ein Rechtsstaat ist demnach ein Staat, in dem nicht nur die Beziehungen zwischen den Bürgern, sondern auch das Verhältnis zwischen dem Staat und den Bürgern und der innerstaatliche Bereich rechtlich geregelt sind.[52] Daraus folgt, dass der Bürger nicht mehr wie in früherer monarchistischer Zeit lediglich als Untertan angesehen wird. Vielmehr stehen den Bürgern nunmehr im Verhältnis zum Staat Rechte und Pflichten zu, die diese auch gemäß **Art. 19 IV GG** auf dem Rechtsweg durchsetzen können.

---

[48] BVerfGE 26, 44, 61f.
[49] BVerfGE 94, 241, 263 mit weiteren Nachweisen.
[50] BVerfGE 1, 97, 105; 100, 271, 284; 110, 412, 445.
[51] BVerfGE 82, 60, 80; 110, 412, 445.
[52] *Maurer*, Staatsrecht I, § 8 I 2.

Neben der Rechtsschutzmöglichkeit in Art. 19 IV sind folgende Ausprägungen des Rechtsstaatsprinzips im Grundgesetz zu nennen:

1.) Grundrechte
2.) Gewaltenteilung
3.) Gesetzesvorbehalt und Gesetzesbindung
4.) Effektiver Rechtsschutz
5.) Staatshaftung
6.) Rechtssicherheit und Bestimmtheit
7.) Grundsatz der Verhältnismäßigkeit

1. Die Grundrechte

Die Grundrechte stellen eine besondere Ausprägung des Rechtsstaatsprinzips dar und geben dem Bürger in den wichtigsten Lebensbereichen eine **Abwehrmöglichkeit** gegen staatliches Handeln.[53] Neben dieser Hauptfunktion sollen die Grundrechte dem Bürger auch **Schutz- und Teilhaberechte** zukommen lassen. Ein Beispiel für eine staatliche Schutzpflicht findet sich in Art. 2 II GG. Daraus wird gefolgert, dass die staatlichen Organe zum Schutz der dort erwähnten Güter aufgerufen sind. Ein Teilhaberecht kommt im Zusammenhang mit Art. 8 I GG in Betracht, denn dem einzelnen Bürger steht natürlich auch ein Mitwirkungsrecht an einer bereits stattfindenden Versammlung zu.

2. Die Gewaltenteilung

Der in Art. 20 II 2 GG verankerte Gewaltenteilungsgrundsatz besagt, dass die staatliche Gewalt grundsätzlich auf mehrere Staatsorgane verteilt werden soll, um eine gegenseitige Kontrolle und Begrenzung herbeizuführen.[54] Dadurch soll nach Auffassung des Bundesverfassungsgerichts die Staatsmacht gemäßigt und

---

[53] Dazu bereits oben unter § 3 II.
[54] Dieser Gedanke war bereits bei der Entwicklung der Gewaltenteilung durch *Montesquieu* maßgeblich, siehe dazu bereits oben § 2 I.

die Freiheit des Einzelnen geschützt werden.[55] Zudem kann durch die Verteilung auf mehrere Organe eine effektivere und rationalere Aufgabenerfüllung erreicht werden. Dabei fordert das Grundgesetz keine absolute Trennung, sondern eine gegenseitige Kontrolle, Hemmung und Mäßigung[56], wobei nach Art. 20 II 2 GG jeder Gewalt ein unantastbarer Kernbereich gewährleistet wird. Dabei unterscheidet man folgende drei Staatsgewalten:

1.) Legislative = gesetzgebende Gewalt
2.) Exekutive = vollziehende Gewalt
3.) Judikative = rechtsprechende Gewalt

Weil die **Exekutive** immer an die Ausführung der gesetzlichen Regelungen der Legislative gebunden ist, steht ersterer gegenüber der Legislative keine vergleichbar starke Stellung zu. Im Verhältnis zur Judikative kann sich die Exekutive jedoch darauf berufen, dass ihre Maßnahmen und Verwaltungsakte nur auf die *Rechtmäßigkeit* hin untersucht werden. Eine *Zweckmäßigkeitskontrolle* der behördlichen Tätigkeit durch das Gericht erfolgt gerade nicht.[57] Des Weiteren normiert § 167 II VwGO, dass Urteile gegen die Exekutive auf Anfechtungs- und Verpflichtungsklagen nur hinsichtlich der Kosten für vorläufig vollstreckbar erklärt werden können. Da das Urteil demnach noch in der Rechtsmittelinstanz abgeändert werden kann, kann die Judikative den Bürger somit nicht dazu befähigen, aus einem lediglich vorläufig vollstreckbaren Urteil in der Hauptsache gegen die Exekutive zu vollstrecken. Der Gewaltenteilungsgrundsatz verbietet der Judikative somit Eingriffe in die Exekutive, solange das Urteil noch nicht rechtskräftig ist.

---

[55] BVerfGE 9, 268, 279f.; 67, 100, 130.
[56] BVerfGE 95, 1, 15.
[57] Dies stellt einen wesentlichen Unterschied zwischen dem gerichtlichen und dem behördlichen Rechtsschutz dar. Während im Rahmen eines Widerspruchsverfahrens durch die übergeordnete Behörde sowohl eine *Rechts- als auch eine Zweckmäßigkeitskontrolle* erfolgt (§ 68 I 1 VwGO), prüft das Gericht stets nur die *Rechtmäßigkeit* (§ 113 I 1 VwGO für die Anfechtungsklage bzw. § 113 V VwGO für die Verpflichtungsklage).

46

Die Eigenständigkeit der **Judikative** von den übrigen beiden Staatsgewalten wird durch den in Art. 92 GG niedergelegten Richtervorbehalt bzw. das Rechtsprechungsmonopol und die Unabhängigkeit der Richter nach Art. 97 I GG abgesichert.

3. Gesetzesvorbehalt und Gesetzesbindung

Die Bindung sämtlicher Staatsorgane an das geltende Recht kann ohne weiteres als Hauptaussage des Rechtsstaatsprinzips angesehen werden. Neben der grundsätzlichen Anordnung der Rechtsbindung in Art. 20 III GG findet sich eine Wiederholung für den grundrechtlichen Bereich in Art. 1 III GG.

Daraus ergibt sich, dass der Gesetzgeber an die Verfassung gebunden ist und von ihm erlassene grundgesetzwidrige Gesetze wegen des Vorrangs der Verfassung nichtig sind.[58] Die beiden übrigen Staatsgewalten sind an „Gesetz und Recht" gebunden. Diese unterschiedliche Formulierung erfasst die folgenden Rechtsakte:

1.) Grundgesetz
2.) Formelle Gesetze
3.) Rechtsverordnungen und Satzungen

---

[58] BVerfGE 84, 9, 20 f.

Exkurs zur Normenhierarchie

Im Hinblick auf die Frage, welcher Rang einer bestimmten Regelung zukommt, ist es unerlässlich zu wissen, an welcher Stelle der Normenhierarchie sie einzuordnen ist. Erst aus diesem Kontext ist es möglich zu ermitteln, an welchen höherrangigen Vorschriften eine Norm zu messen ist.

An **erster** bzw. **oberster** Stelle steht dabei das europäische Gemeinschaftsrecht. Dieses genießt **Anwendungsvorrang** vor allen innerstaatlichen Regelungen. Dies führt beispielsweise dazu, dass eine europarechtliche Richtlinie Anwendungsvorrang vor dem Grundgesetz genießt.

Danach gilt folgende Hierarchie:

0.) europ. Gemeinschaftsrecht
1.) Grundgesetz
2.) Bundesgesetze, siehe dazu auch Art. 31 GG
3.) Bundesrechtsverordnungen / Bundessatzungen
4.) Landesverfassungen
5.) Landesgesetze
6.) Landesrechtsverordnungen / Landessatzungen
7.) Gemeindliche Satzungen und Verordnungen
8.) Verwaltungsvorschriften (wobei diese zum Teil auch gar nicht in diesem Aufbau erwähnt werden, weil sie mangels Außenwirkung keine Rechtsnormen, sondern bloßes Innenrecht der Verwaltung darstellen)

Obwohl das Grundgesetz somit in der innerstaatlichen Normenhierarchie an oberster Stelle steht, ist jedoch zu beachten, dass die Exekutive und Judikative zunächst das einfache Recht anzuwenden haben und nicht direkt auf die Verfassung zurückgreifen dürfen. Man spricht insoweit vom **Anwendungsvorrang** des einfachen Rechts. Anderenfalls könnten sich die zweite und dritte Gewalt einfach über den gesetzgeberischen Willen hinwegsetzen und jedes rechtliche Problem allein durch die Anwendung des Grundgesetzes lösen.

Der Grundsatz des **Gesetzesvorbehalts** besagt, dass die Exekutive nur durch oder aufgrund eines Gesetzes in Rechte des Bürgers eingreifen darf. Demnach ist eine behördliche Maßnahme, die ohne gesetzliche Grundlage ergeht rechtswidrig. Nach Ansicht des Bundesverfassungsgerichts wird dieser Grundsatz aus Art. 20 III GG abgeleitet.[59] Teile der Literatur sind demgegenüber der Auffassung, dass sich dieser allgemeine Grundsatz aus dem Demokratie und dem Rechtsstaatsprinzip ergebe, weil Art. 20 III GG sich nur auf die Rechtsbindung beziehe.[60] Die dogmatische Herleitung kann allerdings offen bleiben, denn die Existenz des Gesetzesvorbehalts ist – jedenfalls bei belastenden bzw. eingreifenden – Maßnahmen unstreitig anerkannt. Hiervon zu unterscheiden ist der **Gesetzesvorrang**, wonach eine Verwaltungsmaßnahme rechtswidrig ist, wenn sie gegen bestehende Gesetze verstößt. Im ersten Fall handelt die Verwaltung somit ohne Gesetz und im zweiten Fall verstößt sie gegen eine bestehende gesetzliche Regelung.[61]

Merksätze zum Unterschied zwischen Gesetzesvorrang und Gesetzesvorbehalt:

Vorrang des Gesetzes = Kein Handeln **gegen** das Gesetz!
Vorbehalt des Gesetzes = Kein Handeln **ohne** das Gesetz!

Hinsichtlich der **Reichweite des Gesetzesvorbehalts** besteht insbesondere im Bereich der Leistungsverwaltung ein heftiger Streit. Da viele Bereiche inzwischen geregelt sind, entzündet sich dieser Streit insbesondere immer wieder bei der Frage der Subventionsgewährung.

---

[59] BVerfGE 49, 89, 126.
[60] *Maurer*, Staatsrecht I, § 8 I 4.
[61] Beispiele zur Problematik von Vorrang und Vorbehalt des Gesetzes finden sich bei *Detterbeck*, Jura 2002, 235 ff.

Dabei ist nach einer Auffassung auch in diesem Bereich stets eine gesetzliche Grundlage erforderlich, obwohl kein Eingriff vorliegt, sondern der Bürger eine Leistung erhält. Begründet wird dies mit der Tatsache, dass die Leistungsgewährung an einen Bürger im Einzelfall auch mit einer Leistungsverweigerung bezüglich eines anderen Bürgers einhergehen könnte. Für letzteren würde sich die Leistungsverweigerung daher als Eingriff darstellen.

Nach einer anderen Auffassung gilt der Gesetzesvorbehalt nur bei Eingriffsmaßnahmen und passt daher vom Anwendungsbereich im Rahmen der Leistungsverwaltung gar nicht. Hiernach erfordert eine Subventionsvergabe daher keine gesetzliche Grundlage.

Die **herrschende Auffassung** vertritt hingegen eine vermittelnde Ansicht zu dieser Frage. Danach genügt die Ausweisung der zu vergebenden Mittel im Haushaltsplan[62] und es bedarf grundsätzlich keiner gesetzlichen Grundlage.[63] Eine Ausnahme hiervon besteht nur dann, wenn die Subventionsvergabe zugleich für einen Dritten einen Grundrechtseingriff darstellt.

Beispiel: Ein Grundrechtseingriff liegt vor, wenn eine Förderung so erfolgt, dass die Presse- (Art. 5 I 2 GG) oder der Religionsfreiheit (Art. 4 GG) tangiert werden. In beiden Fällen handelt es sich um besonders grundrechtssensible Bereiche. Wenn der Staat z.B. ein bestimmtes Presseorgan oder eine bestimmte Religionsgemeinschaft fördert, ist offensichtlich, dass damit in die Tätigkeit der übrigen Presseorgane bzw. Religionsgemeinschaften eingegriffen wird, denn diesen kommt diese staatliche Förderung gerade nicht zugute. Demnach ist hier eine gesetzliche Grundlage für die Vergabe von Fördermitteln erforderlich.

---

[62] Darin ist ein Akt parlamentarischer Willensäußerung zu sehen, der für die Subventionsvergabe ausreicht. Auf Bundesebene werden die Mittel im Haushaltsplan ausgewiesen, der durch das Haushaltsgesetz festgestellt wird (Art. 110 II 1 GG). Die einzelnen Vergabevoraussetzungen werden dann durch Verwaltungsvorschriften geregelt.
[63] BVerwGE 90, 112, 126.

Neben dem Gebiet der Leistungsverwaltung sind noch zwei weitere problematische Bereiche im Zusammenhang mit dem Gesetzesvorbehalt zu erwähnen. Dabei handelt es sich um die sogenannten **verwaltungsrechtlichen Sonderbeziehungen**, die früher als **besondere Gewaltverhältnisse** bezeichnet wurden, und **behördliche Warnungen**.

Im Hinblick auf die besonderen Gewaltverhältnisse (z. B. Beamten-, Wehrpflicht- und Strafgefangenenverhältnis) wurde früher vertreten, dass der Gesetzesvorbehalt mangels Geltung der Grundrechte in diesen Bereichen keine Gültigkeit beanspruchen konnte. Danach sollte der Staat in diesen besonderen Gewaltverhältnissen auch ohne besondere formelle gesetzliche Ermächtigung handeln können.

Diese Auffassung ist mittlerweile aufgegeben worden, denn das Bundesverfassungsgericht erklärte die Grundrechte auch in diesen Bereichen für voll anwendbar.[64] Daraus folgt, dass der Gesetzesvorbehalt auch in den verwaltungsrechtlichen Sonderbeziehungen grundsätzliche Geltung beansprucht. Es wird diesbezüglich differenziert, ob eine Maßnahme vorliegt, die den Gewaltunterworfenen auch in seiner *persönlichen Rechtsstellung* bzw. seinen *Grundrechten* betrifft oder ihn lediglich als Gewaltunterworfenen bzw. Teil der Verwaltung ohne nennenswerten Grundrechtsbezug berührt. Im ersteren Fall (klassisches Beispiel ist die **Versetzung bei Beamten**[65]) ist eine gesetzliche Grundlage erforderlich. Im zweiten Fall (klassisches Beispiel ist hier die **Umsetzung eines Beamten**) ist nach herrschender Meinung lediglich der Innenbereich betroffen, so dass eine solche Maßnahme ohne vorherige gesetzliche Regelung ergehen kann.

---

[64] BVerfGE 33, 1, 10 f.

[65] Dies erklärt sich daraus, dass mit einer Versetzung (z. B. an einen anderen Dienstort) auch eine Veränderung der persönlichen Lebensumstände des Beamten einhergeht. Die Versetzung hat damit nicht nur innerdienstliche, sondern auch persönliche Auswirkungen auf die Lebensverhältnisse des Beamten.

Ein letztes klassisches Problemfeld im Zusammenhang mit dem Gesetzesvorbehalt bildet die Thematik der **behördlichen Warnungen**. Die Fallgestaltungen auf diesem Gebiet betrafen z.B. Warnungen staatlicher Stellen vor (Jugend-)Sekten[66], glykolhaltigen Weinen[67] und verdorbenen Nudeln[68]. Da in solchen Fällen regelmäßig ein schnelles Einschreiten zur effektiven Gefahrenabwehr erforderlich ist, stellt sich bereits aufgrund dieser praktischen Schwierigkeiten die Frage, ob es überhaupt einer gesetzlichen Ermächtigungsgrundlage bedarf. Diesbezüglich wird darauf hingewiesen, dass sich aus Art. 2 II 1 GG eine Pflicht des Staates zum Schutz von Leben und körperlicher Unversehrtheit der Bürger ergebe. Obwohl ein solcher Schluss von der Aufgabe auf die Befugnis einem Polizeistaat typisch und somit grundsätzlich unzulässig ist, begnügt sich das Bundesverwaltungsgericht für die vorliegenden Fälle ausnahmsweise mit einer solchen Argumentation.[69] Zudem folge unmittelbar aus dem Grundgesetz die Befugnis der Bundesregierung zur Information und Aufklärung der Öffentlichkeit.

Insgesamt sind bei Warnungen staatlicher Organe somit folgende Aspekte zu beachten:

1.) Die Warnungen und Informationen müssen rechtmäßig sein. Anderenfalls muss zumindest die größtmögliche Sorgfalt bei der Informationsbeschaffung eingehalten worden sein.
2.) Für die Zuständigkeit des Bundes muss ein Fall mit bundesweiter Bedeutung gegeben sein.

---

[66] BVerwGE 82, 76 ff.; BVerfG NJW 1989, 3269 ff.
[67] BVerwGE 87, 37 ff.
[68] OLG Stuttgart NJW 1990, 2690 ff.
[69] BVerwGE 82, 76, 79 ff. Siehe dazu auch BVerfGE 105, 252, 268; 105 279, 303.

52

**Zusammenfassung zur Problematik staatlicher Informations-
tätigkeit**

Der Schluss von der *Befugnis* auf die *Wahrnehmung* der dazu-
gehörigen Aufgabe ist **stets** möglich!
Der Schluss von der *Aufgabe* auf die *Befugnis* ist **grundsätzlich
ausgeschlossen** (Polizeistaat)!
Einzige Ausnahme des zweiten Grundsatzes ist die Wahrnehmung staatlicher Informationstätigkeiten in Form von Warnungen
der Bevölkerung.

Über die Frage der Reichweite des Gesetzesvorbehalts hinaus
stellt sich zudem die Frage, welche Themen und Gebiete überhaupt durch ein formelles Gesetz geregelt werden müssen. Diese
Problematik wird unter dem Schlagwort der **Wesentlichkeitstheorie** diskutiert. Kernaussage dieser vom Bundesverfassungsgericht geprägten Theorie ist, dass der parlamentarische Gesetzgeber alle wesentlichen Angelegenheiten in grundlegend norma-
tiven Bereichen des „Staat – Bürger – Verhältnisses" selbst regeln
müsse.[70] Zur Bejahung der Wesentlichkeit stellt das Bundesverfassungsgericht regelmäßig auf den Grundrechtsbezug der staatlichen Maßnahme ab.[71] Man kann daher davon ausgehen, dass
die zu regelnde Angelegenheit umso wesentlicher ist, je mehr sie
grundrechtlich geschützte Bereiche tangiert.

Daraus ergibt sich eine abgestufte Rangfolge im Hinblick auf die
Notwendigkeit und Bestimmtheit gesetzgeberischen Handelns. Bei
ganz wesentlichen Angelegenheiten muss der Gesetzgeber durch
ein präzises und detailreiches Gesetz handeln. Bei weniger
wesentlichen Bereichen genügt unter Umständen die Vorgehensweise nach Art. 80 GG und die gesetzliche Ermächtigung zum
Erlass einer Rechtsverordnung. Unwesentliche Angelegenheiten

---

[70] BVerfGE 84, 212, 226 mit weiteren Nachweisen.
[71] BVerfGE 58, 257, 268.

können demnach von der Verwaltung durch Verwaltungsvorschriften geregelt werden. Als wesentlich wurden in der bisherigen Rechtsprechung angesehen:

1.) Entscheidung über die Einführung von Sexualkundeunterricht in den Schulen[72]
2.) Grundsätze der Rundfunkordnung und der Zulassung privaten Rundfunks[73]
3.) Quotenregelungen zur Frauenförderung im Öffentlichen Dienst[74]
4.) Entscheidung des Ministerpräsidenten von NRW zur Zusammenlegung von Innen- und Justizministerium[75]

Eng mit der Wesentlichkeitstheorie ist der sogenannte **Parlamentsvorbehalt** verwandt. Dabei ist jedoch zu beachten, dass dieser nur besagt, dass eine bestimmte Angelegenheit einer Entscheidung des Parlaments bedarf. Dies muss jedoch nicht zwangsläufig durch ein formelles Gesetz geschehen, sondern kann jede mögliche Entscheidungsform abdecken. Wenn sowohl die Wesentlichkeitstheorie als auch der Parlamentsvorbehalt eingreifen, führt dies dazu, dass das Parlament durch ein formelles Gesetz entscheiden muss.

4. Effektiver Rechtsschutz

Eine weitere tragende Säule des Rechtsstaatsprinzips stellt die Möglichkeit effektiven Rechtsschutzes dar. Dies beruht auf dem nachvollziehbaren Gedanken, dass eine noch so gute Rechtsordnung wirkungslos ist, wenn die Möglichkeiten zur Durchsetzung fehlen.

---

[72] BVerfGE 47, 46, 80 ff.
[73] BVerfGE 35, 202, 219f.; 57, 295, 324; 89, 144, 152.
[74] OVG Münster DVBl. 1989, 1162.
[75] VerfGHNW NJW 1999, 1243, 1245. Siehe dazu auch die Entscheidungsbesprechung von *Aulehner*, JA 2000, 23 ff.

Die maßgebliche Vorschrift für den Rechtsschutz des Bürgers gegen rechtswidrige staatliche Maßnahmen findet sich in Art. 19 IV GG, wonach jedem, der durch die öffentliche Gewalt in seinen Rechten verletzt wird, der Rechtsweg offen steht. Hierbei ist zunächst zu beachten, dass Art. 19 IV GG zwar im Abschnitt über die Grundrechte steht, die Norm erfasst jedoch nicht nur Grundrechtsverletzungen, sondern jegliche Art von **subjektiver** Rechtsverletzung und wird mithin weit ausgelegt. Dabei ist im Hinblick auf die Anwendung des Art. 19 IV GG stets zu beachten, dass diese Norm **kein subjektives Recht begründet**, sondern ein solches stets **voraussetzt**. Das Problem, ob eine bestimmte Norm ein subjektives Recht für den einzelnen Bürger begründet oder lediglich der Allgemeinheit dient, stellt daher für die Anwendbarkeit des Art. 19 IV GG eine maßgebliche und somit regelmäßig heftig umstrittene Vorfrage dar.

Die kurze und prägnante Formulierung des Art. 19 IV GG wirft jedoch eine Reihe von Fragen an die Ausgestaltung dieses Grundsatzes auf. Zunächst ist unumstritten, dass die Vorschrift einen umfassenden und lückenlosen Rechtsschutz gewährt, der zudem zeitlich effektiv zu erreichen sein muss. Fraglich ist jedoch, ob der Rechtsschutz gegenüber allen *drei Staatsgewalten* gewährt wird und ob dafür mehrere Instanzen in den fachgerichtlichen Rechtszügen erforderlich sind. Beide Fragen sind dabei miteinander verknüpft und lassen sicher daher nur gemeinsam beantworten.

Hinsichtlich der Frage der **Reichweite** des Art. 19 IV GG stellt sich ein sehr umstrittenes Problem. Die Ursache des Streits liegt in der unterschiedlichen Formulierung mehrerer grundgesetzlicher Vorschriften. Während in Art. 1 III und 20 III GG explizit alle drei Staatsgewalten genannt werden, spricht Art. 19 IV GG nur von der „öffentlichen Gewalt". Daher stellt sich die Frage, ob davon trotz der abweichenden Formulierung alle drei Staatsgewalten erfasst werden oder ob die unterschiedliche Formulierung auch zu verschiedenen Rechtsfolgen führt. Maßnahmen der Exekutive werden dabei unstreitig durch Art. 19 IV GG erfaßt.[76] Streitig ist allerdings, ob auch Maßnahmen der Legislative und der Judikative von der Rechtsschutzgarantie des Art. 19 IV GG abgedeckt sind. Das Bundesverfassungsgericht[77] und die herrschende Lehre[78] verneinen dies. Demnach wird die *Gesetzgebung* im Rahmen des Art. 19 IV GG nicht unter den Begriff der „öffentlichen Gewalt" gefasst, so dass ein Rechtsschutz gegen Gesetze nur durch das Bundesverfassungsgericht erreicht werden kann.[79]

Da die *Rechtsprechung* nach herrschender Auffassung ebenfalls nicht von Art. 19 IV GG erfasst wird[80], lässt sich damit mittelbar auch die Frage nach der Notwendigkeit eines Instanzenzuges beantworten. Für die Frage, ob Art. 19 IV GG mehrere Instanzen fordert ist anerkannt, dass die Norm nur die grundsätzliche Möglichkeit eines gerichtlichen Rechtsschutzes fordert. Die Ausgestaltung im Detail ist dann Sache des einfachen Rechtes, hier des Prozessrechtes. Somit ist es also dem Gesetzgeber überlassen, darüber zu entscheiden, wie der Instanzenzug ausgestaltet wird und ob es überhaupt einen Instanzenzug gibt.

Insofern hat sich die Formulierung eingebürgert, dass Art. 19 IV GG Rechtsschutz **durch den Richter**, aber **nicht gegen den Richter** gewähre. Somit kann festgehalten werden, dass Art. 19 IV GG **keinen Instanzenzug** fordert. Eine einmalige gerichtliche Überprüfungsmöglichkeit reicht demnach aus.

---

[76] Davon wird nach der herrschenden Meinung jedoch wiederum bei ablehnenden Gnadenentscheidungen eine Ausnahme gemacht. Insofern gilt der Grundsatz „Gnade vor Recht", so dass Gnadenentscheidungen – z. B. des Bundespräsidenten nach Art. 60 II GG – nicht gerichtlich überprüfbar sind, BVerfG NJW 1969, 1895 und NJW 2001, 3771. Siehe zu dieser Thematik auch *Leipold*, NJW-Spezial 2007, 183 f.
[77] BVerfGE 24, 367, 401ff.; 45, 297, 322 und 334.
[78] *Degenhart*, Staatsrecht I, Rdnr. 409.
[79] Der Darstellung der einschlägigen verfassungsrechtlichen Rechtsmittel wird ein eigenes Kapitel gewidmet.
[80] BVerfGE 11, 263, 265; 49, 329, 340; 96, 27, 39.

Da die Prozessordnungen (ZPO, StPO und VwGO) jedoch alle einen regelmäßig dreistufigen Instanzenzug vorsehen, geht der Gesetzgeber über die verfassungsrechtlich gebotenen Minimalforderungen hinaus und verstärkt somit die Rechtsschutzmöglichkeiten des Bürgers gegenüber den grundgesetzlichen Anforderungen.

Kurzzusammenfassung der Kernaussagen des Art. 19 IV GG

1.) Art. 19 IV GG setzt jeweils ein subjektives Recht voraus.
2.) Nach h. M. sind nur Maßnahmen der Exekutive erfasst.
3.) **Rechtsschutz durch den Richter, nicht gegen den Richter!**
4.) Ein Instanzenzug wird grundgesetzlich nicht gefordert.

---

5. Die Staatshaftung

Aus dem Rechtsstaatsprinzip folgt nicht nur die Notwendigkeit effektiven Rechtsschutzes zur Abwehr rechtswidriger staatlicher Maßnahmen, sondern auch die finanzielle Haftung des Staates bei Schädigungen des Bürgers. Effektiver Rechtsschutz und die Staatshaftung ergänzen sich somit gegenseitig.

Unter den Begriff der Staatshaftung fällt jedoch nicht nur die evidente Regelung des § 839 BGB in Verbindung mit Art. 34 GG, sondern auch noch eine Reihe weiterer Elemente. Da die Frage der Staatshaftung eine elementare Bedeutung hat und bereits seit vielen Jahrzehnten als reformbedürftig angesehen wurde, unternahm der Bundesgesetzgeber zunächst im Jahre 1981 den Versuch zum Erlass eines **Staatshaftungsgesetzes**. Dieses Gesetz wurde jedoch vom Bundesverfassungsgericht mangels bestehender Gesetzgebungskompetenz für verfassungswidrig und somit nichtig erklärt.[81] Obwohl das Grundgesetz in Artikel 74 I Nr. 25 GG mittlerweile eine Gesetzgebungskompetenz des Bundes normiert,

---

[81] BVerfGE 61, 149 ff.

wurden erneute Reformbestrebungen oder ein zweiter Anlauf zum Erlass eines solchen Staatshaftungsgesetzes bisher nicht unternommen. Trotz der großen Bedeutung dieses Rechtsgebietes mangelt es somit an einer umfassenden gesetzlichen Regelung.

Diese Lücke hat die Rechtsprechung weitgehend durch richterliche Rechtsfortbildung zu füllen versucht, wenngleich dadurch natürlich nicht alle drängenden Probleme beseitigt werden konnten. Dies hat zur Folge, dass sich bei zahlreichen Haftungsinstrumenten **keine bzw. kaum Anhaltspunkte in den zur Verfügung stehenden Gesetzen** finden lassen und man die Prüfungspunkte einfach auswendig lernen muss, um sie in einer Klausur anwenden zu können.

Die bekannteste Ausprägung der Staatshaftung findet sich in den bereits zuvor zitierten Regelungen des § 839 BGB in Verbindung mit Art. 34 GG. Hierbei ist zu beachten, dass die **haftungsbegründende Norm des § 839 BGB** bereits seit der Schaffung des BGB existierte und erst im Nachhinein durch die Schaffung des Grundgesetzes die **haftungsüberleitende Vorschrift des Art. 34 GG** hinzukam. Trotz dieser historischen Entwicklung werden allerdings beide Vorschriften nach weit überwiegender Auffassung als **einheitliche Anspruchsgrundlage** angesehen.[82]

Die Amtshaftung ist daher nach diesen beiden Vorschriften immer dann gegeben, wenn jemand in Ausübung eines ihm anvertrauten öffentlichen Amtes die ihm einem Dritten gegenüber obliegende Amtspflicht schuldhaft verletzt und dadurch einen Schaden verursacht, sofern kein Haftungsausschlussgrund vorliegt. Maßgeblicher Anknüpfungspunkt für die Überleitung der Haftung auf den Staat ist dabei stets, dass ein **Beamter im staatshaftungsrechtlichen Sinne** gehandelt haben muss. Dieser Begriff geht über den **Beamten im beamtenrechtlichen Sinne** hinaus, da somit auch für Angestellte gehaftet wird.

---

[82] BVerfGE 61, 149, 198; *MüKo/Papier* § 839 Rdnr. 8.

Der Anwendungsbereich von § 839 BGB und Art. 34 GG ist jedoch nicht vollumfänglich deckungsgleich. Art 34 GG enthält im Gegensatz zu § 839 BGB insoweit eine Einschränkung, als er lediglich Amtspflichtverletzungen „in Ausübung eines anvertrauten öffentlichen Amtes" betrifft, also nicht solche im privatrechtlichen, fiskalischen Bereich erfasst. Dagegen ist der persönliche Anwendungsbereich des Art. 34 GG im Verhältnis zu § 839 BGB weiter, da das Grundgesetz wie bereits angesprochen nicht nur Beamte im beamtenrechtlichen Sinne erfasst.

Hinsichtlich der **Rechtsfolge** ist zu beachten, dass dieser Anspruch immer auf Geldersatz gerichtet ist. Dies beruht auf der Überleitung der zivilrechtlichen Konstruktion auf den Staat, denn anderenfalls würden die nach § 71 II Nr. 2 GVG stets[83] erstinstanzlich zuständigen Zivilgerichte in den Kompetenzbereich der Verwaltungsgerichte eingreifen.[84]

Neben diesem Staatshaftungsanspruch gemäß § 839 BGB in Verbindung mit Art. 34 GG hat insbesondere die Rechtsprechung zahlreiche weitere Konstruktionen entwickelt, die unter dem weiten Begriff der Staatshaftung zusammengefasst werden können:

   1.) Enteignungsgleicher[85] und enteignender Eingriff[86]

---

[83] Für die Frage der sachlichen Zuständigkeit ist im Zusammenhang mit Staatshaftungsansprüchen zu beachten, dass die Landgerichte erstinstanzlich **unabhängig vom Streitwert** zuständig sind!

[84] BGHZ 34, 99, 105.

[85] Hierbei handelt es sich um eine Haftung, die eingreift, wenn ein hoheitlicher **rechtswidriger** Eingriff in eine von **Art. 14 GG geschützte Rechtsposition** erfolgt und dadurch eine unmittelbare Eigentumsbeeinträchtigung herbeigeführt wird, die dem Eigentümer ein nicht zumutbares **Sonderopfer** auferlegt. Durch die Rechtswidrigkeit des Eingriffs wird das Vorliegen eines solchen Sonderopfers regelmäßig indiziert.

[86] Der enteignende Eingriff fordert die gleichen Anspruchsvoraussetzungen wie der enteignungsgleiche Eingriff mit dem großen Unterschied, dass das staatliche Handeln hier nicht rechtswidrig, sondern **rechtmäßig** ist. Daher müssen hier besondere Bemühungen zur Bejahung eines Sonderopfers unternommen werden, da dieses gerade nicht durch die – hier fehlende – Rechtswidrigkeit indiziert werden kann.

2.) Aufopferungsgleicher Eingriff[87]

3.) Folgenbeseitigungsanspruch[88]

In europarechtlicher Hinsicht ist zum Abschluss insbesondere auf die vom Europäischen Gerichtshof begründete Rechtsprechung eines gemeinschaftsrechtlichen Schadensersatzanspruchs bei der Nichtumsetzung einer Richtlinie hinzuweisen. Die Haftung für einen solchen mitgliedstaatlichen Rechtsverstoß hängt dabei von den folgenden Voraussetzungen ab:

1.) Die verletzte Rechtsnorm zielt auf die Verleihung von Rechten an Einzelne ab und der Inhalt dieser Rechte kann auf Grundlage der Rechtsnorm bestimmt werden.

2.) Es muss ein unmittelbarer Kausalzusammenhang zwischen dem Gemeinschaftsrechtsverstoß und dem bei dem Einzelnen eingetretenen Schaden bestehen.

3.) Das zuständige Gesetzgebungsorgan hat hinreichend qualifiziert, das heißt offenkundig und erheblich gegen die Gemeinschaftsrechtsnorm verstoßen.

---

[87] Im Rahmen eines aufopferungsgleichen Eingriffs muss der Staat bei einem hoheitlichen **rechtswidrigen** Eingriff in ein **individuelles Rechtsgut** wie Leben, Gesundheit, körperliche Integrität und der persönlichen Bewegungsfreiheit eine Entschädigung leisten.

[88] Die dogmatische Begründung des Folgenbeseitigungsanspruchs ist sehr umstritten. Teilweise wird er direkt aus dem Rechtsstaatsprinzip, teilweise aus einer Analogie zu § 1004 BGB und nach wohl herrschender und auch zutreffender Meinung aus den Grundrechten abgeleitet. Die Herleitung kann in der Klausur jedoch regelmäßig dahinstehen, da die Tatbestandsvoraussetzungen unstrittig sind. Er greift **verschuldensunabhängig** ein, wenn ein hoheitlicher Eingriff (z. B. durch Verwaltungsakt oder Realakt) in ein subjektives Recht erfolgt ist und dadurch ein **rechtswidriger Zustand!** geschaffen wurde, für den keine Duldungspflicht (z. B. aufgrund eines Verwaltungsaktes) besteht. Hier ist besonders zu beachten, dass es auf die **Rechtswidrigkeit des Zustandes** ankommt und die Frage, ob die hoheitliche Maßnahme selbst rechtmäßig oder rechtswidrig war, für die Anspruchsbegründung irrelevant ist.

Als Ergebnis kann somit festgehalten werden, dass das Rechtsstaatsprinzip durch das Staatshaftungsrecht eine Vielzahl verschiedener Konstruktionen enthält, um dem einzelnen Bürger
finanzielle Haftungsansprüche gegen den Staat zu ermöglichen.
Dadurch ist gesichert, dass der Bürger rechtswidrige Maßnahmen
nicht nur durch einen effektiven Rechtsschutz abwehren kann,
sondern finanzielle Einbußen ausgeglichen werden müssen. Die
Staatshaftung ist demnach in einem modernen Rechtsstaat nicht
mehr hinweg zu denken.

6. Rechtssicherheit und Bestimmtheit

Ein weiterer Eckpfeiler des Rechtsstaatsprinzips ist die Rechtssicherheit und Bestimmtheit von Normen. Mit der Thematik der
Rechtssicherheit wird regelmäßig die Problematik der **echten** und
unechten Rückwirkung in Verbindung gebracht. Diese Problematik hat ihren Ursprung im Steuerrecht, wenngleich sich diese
Fragen durchgängig in allen Rechtsgebieten stellen. Im Übrigen ist
der Grundsatz der **Bestimmtheit** von Rechtsnormen und des
gesamten staatlichen Handelns für ein rechtsstaatliches Gemeinwesen elementar.

Eine speziellere Ausprägung dieses allgemeinen Gedankens
findet sich in **Art. 103 II GG für das Straf- und Ordnungswidrig-
keitenrecht**. Danach kann eine Tat nur bestraft werden, wenn die
Strafbarkeit gesetzlich bestimmt war, *bevor* die Tat begangen
wurde. Dies verpflichtet den Gesetzgeber, die Voraussetzungen
der Strafbarkeit so genau zu umschreiben, dass Tragweite und
Anwendungsbereich der Straftatbestände für den Normadressaten
schon aus dem Gesetz selbst zu erkennen sind und sich durch
Auslegung ermitteln und konkretisieren lassen.[89] Das Grundgesetz
will auf diese Weise sicherstellen, dass jedermann sein Verhalten
auf die Strafrechtslage eigenverantwortlich einrichten kann und
keine unvorhersehbaren staatlichen Reaktionen befürchten

---

[89] BVerfGE 73, 206, 234; 75, 329, 340; 78, 374, 381 f.

muss.[90] Durch diese strenge Bindung der strafenden Staatsgewalt an das Gesetz gewährt das Bestimmtheitsgebot Rechtssicherheit und schützt zur Wahrung der Freiheitsrechte das Vertrauen der Bürger, dass der Staat nur dasjenige Verhalten als strafbare Handlung verfolgt und bestraft, das zum Zeitpunkt der Tat gesetzlich bestimmt war.[91]

Prominentes Beispiel für die Missachtung dieser grundgesetzlichen Vorgaben durch den Gesetzgeber ist die Verfassungswidrigkeit der Vermögensstrafe nach § 43a StGB. Nach Ansicht des Bundesverfassungsgericht, das diese Regelung mit Urteil vom 20. März 2002 für nichtig erklärte, wäre der Gesetzgeber bei Einführung einer neuen Strafart, die zudem einen intensiven Grundrechtseingriff zuließe, gehalten gewesen, dem Richter – über die herkömmlichen Strafzumessungsgrundsätze hinaus – besondere Leitlinien an die Hand zu geben, die dessen Entscheidung hinsichtlich der Auswahl und der Bemessung der Sanktion vorhersehbar gemacht hätten.[92]

Diese im Prinzip einleuchtenden Grundsätze gelten außerhalb des Straf- und Ordnungswidrigkeitenrechts über die Verankerung im Rechtsstaatsprinzip auch für die übrige Rechtsordnung. Daraus folgert das Bundesverfassungsgericht, dass der Bestimmtheitsgrundsatz gebietet, dass eine gesetzliche Ermächtigung der Exekutive zur Vornahme von Verwaltungsakten nach Inhalt, Zweck und Ausmaß hinreichend bestimmt und begrenzt ist, so dass das Handeln der Verwaltung messbar und in gewissem Ausmaß für den Staatsbürger voraussehbar und berechenbar wird.[93]

---

[90] BVerfGE 64, 369, 393f.; 85, 69, 72f.
[91] BVerfGE 95, 96, 130ff.
[92] BVerfGE 105, 135ff.
[93] BVerfGE 8, 274, 325; 9, 137, 147; 56, 1, 12.

Das bedeutet jedoch nicht, dass dem Gesetzgeber die Verwendung von Generalklauseln und unbestimmten Rechtsbegriffen verboten würde, denn bei der großen Variantenbreite und der Vielgestaltigkeit verschiedener Lebenssachverhalte wäre eine gesetzliche Regelung ansonsten gar nicht mehr denkbar. Die jeweiligen Anforderungen an die Bestimmtheit sind dabei jeweils einzelfallabhängig.

Neben der Bestimmtheit von Normen werden aus dem Rechtsstaatsprinzip noch die Grundsätze der **Normenklarheit**[94] und **Widerspruchsfreiheit**[95] abgeleitet. Bei der Frage, ob sich verschiedene Regelungen widersprechen ist allerdings vor einer vorschnellen Anwendung dieser Fallgruppe an die *Auslegung* der jeweiligen Vorschriften zu denken. Wenn die Auslegung keinen Konflikt ergibt, dann ist dem Gebot der Widerspruchsfreiheit Genüge getan. Die beiden letztgenannten Grundsätze vermischen sich im Übrigen regelmäßig mit dem Grundsatz der Bestimmtheit und lassen sich daher nicht trennscharf voneinander abgrenzen.

Zusammenfassend lässt sich festhalten, dass sich für die vorstehende Problematik aus dem Rechtsstaatsprinzip folgende drei **Gebote** ableiten lassen:

1.) Gebot der Bestimmtheit
2.) Gebot der Normenklarheit
3.) Gebot der Widerspruchsfreiheit

Diese Grundsätze gelten dabei nicht nur für Gesetze, sondern für die gesamte Rechtsordnung.

---

[94] BVerfGE 99, 216, 243; 103, 21, 33; 108, 1, 20; 114, 1, 53.
[95] BVerfGE 25, 216, 217.

Unter dem Gesichtspunkt der **Rechtssicherheit** ist auf die Frage der **rückwirkenden Änderung der Rechtslage** einzugehen. Art. 103 II GG enthält für das Strafrecht ein absolutes Rückwirkungsverbot[96] und verbietet demnach jede rückwirkende Strafbegründung[97] und Strafschärfung. Im Übrigen stellt sich das Problem, ob der Gesetzgeber die bisherige Rechtslage noch nachträglich ändern darf, zwangsläufig nur bei Maßnahmen, durch die die Bürger belastet werden. Eine *begünstigende* Neuregelung wird insofern stets begrüßt werden, da damit eine Besserstellung einhergeht.

Zur Beantwortung der Frage, ob eine rückwirkende Änderung der Rechtslage zulässig ist, muss zwischen zwei Gesichtspunkten abgewogen werden. Auf der einen Seite steht das legitime Interesse des demokratisch legitimierten Gesetzgebers an der Veränderung der Rechtslage und auf der anderen Seite steht dem das **Vertrauen** der Bürger in den unveränderten Bestand der Rechtslage entgegen. In der relevanten Rechtsprechung des Bundesverfassungsgerichts haben sich hierzu zwei Fallgruppen herausgebildet. Man unterscheidet zwischen:

1.) Echter Rückwirkung
2.) Unechter Rückwirkung

Im Hinblick auf die Terminologie ist zu beachten, dass diese beiden Begriffe nur noch vom **ersten Senat** des Bundesverfassungsgerichts[98] und der überwiegenden Literatur verwendet werden. Der **zweite Senat**[99] verwendet hingegen die Begriffe der Rückbewirkung von Rechtsfolgen (= echte Rückwirkung) und der tatbestandlichen Rückanknüpfung (= unechte Rückwirkung).

---

[96] BVerfGE 30, 367, 385; 95, 96, 131.
[97] BVerfGE 25, 269, 285; 46, 88, 192f.; 81, 132, 135.
[98] BVerfGE 98, 17, 39; 101, 239, 263f.; 103, 392, 403.
[99] BVerfGE 92, 277, 325; 97, 67, 78f.; 105, 17, 37f.; 109, 133, 188.

Neben einigen dogmatischen Feinheiten ergeben sich aus der unterschiedlichen Terminologie jedoch keine Folgen für die Lösung der relevanten Fragen. In der Klausur sollte man daher kurz die unterschiedlichen Begrifflichkeiten darstellen und sich dann konsequent für eine der beiden möglichen Formulierungen entscheiden.

Eine **echte Rückwirkung** liegt immer dann vor, wenn der Gesetzgeber nachträglich abändernd in einen bereits abgeschlossenen Sachverhalt eingreift.[100] Gerade in einem solchen Fall ist ersichtlich, dass das Vertrauen der betroffenen Bürger in die Fortwirkung der „alten" Rechtslage besonders hoch ist. Daraus folgt, dass eine solche echte Rückwirkung wegen des entgegenstehenden Vertrauens der Bürger **grundsätzlich unzulässig** ist. Die Rechtsprechung hat von diesem Grundsatz jedoch einige Ausnahmen zugelassen, denen allen gemeinsam ist, dass in diesen Fällen das Vertrauen der Bürger nicht vorhanden oder nicht schutzwürdig ist. Danach ist eine echte Rückwirkung zulässig, wenn:

1.) der Betroffene mit einer Änderung der Rechtslage rechnen musste.[101]

2.) das geltende Recht unklar und verworren ist.[102]

3.) eine sich im Nachhinein als ungültig herausstellende Norm neu beschlossen wird.[103]

4.) zwingende Gründe des Allgemeinwohls dies gebieten.[104]

5.) es sich lediglich um eine Bagatelle handelt.[105]

---

[100] BVerfGE 30, 367, 386f.; 97, 67, 78 f.; 114, 258, 300.
[101] BVerfGE 95, 64, 87; 103, 392, 404.
[102] BVerfGE 88, 384, 404; 98, 17, 39.
[103] BVerfGE 13, 261, 272.
[104] BVerfGE 88, 384, 404; 97, 67, 79f.; 101, 239, 263 f.
[105] BVerfGE 30, 367, 389; 72, 200, 258 f.; 95, 64, 86 f.

Obwohl es sich bei diesen fünf Kategorien mittlerweile um gefestigte Rechtsprechung handelt, ist gerade die Reichweite der vierten und fünften Fallgruppe sehr unbestimmt und bietet geradezu ein Einfallstor für echte Rückwirkungen. Allerdings ist bisher zu beobachten, dass das Bundesverfassungsgericht strenge Maßstäbe angelegt und die Ausnahmen restriktiv gehandhabt hat.

Demgegenüber liegt nach ständiger Rechtsprechung eine **unechte Rückwirkung** vor, wenn eine Norm auf gegenwärtige, noch nicht abgeschlossene Sachverhalt und Rechtsbeziehungen für die Zukunft einwirkt und damit zugleich die betroffene Rechtsposition nachträglich entwertet.[106] Dies ist grundsätzlich **zulässig**. Allerdings können sich aus dem Grundsatz des Vertrauensschutzes und dem Verhältnismäßigkeitsprinzip Grenzen der Zulässigkeit ergeben. Diese sind jedoch erst überschritten, wenn die vom Gesetzgeber angeordnete unechte Rückwirkung zur Erreichung des Gesetzeszwecks nicht geeignet oder erforderlich ist oder wenn die Bestandsinteressen der Betroffenen die Veränderungsgründe des Gesetzgebers überwiegen.[107]

Die unechte Rückwirkung ist somit **nur ausgeschlossen**, wenn:

1.) das Gesetz einen entwertenden Eingriff vornimmt, mit dem der Betroffene nicht zu rechnen brauchte, den er also auch bei seinen Dispositionen nicht berücksichtigen konnte[108]

und

2.) das Vertrauen des Betroffenen ausnahmsweise schutzwürdiger ist als das gesetzgeberische Interesse.[109]

---

[106] BVerfGE 101, 239, 263.
[107] BVerfGE 95, 64, 86.
[108] BVerfGE 68, 287, 307.
[109] BVerfGE 89, 48, 66; 101, 239, 263.

7. Der Grundsatz der Verhältnismäßigkeit

Zuletzt ist im Rahmen des Rechtsstaatsprinzips auf den Grundsatz der Verhältnismäßigkeit einzugehen, der die gesamte Rechtsordnung durchzieht[110] und ausnahmslos gilt. Kernaussage dieses aus dem Rechtsstaatsprinzip abgeleiteten Grundsatzes[111] ist, dass eine staatliche Maßnahme nur dann zulässig ist, wenn sie hinsichtlich des erstrebten Zwecks geeignet, erforderlich und angemessen[112] ist.[113] Dies erfordert zunächst, den legitimen Zweck des staatlichen Handelns herauszuarbeiten. Liegt bereits kein legitimer Zweck vor, scheidet die Verhältnismäßigkeit bzw. Rechtmäßigkeit der Maßnahme bereits aus diesem Grund aus. Anderenfalls schließt sich die bereits erwähnte dreistufige Verhältnismäßigkeitsprüfung an:

1.) Eine Maßnahme ist **geeignet**, wenn sie die Erreichung des angestrebten Zwecks fördert.

2.) Die Maßnahme ist **erforderlich**, wenn kein milderes, jedoch gleich geeignetes Mittel zur Verfügung steht. Zum Schutz des betroffenen Bürgers gilt insoweit das **Prinzip des geringstmöglichen Eingriffs**.

3.) Die **Angemessenheit** oder Verhältnismäßigkeit im engeren Sinne ist zu bejahen, wenn die mit der Maßnahme verbundenen Nachteile nicht vollkommen außer Verhältnis zu den Vorteilen des angestrebten Zwecks stehen. An dieser Stelle ist demnach eine umfassende Abwägung der mit der Maßnahme einhergehenden Vor- und Nachteile vorzunehmen. Diese Abwägung wird regelmäßig einen **Schwerpunkt der Klausur** darstellen. Oftmals werden

---

[110] BVerfGE 23, 127, 133.
[111] BVerfGE 76, 256, 359; 80, 109, 120; 108, 129, 136.
[112] Die Angemessenheit wird oftmals auch als Verhältnismäßigkeit im engeren Sinne bezeichnet.
[113] Vertiefende Fälle zum Verhältnismäßigkeitsprinzip finden sich bei *Michael*, JuS 2001, 148 ff.; 654ff.; 764 ff. und 866 ff. und bei *Voßkuhle*, JuS 2007, 429 ff.

sich hier die betroffenen Grundrechte der Bürger[114] und das öffentliche Interesse an der Durchführung der Maßnahme entgegenstehen. Diese sind dann zu einem verhältnismäßigen Ausgleich zu bringen, wobei die Grenze der Belastung vom Bundesverfassungsgericht oft in der **Zumutbarkeit** gesehen wird.

Überblick zur Prüfung der Verhältnismäßigkeit

1.) Legitimer Zweck
2.) Geeignetheit
3.) Erforderlichkeit
4.) Angemessenheit
    Prüfung der einschlägigen Grundrechte nach:
    a) Schutzbereich
    b) Eingriff
    c) Rechtfertigung

---

[114] Aufbaumäßig bietet es sich daher an, die jeweils betroffenen Grundrechte der Bürger nach Schutzbereich, Eingriff und Rechtfertigung erst im Rahmen der Angemessenheit bzw. Verhältnismäßigkeit im engeren Sinne zu prüfen.

§ 5 Die Staatszielbestimmungen

Neben den Strukturprinzipien der Verfassung sind noch die sogenannten Staatszielbestimmungen zu erwähnen. Diese über-
schneiden sich zum Teil mit den Strukturprinzipien[115], wenngleich
die Staatszielbestimmungen in ihrer Bedeutung hinter den tragenden Strukturprinzipien der Verfassung zurückstehen.

Staatszielbestimmungen richten sich hinsichtlich des zu erreichen-
den Ziels an alle Staatsorgane – insbesondere an den Gesetzgeber – und sind somit verbindlich.[116] Allerdings steht dem Gesetzgeber aufgrund der zahlreichen Möglichkeiten zur Verfolgung
des vorgegebenen Ziels eine weite **Einschätzungsprärogative**
zu. Im Unterschied zu den Grundrechten begründen Staatszielbestimmungen keine subjektiven Rechte, so dass sich die Bürger
nicht direkt darauf berufen können.

Das Grundgesetz enthält – im Unterschied zu zahlreichen Landesverfassungen – nur recht allgemein gehaltene Staatszielbestimmungen. Zu erwähnen sind insbesondere:

1.) die staatliche Förderung der Durchsetzung der Gleichbe-
rechtigung von Frauen und Männern sowie die Beseitigung bestehender Nachteile (Art. 3 II GG),

2.) der Schutz natürlicher Lebensgrundlagen (Art. 20a GG)
und

3.) die Verwirklichung der Europäischen Union (Art. 23 I GG).

Durch die Erwähnung der Staatszielbestimmungen im Grundgesetz kommt den dortigen Zielen **Verfassungsrang** zu, so dass sie
bei der Abwägung verschiedener verfassungsrechtlicher Belange
dementsprechend zu würdigen sind. Dieser Gedanke war insbesondere für die Aufnahme des Tierschutzes in Art. 20a GG bedeutend.

---

[115] Eine gemeinsame Schnittmenge besteht hinsichtlich des Sozial-,
Demokratie- und Rechtsstaatsprinzips.
[116] Die sächsische Landesverfassung enthält in ihrem Art. 13 beispielsweise die folgende Definition: „Das Land hat die Pflicht, nach seinen
Kräften die in dieser Verfassung niedergelegten Staatsziele anzustreben
und sein Handeln danach auszurichten".

§ 6 Die Grundrechte

Bei den Grundrechten handelt es sich um eine äußerst komplexe Materie, die grundsätzlich gesonderten Darstellungen vorbehalten ist[117]. Daher beschränken sich die folgenden Ausführungen auf eine Erläuterung der Grundlagen.[118]

Primär fungieren die Grundrechte als **subjektive Abwehrrechte** des Bürgers gegen den Staat. Daneben stellen die Grundrechte jedoch auch sogenannte **objektive Wertentscheidungen** dar, die die gesamte Rechtsordnung prägen und stets bei der Rechtsanwendung beachtet werden müssen. Hieraus wird abgeleitet, dass den Grundrechten neben ihrer Abwehrfunktion auch eine Schutz- und Teilhabefunktion zukommt.[119]

Beispiel: Der Charakter der Grundrechte als objektive Wertentscheidung wird oftmals in zivilrechtlichen Verfahren deutlich. Ein **Prüfungsklassiker** ist dabei die Räumungsklage des Vermieters gegen einen körperlich oder geistig schwerkranken Mieter, dem ein Umzug eigentlich nicht zuzumuten wäre. Insofern sieht § 765a ZPO die Möglichkeit des gerichtlichen Vollstreckungsschutzes vor. Der Richter kann demnach eine Maßnahme der Zwangsvollstreckung ganz oder teilweise aufheben, untersagen oder einstweilen einstellen, wenn die Maßnahme unter voller Würdigung des Schutzbedürfnisses des Gläubigers wegen ganz besonderer Umstände eine Härte bedeutet, die mit den guten Sitten nicht vereinbar ist. Bei der Auslegung und Anwendung dieser Vorschrift und insbesondere der Begriffe „Härte" und „gute Sitten" hat der Zivilrichter die Grundrechte als objektive Wertentscheidungen zu beachten, sog. **mittelbare Drittwirkung** der Grundrechte. Die Grundrechte **strahlen** somit über die **Generalklauseln** in das einfache Recht hinein.

---

[117] Vgl. z.B. die Niederle-Skripten *Basiswissen Staatsrecht II* und *Grundrechte.*
[118] Eine Darstellung der Zulässigkeitsprüfung einer Verfassungsbeschwerde findet sich weiter unten bei § 19 VI.
[119] Siehe dazu bereits oben § 3 II und § 4 V 1.

Dem Klausursachverhalt ist diesbezüglich regelmäßig zu entnehmen, dass der Zivilrichter bei seiner Ablehnung des Vollstreckungsschutzes nach § 765a ZPO die Schutzinteressen des Mieters (Art. 2 II 1 GG) völlig außer Betracht gelassen hat. Weitere Rechtsmittel sind dann ebenfalls erfolglos geblieben, so dass der Mieter nunmehr Verfassungsbeschwerde erhebt. Diese Urteilsverfassungsbeschwerde ist Gegenstand der Prüfungsaufgabe. Es ist dann zu untersuchen, ob die zivilgerichtliche Entscheidung gegen **spezifisches Verfassungsrecht**[120] verstoßen hat und insofern verfassungswidrig ist. Da es hier allerdings nicht um die Abwehr staatlichen Handelns (wie z. B. vor einem Verwaltungsgericht → Abwehrfunktion), sondern um den Prozess zweier gleichberechtigter Parteien vor einem Zivilgericht geht, muss insofern mit der objektiven Wertentscheidung der Grundrechte argumentiert werden.

Die Grundrechte lassen sich im Übrigen grob in mehrere Kategorien einteilen. Zunächst gibt es die **schrankenlosen Grundrechte** (z. B. Art. 4 GG). Daneben unterscheidet man zwischen Grundrechten mit **einfachem** (z. B. Art. 12 I 2 GG) oder **qualifiziertem Gesetzesvorbehalt** (z. B. Art. 5 II GG). Eine andere Unterscheidung wäre die zwischen den sogenannten **Deutschengrundrechten** (Art. 8 I, 9 I, 11 I, 12 I GG) und den übrigen **Jedermanngrundrechten**.

Beispiel Nr. 1: Der französische Staatsbürger F möchte in Deutschland eine Versammlung abhalten. Die deutschen Behörden verweisen ihn darauf, dass Art. 8 I GG ausdrücklich ein „Deutschengrundrecht" sei und ihm als französischem Staatsbürger daher nicht zustehe. Trifft diese Auffassung zu?

---

[120] Das Bundesverfassungsgericht ist **keine Superrevisionsinstanz**. Daher werden Urteile nur auf spezifische Verfassungsverstöße untersucht. Dies ist beispielsweise der Fall, wenn Grundrechte gar nicht gesehen oder vollkommen falsch gewertet wurden. Spezifisches Verfassungsrecht ist aber nicht schon dann verletzt, wenn eine Entscheidung, am einfachen Recht gemessen, objektiv fehlerhaft ist; der Fehler muß gerade in der Nichtbeachtung von Grundrechten liegen, BVerfGE 18, 85, 92 f.

Lösung: Bei EU-Bürgern werden mehrere Ansätze zur Lösung dieses Problems vertreten. Nach Art. 12 EG ist zunächst jegliche Diskriminierung verboten. Daraus folgert die wohl **herrschende Meinung**, dass die Deutschengrundrechte erweiternd ausgelegt werden müssen, um auch EU-Bürger zu erfassen. Nach einer anderen Auffassung ist der Wortlaut des Grundgesetzes diesbezüglich eindeutig und kann nicht über die Wortlautgrenze im Sinne der herrschenden Meinung ausgelegt werden. Daher könnten sich EU-Bürger nur auf den subsidiären Art. 2 I GG berufen. In diesen würden jedoch die gleichen Anforderungen wie bei den speziellen Deutschengrundrechten hineingelesen. Dies führt dazu, dass zwischen den beiden Auffassungen im Ergebnis kein Unterschied besteht. Die Bedeutung von Art. 12 EG wird von beiden Auffassungen beachtet und lediglich auf unterschiedlichen dogmatischen Wegen gelöst. Die Rechtsansicht der deutschen Behörden ist demnach nicht zutreffend.

Beispiel Nr. 2: Ein Ausländer möchte ebenfalls eine Versammlung abhalten. Erneut verweisen die Behörden auf den Wortlaut des Art. 8 I GG. Wird der Ausländer damit rechtlos gestellt?

Lösung: In diesem Fall ist zu beachten, dass eine Berufung auf Deutschengrundrechte unstreitig ausscheidet. Mangels Einschlägigkeit von Art. 12 EG kommt auch der obige Weg nicht in Betracht. Letztendlich kann sich jedoch jeder Ausländer in solchen Fällen nach **herrschender Meinung** auf Art. 2 I GG[121] und in besonders schlimmen Fällen auf Art. 1 GG berufen. Allerdings ist dann auch zu beachten, dass Art. 2 I GG über seinen Gesetzesvorbehalt relativ leicht einzuschränken ist.

Die Prüfung eines (Freiheits-)Grundrechts gliedert sich grundsätzlich in drei Prüfungspunkte:

1.) Schutzbereich
2.) Eingriff
3.) Rechtfertigung

---

[121] Die Mindermeinung geht davon aus, dass die Deutschengrundrechte eine abschließende Regelung enthalten und Ausländern daher negativ die Berufung auf Art. 2 I GG als Auffangnorm verwehrt ist. In diesem Fall bliebe nur noch das einfache Gesetzesrecht und in schweren Ausnahmefällen Art. 1 GG übrig.

Von dieser dreistufigen Prüfung wird nur im Hinblick auf die Gleichheitsrechte des Art. 3 GG eine Ausnahme gemacht, weil sich aufgrund der Besonderheit dieses Grundrechts ein spezieller Aufbau durchgesetzt hat. Der allgemeine Gleichheitssatz verbietet es, wesentlich Gleiches willkürlich ungleich und wesentlich Ungleiches willkürlich gleich zu behandeln. Der Prüfungsaufbau eines solchen Gleichheitsgrundrechtes folgt dabei dem folgenden Muster:

1.) Anwendbarkeit von Art. 3 I GG, denn spezielle Gleichheitssätze (Art. 3 II 1, III 2, 6 I, V, 33 I, II, III, 38 I GG) gehen dem allgemeinen Gleichheitssatz vor
2.) Feststellung der **Ungleichbehandlung**[122]
3.) Verfassungsrechtliche Rechtfertigung der Ungleichbehandlung (sogenannte „**Neue Formel**" des Bundesverfassungsgerichts)

Die „Neue Formel" des Bundesverfassungsgerichts differenziert für die verfassungsrechtliche Rechtfertigung zwischen einer **sach- und einer personenbezogenen Ungleichbehandlung**. Im Falle einer lediglich sachbezogenen Ungleichbehandlung soll eine reine **Willkürkontrolle** durchgeführt werden, so dass ein sachlicher Grund zur Begründung der Ungleichbehandlung ausreicht. Liegt hingegen eine personenbezogene Ungleichbehandlung vor, so ist nach der Rechtsprechung des Bundesverfassungsgerichts eine **volle Verhältnismäßigkeitsprüfung** geboten. Zur Unterscheidung zwischen einer sach- und einer personenbezogenen Ungleichbehandlung kann man die **Faustformel** heranziehen, dass eine personenbezogene Differenzierung vorliegt, je näher man sich den in Art. 3 III GG erwähnten Kriterien nähert.

---

[122] Aus traditionellen Gründen wird stets mit der Feststellung einer Ungleichbehandlung begonnen. Dafür müssen zunächst zwei Vergleichsgruppen gebildet werden, die durch dieselbe Rechtsetzungsgewalt ungleich behandelt werden.

Das Bundesverfassungsgericht geht somit in ständiger Rechtsprechung[123] davon aus, dass sich aus dem allgemeinen Gleichheitssatz je nach Regelungsgegenstand und Differenzierungsmerkmalen unterschiedliche Grenzen für den Gesetzgeber ergeben, die vom bloßen Willkürverbot bis zu einer strengen Bindung an Verhältnismäßigkeitserfordernisse reichen.

Die Abstufung der Anforderungen folgt aus Wortlaut und Sinn des Art. 3 I GG sowie aus seinem Zusammenhang mit anderen Verfassungsnormen. Da der Grundsatz, dass alle Menschen vor dem Gesetz gleich sind, in erster Linie eine ungerechtfertigte Verschiedenbehandlung von Personen verhindern soll, unterliegt der Gesetzgeber bei einer Ungleichbehandlung von Personengruppen regelmäßig einer strengen Bindung.[124] Diese Bindung ist umso enger, je mehr sich die personenbezogenen Merkmale den in Art. 3 III GG genannten annähern und je größer deshalb die Gefahr ist, dass eine an sie anknüpfende Ungleichbehandlung zur Diskriminierung einer Minderheit führt.

Die engere Bindung ist jedoch nicht auf personenbezogene Differenzierungen beschränkt. Sie gilt vielmehr auch, wenn eine Ungleichbehandlung von Sachverhalten mittelbar eine Ungleichbehandlung von Personen*gruppen* bewirkt. Bei lediglich verhaltensbezogenen Unterscheidungen hängt das Maß der Bindung davon ab, inwieweit die Betroffenen in der Lage sind, durch ihr Verhalten die Verwirklichung der Merkmale zu beeinflussen, nach denen unterschieden wird.[125] Überdies sind dem Gestaltungsspielraum des Gesetzgebers umso engere Grenzen gesetzt, je stärker sich die Ungleichbehandlung von Personen oder Sachverhalten auf die Ausübung grundrechtlich geschützter Freiheiten nachteilig auswirken kann.[126] Der unterschiedlichen Weite des

---

[123] BVerfGE 88, 87, 96f. mit weiteren Nachweisen.
[124] BVerfGE 55, 72, 88.
[125] BVerfGE 55, 72, 89.
[126] BVerfGE 60, 123, 134; 82, 126, 146.

gesetzgeberischen Gestaltungsspielraums entspricht eine abgestufte Kontrolldichte bei der verfassungsgerichtlichen Prüfung. Kommt als Maßstab nur das Willkürverbot in Betracht, so kann ein Verstoß gegen Art. 3 I GG nur festgestellt werden, wenn die Unsachlichkeit der Differenzierung evident ist.[127] Dagegen prüft das Bundesverfassungsgericht bei Regelungen, die Personengruppen verschieden behandeln oder sich auf die Wahrnehmung von Grundrechten nachteilig auswirken, im Einzelnen nach, ob für die vorgesehene Differenzierung Gründe von solcher Art und solchem Gewicht bestehen, dass sie die ungleichen Rechtsfolgen rechtfertigen können.[128]

I. Die Grundrechtsfähigkeit

Bei der Grundrechtsfähigkeit handelt es sich um die Frage, wer Träger von Grundrechten sein kann. Dies stellt somit einen Spezialfall zur allgemein bekannten Frage der Rechtsfähigkeit dar. Nach Art. 93 I Nr. 4a GG kann **jedermann** mit der Behauptung, durch die öffentliche Gewalt in einem seiner Grundrechte oder grundrechtsgleichen Rechte verletzt worden zu sein, Verfassungsbeschwerde erheben. Daraus folgt, dass die Grundrechte natürlichen Personen zustehen und diese somit grundrechtsfähig sind.

Eng mit der Frage der Grundrechtsfähigkeit ist die Frage der **Grundrechtsmündigkeit** bzw. **Prozessfähigkeit** verbunden. Dahinter verbirgt sich die Frage, ob der Grundrechtsträger auch berechtigt bzw. fähig ist, seine Grundrechte vor dem Bundesverfassungsgericht geltend zu machen. Im Gegensatz zu den übrigen Prozessordnungen[129] enthält das Bundesverfassungsgerichtsgesetz zu dieser Frage keine Regelung. Da das Grundgesetz in der innerstaatlichen Normenhierarchie an oberster Stelle steht,

---

[127] BVerfGE 55, 72, 90.
[128] BVerfGE 82, 126, 146.
[129] Siehe beispielsweise § 51 I ZPO.

kann zur Lösung dieser Frage auch nicht einfach auf die Regelungen des einfachen Rechts abgestellt werden. Das Bundesverfassungsgericht geht daher davon aus, dass sich die Prozessfähigkeit nicht nach einer festen Altersgrenze, sondern sich nach der Grundrechtsmündigkeit richtet. Grundrechtsmündig und somit prozessfähig ist, wer die notwendige Einsichtsfähigkeit und Reife zur eigenverantwortlichen Verfolgung seiner Rechte besitzt.

Beispiel: Ein Kleinkind ist ohne Zweifel grundrechtsfähig, allerdings fehlt ihm die Möglichkeit, eigenverantwortlich zu handeln, so dass es nicht prozessfähig ist. Demgegenüber wird man einem Jugendlichen von 16 Jahren sicher die Fähigkeit zusprechen, seine Interessen in einem gewissen Maße selbstständig zu verfolgen. Ein **Klassiker** ist die Verfassungsbeschwerde eines Minderjährigen in Verbindung mit Art. 4 GG. In diesem Zusammenhang nimmt die Rechtsprechung des Bundesverfassungsgerichts Anlehnung an § 5 des Gesetzes über die religiöse Kindererziehung (RelKErzG)[130]. Die Altersgrenze von 14 Jahren in diesem Zusammenhang sollte daher in der Klausur geläufig sein. Im Übrigen wird bei einem minderjährigen Beschwerdeführer in der Zulässigkeit stets eine Auseinandersetzung mit diesem Problem erwartet. In den wenigsten Fällen wird der Ersteller der Klausur jedoch die Unzulässigkeit der Verfassungsbeschwerde anstreben, so dass man die Prozessfähigkeit in der Regel im Ergebnis bejahen wird.

Neben den natürlichen Personen sind auch **juristische Personen** grundrechtsfähig. Dies wird über Art. 19 III GG erreicht, der in diesem Kontext in der Klausur zitiert werden muss. Auch an dieser Stelle ergeben sich erneut Probleme, denn Art. 19 III GG normiert, dass die Grundrechte für **inländische** juristische Personen gelten, **soweit** sie ihrem **Wesen** nach auf sie anwendbar sind. Hierbei ist allerdings zu beachten, dass das einfache Recht erneut nicht zur Definition des Art. 19 III GG herangezogen werden kann, so dass

---

[130] § 5 RelKErzG lautet: Nach der Vollendung des vierzehnten Lebensjahres steht dem Kinde die Entscheidung darüber zu, zu welchem religiösen Bekenntnis es sich halten will. Hat das Kind das zwölfte Lebensjahr vollendet, so kann es nicht gegen seinen Willen in einem anderen Bekenntnis als bisher erzogen werden.

es für Art. 19 III GG nicht auf die Rechtsfähigkeit der juristischen Person ankommt. Demnach erfasst Art. 19 III GG jegliche Formen **privatrechtlicher** Vereinigungen oder Verbände unabhängig von deren Rechtsfähigkeit. Allerdings findet Art. 19 III GG **grundsätzlich keine Anwendung auf juristische Personen des öffentlichen Rechts** (Körperschaften[131], Anstalten und Stiftungen[132]), weil die Grundrechte als Abwehrrechte gegen den Staat gerichtet sind und diese juristischen Personen des öffentlichen Rechts gerade ein Teil des Staates sind. Eine Anwendung der Grundrechte über Art. 19 III GG wäre daher zirkelschlüssig.

Hiervon werden erneut einige **Ausnahmen** gemacht, denen allesamt der Gedanke zugrunde liegt, dass in diesen Fällen kein rein innerstaatlicher Rechtsstreit gegeben ist:

1.) Zunächst können sich **alle** juristischen Personen des öffentlichen Rechts auf die sogenannten Justiz- bzw. Prozessgrundrechte (Art. 101 I, 103 I GG) berufen, weil in gerichtlichen Verfahren eine Waffengleichheit herrschen muss.[133]

---

[131] Zur Definition von Körperschaften wird oftmals darauf abgestellt, dass diese **Mitglieder** haben, während Anstalten nur über **Nutzer** verfügen. Diese Definition ist selbstverständlich zutreffend, wenngleich sie in der Klausursituation oftmals nicht weiterhilft. Vielmehr sollte man sich zur Abgrenzung einprägen, dass man bei einer Körperschaft Einfluss auf die interne Willensbildung und die Organe nehmen kann (z. B. Wahlen zum Studierendenparlament → Universität = Körperschaft, Wahlen zum Stadtrat und des Bürgermeisters → Gemeinde = Körperschaft). Wenn man keinen Einfluss auf die innere Willensbildung und Organisation nehmen kann, liegt eine Anstalt vor (z. B. hat noch nie eine Wahl zum Leiter einer Justizvollzugsanstalt stattgefunden).
[132] Bei einer Stiftung handelt es sich lediglich um eine Vermögensmasse, die einen vom Stifter festgelegten Zweck verfolgt. Eine Stiftung kann sowohl privatrechtlich als auch öffentlich-rechtlich organisiert sein. Ein Beispiel für eine Stifung des öffentlichen Rechts ist die „Stiftung Preußischer Kulturbesitz".
[133] BVerfGE 18, 441, 447; 61, 82, 104 f.

2.) **Universitäten** können sich als Körperschaften des öffentlichen Rechts auf besondere Rechte nach Art. 5 III GG
berufen und sind **insoweit** grundrechtsfähig.

3.) **Rundfunkanstalten** werden gemäß Art. 5 I GG ebenfalls
mit besonderen Rechten ausgestattet, so dass diese **insoweit** grundrechtsfähig sind.

4.) Gleiches gilt für die **Religionsgemeinschaften**[134], jedoch
können diese sich nicht nur auf Art. 4 GG berufen, sondern auf **alle Grundrechte**.

Bei Gemeinden besteht die Besonderheit, dass diese sich nicht
auf die Grundrechte[135], sondern nur auf ihr Selbstverwaltungsrecht
nach Art. 28 II GG berufen können.

Art. 19 III GG fordert, dass die Grundrechte ihrem Wesen nach auf
eine juristische Person anwendbar sein müssen. Dies setzt voraus, dass das jeweilige Grundrecht einen **korporativen Charakter**
haben muss und somit auch durch eine juristische Person ausgeübt werden kann. Bei Art. 1 I 1 GG ist offensichtlich, dass
Menschenwürde einer juristischen Person nicht zukommen kann,
denn insoweit ist bereits begrifflich die Existenz einer natürlichen
Person vorausgesetzt. Demgegenüber kann Art. 14 I GG durchaus
auch durch eine juristische Person ausgeübt werden, denn Eigen-
tum kann nicht nur einer natürlichen Person zustehen. Zur Bejahung des Art. 19 III GG ist daher in jedem Einzelfall zu untersuchen, ob das Grundrecht eine korporative Seite hat oder
nicht.[136]

---

[134] Die Kirchen sind als Körperschaften des öffentlichen Rechts
organisiert.
[135] BVerfGE 21, 362, 369 ff. Dies soll nach Auffassung des Bundesverfassungsgerichts nicht nur dann gelten, wenn eine Gemeinde hoheitlich
tätig wird, sondern auch, wenn sie am Privatrechtsverkehr teilnimmt,
BVerfGE 61, 82, 100 ff.
[136] Zur Vereinfachung sollte man sich einfach die vom Bundesverfassungsgericht und der Lehre anerkannten Fälle für die Klausur einprägen. Als anerkannte korporative Grundrechte und grundrechtsgleiche

Des Weiteren spricht Art. 19 III GG von einer inländischen juristischen Person. Dabei kommt es nach **herrschender Meinung** auf den **Sitz** der juristischen Person an und nicht auf die Staatsangehörigkeit etwaiger ausländischer Gesellschafter.

Beispiel: Ausländer gründen eine deutsche GmbH. Diese kann sich natürlich auf alle wesensmäßig anwendbaren Deutschengrundrechte berufen, da der Sitz der GmbH in Deutschland ist. Hierbei ist zuzugeben, dass der GmbH im Verhältnis zu ihren ausländischen Gesellschaftern mehr Grundrechte zustehen. Eine Ansicht stellt deshalb zur Definition des Merkmals „inländisch" auf die Staatsangehörigkeit der Gesellschafter ab, um missbräuchliche Konstruktionen zu umgehen. Diese Auffassung ist jedoch abzulehnen, weil sie die rechtlichen Grenzen zwischen Gesellschaft und Gesellschaftern verwischt und die Selbstständigkeit der juristischen Person nicht hinreichend beachtet.

II. Die Einschränkbarkeit von Grundrechten

Es wurde bereits erwähnt, dass man die Grundrechte in folgende Kategorien einteilen kann:

1.) Schrankenlose Grundrechte (z. B. Art. 4 GG)
2.) Grundrechte mit einfachem Gesetzesvorbehalt (z. B. Art. 12 I 2 GG)
3.) Grundrechte mit qualifiziertem Gesetzesvorbehalt (z. B. Art. 5 II GG)

Allen drei Kategorien – auch den schrankenlosen Grundrechten – ist dabei gemein, dass sie auf bestimmte Art und Weise einschränkbar sind.

Rechte kommen insbesondere Art. 2 I, 3 I, 5, 9, 12 I, 13, 14, 101 I 2 und 103 I GG in Betracht.

Beispiel: Nach Art. 5 III 1 GG wird die Kunstfreiheit schrankenlos gewährleistet. Würde es bei diesem Befund bleiben, so könnte ein Künstler jede seiner Aktionen mit der schrankenlosen Kunstfreiheit rechtfertigen und z. B. Passanten in der Fußgängerzone mit Farbe „verschönern". Dabei leuchtet es sofort ein, dass dieses Ergebnis nicht zutreffend sein kann.

Leichter einschränkbar sind jedoch zunächst die Grundrechte, die einen Gesetzesvorbehalt enthalten. Dabei muss die Einschränkung in der Regel durch formell und materiell verfassungsgemäßes Gesetz oder aufgrund eines Gesetzes erfolgen. Dieses muss im Falle eines qualifizierten Gesetzesvorbehalts zudem den besonderen Anforderungen des Grundgesetzes genügen.

Beispiel: Art. 5 II GG fordert ein **allgemeines Gesetz**. Darunter ist nach der Rechtsprechung des Bundesverfassungsgerichts ein Gesetz zu verstehen, dass sich nicht gegen eine bestimmte Meinung als solche richtet (**Sonderrechtslehre**) und dem Schutz eines schlechthin – d. h. ohne Rücksicht auf eine bestimmte Meinung – zu schützenden Rechtsgut dient (**Abwägungslehre**). Das einschränkende Gesetz muss somit auch diesen qualifizierten Anforderungen genügen.

Bei schrankenlos gewährleisteten Grundrechten werden mehrere Theorien zur Frage der Einschränkung vertreten. Nach **herrschender Auffassung** werden schrankenlos gewährleistete Grundrechte im Wege der **praktischen Konkordanz**[137] eingeschränkt. Dies besagt, dass vorbehaltlos gewährleistete Grundrechte nur durch andere Normen von Verfassungsrang, d. h. durch sogenannte verfassungsimmanente Schranken begrenzt werden können. Dazu müssen die miteinander kollidierenden Grundrechte zu einem verhältnismäßigem Ausgleich unter Wahrung ihres Wesensgehaltes (Art. 19 II GG) gebracht werden. Im Einzelfall ist somit wiederum eine Abwägung der jeweils betroffenen Grundrechtspositionen erforderlich. Dabei kann grundsätzlich zweistufig

---

[137] Der Begriff wurde maßgeblich durch den Rechtswissenschaftler und ehemaligen Richter am Bundesverfassungsgericht *Konrad Hesse* (* 29. Januar 1919, † 15. März 2005) geprägt.

vorgegangen werden. Auf der ersten Stufe kann die **abstrakte** Bedeutung zweier kollidierender Grundrechte miteinander verglichen
werden. Dabei ist beispielsweise zu berücksichtigen, dass der
Grundgesetzgeber den vorbehaltlos gewährleisteten Grundrechten
bereits abstrakt eine höhere Wertigkeit zugesprochen hat. Diese
abstrakte Betrachtung kann allerdings nur einen ersten Anhaltspunkt liefern.

Beispiel: Es treffen die Grundrechte aus Art. 4 GG und Art. 5 I GG
aufeinander. Dabei ist bereits abstrakt ersichtlich, dass Art. 4 GG als vor-
behaltlosem Grundrecht eine stärkere Gewichtung zukommt, denn Art. 5 I
GG kann nach Art. 5 II GG eingeschränkt werden.

Auf einer zweiten Stufe erfolgt dann eine **konkrete** Betrachtung
der betroffenen Grundrechte. Anhaltspunkt ist dabei oftmals die
Frage, bei welchem der kollidierenden Grundrecht der Kernbereich
oder lediglich die Peripherie bzw. der Randbereich tangiert wird.
Die hier vorzunehmende Abwägung stellt regelmäßig einen **Klau-
surschwerpunkt** dar und sollte daher umfassend auf die im Sachverhalt geschilderten Argumente eingehen. Dabei ist es selbstverständlich ohne weiteres möglich, dass die konkrete Abwägung
das zuvor gefundene abstrakte Ergebnis revidiert.

Neben der herrschenden Auffassung der praktischen Konkordanz
werden noch die **Gemeinwohltheorie** und in verschiedenen
Spielarten die sogenannte **Theorie der Schrankenübertragung**
vertreten. Nach der Gemeinwohltheorie soll ein vorbehaltloses
Grundrecht eingeschränkt werden können, wenn ein unmittelbarer
Angriff auf die Verfassung oder sonstige höherrangige Rechtsgüter vorliegt. Nach der Theorie der Schrankenübertragung sollen
entweder die Schranken des Art. 2 I GG (sogenannte **Schrankentrias**), die Schranke des Art. 5 II GG oder eines **konkurrieren-**

den[138] Grundrechts mit Gesetzesvorbehalt auf das jeweilige vorbehaltlose Grundrecht übertragen werden.

Beispiel 1: Der Bürger kann sich neben Art. 4 GG auch noch auf Art. 5 I GG berufen. Die Theorie der Schrankenübertragung würde dazu führen, dass die Schranke des Art. 5 II GG auch auf den vorbehaltlosen Art. 4 GG übertragen würde.

Beispiel 2: Der Bürger beruft sich einzig auf Art. 4 GG. Obwohl Art. 2 I GG in einem solchen Fall subsidiär ist, soll die Schrankentrias dieser Norm auf Art. 4 GG übertragen werden.

Gegen diese beiden Auffassungen ist jedoch vorzubringen, dass sie die vom Grundgesetzgeber vorgesehene Struktur zwischen schrankenlosen Grundrechten und solchen mit Gesetzesvorbehalt vollkommen unterlaufen. Die Systematik des Grundgesetzes und die Wertungen des Grundgesetzgebers werden damit nicht mehr hinreichend berücksichtigt. Zudem ist insbesondere gegen die Theorie der Schrankenübertragung vorzubringen, dass es nicht verständlich ist, warum der Schutz des Bürgers schwächer sein soll, wenn er sich neben einem vorbehaltlosen Grundrecht auch noch auf ein Grundrecht mit Gesetzesvorbehalt berufen kann. Kann sich der Bürger in einem solchen Fall auf mehrere miteinander konkurrierende Grundrechte berufen, würde ein stärkeres Grundrecht durch das Hinzutreten eines schwächeren Grundrechts entwertet werden.

---

[138] Hierbei ist zu beachten, dass die Schrankenübertragung aus einem konkurrierenden und **nicht aus einem kollidierenden** Grundrecht erfolgt! Konkurrierend bedeutet insofern, dass sich der Bürger in seiner Person gleichzeitig auf mehrere Grundrechte berufen kann.

III. Die Schranken-Schranken

Da wie gezeigt jedes Grundrecht einschränkbar ist, bedarf es sogenannter „**Schranken-Schranken**", um eine uferlose Aushöhlung eines Grundrechts zu verhindern. Die Schranken-Schranken setzen der Einschränkbarkeit von Grundrechten somit Grenzen, die nicht überschritten werden dürfen. Unter dem Oberbegriff der Schranken-Schranken werden gemeinhin folgende Punkte zusammengefaßt:

1.) Verbot des Einzelfallgesetzes (Art. 19 I 1 GG)
2.) Beachtung des Zitiergebots (Art. 19 I 2 GG)
3.) Wesensgehaltsgarantie (Art. 19 II GG)
4.) Bestimmtheitsgrundsatz[139]
5.) Übermaßverbot[140] (Verhältnismäßigkeitsgrundsatz)

Wenngleich diese Prüfungspunkte gedanklich immer kurz angeprüft werden sollten, ist gerade die tatsächliche Bedeutung der ersten drei Punkte eher gering.

Bei dem **Verbot des Einzelfallgesetzes** nach Art. 19 I 1 GG handelt es sich eigentlich um eine besondere Ausprägung des allgemeinen Gleichheitssatzes. Demnach sollen vergleichbare Sachverhalte auch gleich behandelt werden. Der Gesetzgeber darf demnach nicht einfach willkürlich einen bestimmten Sachverhalt auswählen und nur diesen regeln. Um ein solches Einzelfallgesetz handelt es sich demnach, wenn eine Rechtsfolge an einen konkret bezeichneten Tatbestand geknüpft ist und das Gesetz sich in dem einmaligen Eintritt der Rechtsfolge erschöpft. Das Gesetz hat somit einen sehr eng begrenzten Anwendungsbereich, der einzigartig und unwiederholbar ist. Allerdings handelt es sich **nicht** um ein Einzelfallgesetz, wenn es momentan zwar nur einen einzigen

---

[139] Siehe dazu bereits oben § 4 V 6.
[140] Siehe dazu bereits oben § 4 V 7.

Anwendungsfall gibt, jedoch in Zukunft mit weiteren Anwendungs-
fällen gerechnet wird.

Beispiel: Der bekannteste Fall des Bundesverfassungsgerichts in diesem
Zusammenhang ist sicher der der **Frankfurter Bahnhofsapotheke.**[141]
Hierbei handelte es sich um eine Verfassungsbeschwerde eines Apo-
thekers, der seit 1952 eine Apotheke im Hauptbahnhof von Frankfurt am
Main betrieb. Mit seiner Verfassungsbeschwerde wandte er sich gegen
den damaligen § 8 III des Ladenschlussgesetzes (LSchG). § 8 I LSchG
sah insofern vor, dass Geschäfte auf Personenbahnhöfen an allen Tagen
während des ganzen Tages geöffnet sein durften. Nach § 8 III LSchG galt
diese Regelung jedoch nicht für Apotheken. Demnach durfte der Bahn-
hofsapotheker seine Apotheke nicht an allen Stunden während des
ganzen Tages öffnen. Er war demnach der Ansicht, dass § 8 III LSchG
unter anderem ein unzulässiges Einzelfallgesetz darstellen würde.

Das Bundesverfassungsgericht lehnte einen Verstoß gegen Art. 19 I 1 GG
jedoch ab, weil die Existenz der Bahnhofsapotheke des Beschwerdeführers nur den Anstoß gegeben habe, eine generelle Regelung für
Bahnhofsapotheken zu treffen. Dementsprechend seien die gesetzlichen
Tatbestandsmerkmale so abstrakt gefasst, dass sie nicht nur im Fall der
Apotheke des Beschwerdeführers erfüllt seien, dass also nicht nur ein ein-
maliger Eintritt der vorgesehenen Rechtsfolge möglich sei. Die gesetzliche Regelung in § 8 III LSchG sei vielmehr auf alle Bahnhofsapotheken
anzuwenden, die in Zukunft noch gegründet würden.

Der Gesetzgeber darf somit das Auftreten eines ersten Anwen-
dungsfalles durchaus zum Anlass einer gesetzlichen Regelung
nehmen, wenn er für die Zukunft mit weiteren solchen Fällen
rechnet.[142]

Das **Zitiergebot** des Art. 19 I 2 GG bedeutet, dass das Gesetz,
das ein Grundrecht einschränkt, ausdrücklich darauf hinweist.[143]

---

[141] BVerfGE 13, 225, 228f.
[142] BVerfGE 25, 371; 42, 263, 305; 99, 367, 400.
[143] Siehe beispielsweise § 7 PolG NRW.

Trotzdem hat Art. 19 I 2 GG ebenfalls nur eine geringe praktische Bedeutung. Dies beruht auf der Tatsache, dass es nur bei Grundrechten zur Anwendung kommt, „die aufgrund ausdrücklicher Ermächtigung vom Gesetzgeber eingeschränkt werden dürfen".[144] Darunter fallen beispielsweise Art. 8 II GG und Art. 11 II GG.

Die **Wesensgehaltsgarantie** des Art. 19 II GG soll absichern, dass die Grundrechte in ihrem absoluten Kernbereich nicht angetastet werden. Dies wirft jedoch regelmäßig die Frage auf, wie der Wesensgehalt eines Grundrechts zu bestimmen ist. Zu dieser Problematik werden zahlreiche Meinungen vertreten und auch die Rechtsprechung des Bundesverfassungsgerichts ist diesbezüglich nicht einheitlich.

Zunächst ist umstritten, ob der Wesensgehalt **absolut** oder **relativ** bestimmt werden muss. Nach der absoluten Wesensgehaltstheorie wird der Wesensgehalt für jedes einzelne Grundrecht unabhängig vom jeweiligen Sachverhalt festgelegt. Demgegenüber nimmt die relative Wesensgehaltstheorie eine gesonderte Wesensgehaltsbestimmung bei jedem Einzelfall vor. Dies kann natürlich dazu führen, dass sich der Wesensgehalt eines Grundrechts im Einzelfall verschiebt. Der letztgenannten Theorie sollte gefolgt werden, denn sie erlaubt eine bessere Abwägung der betroffenen Interessen im Einzelfall und bestimmt den Wesensgehalt des betroffenen Grundrechts nicht starr, sondern mit der notwendigen Flexibilität.

In einer zweiten Stufe ist umstritten, **wem** von dem jeweiligen Wesensgehalt des Grundrechts noch etwas bleiben muss. In Betracht kommt entweder der einzelne Bürger (individuelle Auffassung) oder die Allgemeinheit (generelle Auffassung). Der Unterschied zwischen den beiden Auffassungen wirkt sich in der Praxis gravierend aus.

---

[144] BVerfGE 21, 92, 93; 24, 367, 396 f.; 64, 72, 79f.; 83, 130, 154.

Beispiel: Ein Geiselnehmer soll durch die Polizei mittels eines **finalen Rettungsschusses** getötet werden. Art. 2 II 1 GG sichert jedoch jedem das Recht auf Leben und körperliche Unversehrtheit zu. Nach der individuellen Auffassung würde dem Geiselnehmer durch den finalen Rettungsschuß nichts mehr von seinem Recht auf Leben und körperliche Unversehrtheit verbleiben und die Maßnahme würde demnach in den unantastbaren Wesensgehalt des Grundrechts eingreifen. Die generelle Auffassung stellt hingegen darauf ab, dass es ausreicht, dass das Grundrecht als solches für die Allgemeinheit noch in seinem Wesensgehalt erhalten bleiben muss. Dies wird man im vorliegenden Fall annehmen können, so dass nach dieser Auffassung der Wesensgehalt des Art. 19 II GG nicht berührt wäre.

In einer Klausur sind demnach verschiedene Kombinationen aus diesen vier Auffassungen denkbar, die mit überzeugender Argumentation auch alle gut vertretbar sind. Die wohl überwiegende Auffassung neigt einer relativ-generellen Bestimmung des Wesensgehaltes zu. Demnach muss das jeweilige Grundrecht im Einzelfall noch in seinem Wesensgehalt für die Allgemeinheit erhalten bleiben.

Zusammenfassung zur Bestimmung des Wesensgehaltes nach Art. 19 II GG

1. Frage: Wird der Wesensgehalt absolut oder relativ bestimmt?

a) Absolute Theorie: Einmalige Bestimmung, abstrakt und losgelöst vom Einzelfall
b) Relative Theorie: Konkrete Bestimmung anhand des jeweiligen Einzelfalls (vorzugswürdig, da flexibler)

2. Frage: Wem muss von dem Grundrecht noch etwas bleiben?

a) Individuelle Auffassung: Abzustellen ist auf den einzelnen Bürger
b) Generelle Auffassung: Abzustellen ist auf die Allgemeinheit (wohl herrschende Auffassung)

§ 7 Die Parteien

Dem Aufbau des Grundgesetzes folgend soll nach den Grundrechten auf die Bedeutung und Arbeit der Parteien eingegangen werden. Die **zentrale Vorschrift** für die Tätigkeit der Parteien ist Art. 21 GG. Einfachgesetzlich ist dazu ergänzend auf das gemäß Art. 21 III GG erlassene **Parteiengesetz** (ParteiG) hinzuweisen. Die Parteien haben maßgebliche Bedeutung für die Verwirklichung der Demokratie in Deutschland. Durch ihre Tätigkeit wird dem Volk bei den Wahlen zum Bundestag die Verwirklichung des politischen Willens erleichtert. Es besteht somit ein notwendiger Zusammenhang zwischen der Arbeit des Parlaments und der Tätigkeit der Parteien. Dieser Bedeutung trägt Art. 21 I 1 GG Rechnung und bestimmt, dass die Parteien bei der politischen Willensbildung des Volkes mitwirken.[145] Daraus folgt auch, dass das Bundesverfassungsgericht die Parteien als verfassungsrechtlich notwendige Instrumente für die politische Willensbildung ansieht und sie in den Rang einer **verfassungsrechtlichen Institution** erhebt.[146]

---

[145] In diesem Zusammenhang wird die besondere verfassungsrechtliche Stellung und die gesellschaftliche Aufgabe der Parteien auch durch § 1 ParteiG deutlich. Nach § 1 I ParteiG sind Parteien ein verfassungsrechtlich notwendiger Bestandteil der freiheitlichen demokratischen Grundordnung. Sie erfüllen mit ihrer freien, dauernden Mitwirkung an der politischen Willensbildung des Volkes eine ihnen nach dem Grundgesetz obliegende und von ihm verbürgte öffentliche Aufgabe. Nach § 1 II ParteiG wirken sie an der Bildung des politischen Willens des Volkes auf allen Gebieten des öffentlichen Lebens mit, indem sie insbesondere auf die Gestaltung der öffentlichen Meinung Einfluss nehmen, die politische Bildung anregen und vertiefen, die aktive Teilnahme der Bürger am politischen Leben fördern, zur Übernahme öffentlicher Verantwortung befähigte Bürger heranbilden, sich durch Aufstellung von Bewerbern an den Wahlen in Bund, Ländern und Gemeinden beteiligen, auf die politische Entwicklung in Parlament und Regierung Einfluss nehmen, die von ihnen erarbeiteten politischen Ziele in den Prozess der staatlichen Willensbildung einführen und für eine ständige lebendige Verbindung zwischen dem Volk und den Staatsorganen sorgen.
[146] BVerfGE 20, 56, 101; 69, 92, 110.

Sie sind demnach politische Handlungseinheiten, derer die Demokratie bedarf, um die Wähler zu politisch aktionsfähigen Gruppen zusammenzuschließen und ihnen so einen wirksamen Einfluss auf das staatliche Geschehen zu ermöglichen.[147] Die Parteien haben somit eine besondere verfassungsrechtliche Stellung, obwohl sie keine klassischen Verfassungsorgane sind. Aus dieser Rechtsprechung des Bundesverfassungsgerichts folgt jedoch eine weitere **prüfungsrelevante Besonderheit**, denn die Parteien können ihre Rechte mit dem **Organstreitverfahren** und nicht nur mit der Verfassungsbeschwerde geltend machen.[148]

Beispiel: Nach Art. 93 I Nr. 1 GG entscheidet das Bundesverfassungsgericht über die Auslegung dieses Grundgesetzes aus Anlass von Streitigkeiten über den Umfang der Rechte und Pflichten eines obersten Bundesorgans oder **anderer Beteiligter**, die durch dieses Grundgesetz oder in der Geschäftsordnung eines obersten Bundesorgans mit eigenen Rechten ausgestattet sind. Da den Parteien nach der Rechtsprechung des Bundesverfassungsgerichts der Charakter einer verfassungsrechtlichen Institution zukommt, können diese sich ebenfalls als „andere Beteiligte" im Sinne von Art. 93 I Nr. 1 GG auf die Regelungen des Organstreitverfahrens berufen. Die Verfassungsbeschwerde kommt in diesen Fällen dann nicht mehr in Betracht. Sofern sich die Parteien jedoch in ihren sonstigen Grundrechten beeinträchtigt fühlen, können sie sich allein auf die Verfassungsbeschwerde berufen.

Nachdem die besondere Bedeutung der Parteien hervorgehoben wurde, bedarf es der Definition des Begriffs „Partei". Insofern steht man in der Klausur oft vor der Schwierigkeit, ob die fragliche Organisation[149] eine Partei darstellt und sich somit auf die besonderen Vorschriften berufen kann oder nicht. Das Grundgesetz enthält jedoch keine Definition des Parteibegriffs. Es besteht jedoch weitgehend Einigkeit, dass die einfachgesetzliche

---

[147] BVerfGE 11, 266, 273; 14, 121, 133; 20, 56, 99ff.; 41, 399, 416; 44, 125, 145f.; 53, 63, 82f.
[148] BVerfGE 82, 322, 335; 92, 80, 87.
[149] In der Klausur wird dies oftmals eine sogenannte **Rathauspartei** sein, die nur in einer einzigen Kommune aktiv ist und sich nur lokal engagiert.

Definition des Art. 2 I 1 ParteiG den Anforderungen des Art. 21 I GG entspricht und somit zur Definition herangezogen werden kann.[150] Nach § 2 I 1 ParteiG sind Parteien Vereinigungen von Bürgern, die dauernd oder für längere Zeit für den Bereich des Bundes oder eines Landes auf die politische Willensbildung Einfluss nehmen und an der Vertretung des Volkes im Deutschen Bundestag oder einem Landtag mitwirken wollen, wenn sie nach dem Gesamtbild der tatsächlichen Verhältnisse, insbesondere nach Umfang und Festigkeit ihrer Organisation, nach der Zahl ihrer Mitglieder und nach ihrem Hervortreten in der Öffentlichkeit eine ausreichende Gewähr für die Ernsthaftigkeit dieser Zielsetzung bieten. Bei den in *Fußnote 149* angesprochenen **Rathausparteien** handelt es sich somit nicht um Parteien im Sinne dieser Definition.

Um dieser gesellschaftlichen Aufgabe nachzukommen, bestimmt Art. 21 I 2 GG, dass die Gründung einer Partei frei ist. Dies bedeutet, dass eine Parteigründung weder von formellen noch materiellen Anforderungen abhängig gemacht werden darf. Diese Regelung umfasst über die Gründung der Partei hinaus auch die Ausgestaltung des Programms und die Frage des Ein- und Austritts.[151]

Zusammenfassung
Die wichtigste Aufgabe der Parteien ist die Mitwirkung an den Wahlen im Bund und den Ländern. Das Bundesverfassungsgericht bezeichnet sie daher auch als **Wahlvorbereitungsorganisationen**.[152]

---

[150] BVerfGE 91, 262, 266. Hierbei ist allerdings zu beachten, dass das ParteiG das GG als höherrangige Vorschrift nicht definieren kann. Es muß daher klargestellt werden, dass die Definition in § 2 I 1 ParteiG den verfassungsrechtlichen Anforderungen entspricht und daher ohne Verstoß gegen die grundsätzlich zu beachtende Normenhierarchie herangezogen werden kann.
[151] Dazu sogleich mehr unter § 7 I.
[152] BVerfGE 8, 51, 63; 20, 56, 113; 91, 262, 268.

I. Die rechtliche Stellung der Parteien und ihrer Mitglieder

Bei den Parteien handelt es sich klassischerweise um zivilrechtliche Vereine. Diese sind entweder als rechtsfähige Vereine[153] nach § 21 BGB oder als nichtrechtsfähige Vereine[154] gemäß § 54 BGB ausgestaltet. Da mit der Vereinsregistereintragung staatliche Kontrollen verbunden waren, wählten die meisten Parteien – ebenso wie die Gewerkschaften – die Form des nichtrechtsfähigen Vereins. Diese Unterscheidung zwischen den rechtsfähigen und den nichtrechtsfähigen Vereinen spielt jedoch heutzutage keine Rolle mehr, denn nach § 3 Satz 1 ParteiG kann die Partei unter ihrem Namen klagen und verklagt werden und somit am Rechtsverkehr teilnehmen.

Hinsichtlich der inneren Ordnung einer Partei verlangt Art. 21 I 3 GG, dass sie demokratischen Grundsätzen entsprechen muss. Dies setzt vor allem eine sogenannte **demokratische Binnenstruktur** voraus, so dass die Willensbildung von der Basis der Parteimitglieder ausgeht und in der Wahl des Vorstands endet. Hinsichtlich der Anforderungen an die innere Ordnung und inbesondere für die Frage des Eintritts in und des Ausschlusses aus einer Partei hält auch das ParteiG einige Vorschriften bereit. Nach § 6 I 1 ParteiG muß eine Partei zunächst eine schriftliche Satzung und ein schriftliches Programm haben. Die Anforderungen an den Inhalt der Satzung finden sich in § 6 II ParteiG.

Die für den **Eintritt** und den **Ausschluss** maßgebliche Vorschrift findet sich in § 10 ParteiG. Nach § 10 I 1 ParteiG wird frei über die Aufnahme von Mitgliedern entschieden, so dass kein Aufnahmeanspruch besteht.[155] Dies kann vor dem Hintergrund der durch Art.

---

[153] Die CSU und die FDP sind als rechtsfähige Vereine organisiert.
[154] Die CDU und die SPD sind als nichtrechtsfähige Vereine organisiert.
[155] BGHZ 101, 193 ff. In den Jahren 1997 und 1998 stellten Studenten bei der FDP in Berlin massenhaft Aufnahmeanträge, um eine feindliche Übernahme dieses Landesverbandes herbeizuführen und andere Themen auf die Tagesordnung zu setzen. Der Berliner Landesverband verfügte

21 I GG gewährten Programmfreiheit auch nicht verwundern. Ein Parteiausschluß kann nach § 10 IV und V ParteiG nur erfolgen, wenn das Mitglied vorsätzlich gegen die Satzung oder erheblich gegen Grundsätze oder Ordnung der Partei verstößt und ihr damit schweren Schaden zufügt.

Beispiel: Ein Spitzenpolitiker der A-Partei wendet sich während des Wahlkampfes gegen das Programm seiner eigenen Partei und ruft die Wähler öffentlich zur Wahl der B-Partei auf. Bei dem Verhalten des Mitgliedes muss es sich jedenfalls um ein beharrliches und nicht völlig belangloses Abweichen von den Leitlinien und Grundüberzeugungen der Partei handeln. Eine Abweichung in einzelnen Punkten oder die bloße Äußerung einer anderen Auffassung kann einen Parteiausschluss auf keinen Fall rechtfertigen, da es jedem Mitglied zustehen muss, seine Ideen und Meinungen in die innerparteiliche Diskussion einzubringen.

Nach § 10 V 1 ParteiG entscheidet über den Ausschluss das nach der Schiedsgerichtsordnung zuständige Gericht. Da es sich bei einem Parteiausschluss letztendlich um eine vereinsrechtliche und somit zivilrechtliche Streitigkeit handelt, kann der Parteiausschluss sodann von den Zivilgerichten überprüft werden. Dabei ist jedoch im Hinblick auf den **Prüfungsumfang der Zivilgerichte** zu beachten, dass Art. 21 I GG den Parteien auch im Hinblick auf einen etwaigen Mitgliederausschluss eine gewisse Selbstbestimmung zusichert.[156] Demnach können die Zivilgerichte einen solchen Ausschluss in **formeller Hinsicht** nur dahingehend überprüfen, ob er in Übereinstimmung mit der Parteisatzung und den übrigen rechtlichen Bestimmungen durchgeführt worden ist.

---

damals über ca. 2.700 Mitglieder und im Februar 1998 hatten 2.687 Studenten ihre Aufnahmeanträge für die Berliner FDP eingereicht. In Köln, wo die FDP nur 900 Mitglieder zählte, wurde von 800 Anträgen berichtet. Die feindliche Übernahme der FDP scheiterte jedoch an dem bereits erwähnten fehlenden Aufnahmeanspruch. Die einzelnen Bewerber wurden vielmehr auf ihre Aufnahmetauglichkeit und politische Einstellung untersucht und dies führte dazu, dass nur wenige Anträge Erfolg hatten.
[156] Siehe dazu die grundlegende Entscheidung BGHZ 75, 158 ff.

In **materieller Hinsicht** sind die Gerichte wegen des beschränkten Prüfungsumfangs auf eine Willkürkontrolle beschränkt und können somit nur überprüfen, ob ein solcher Parteiausschluss grob unbillig ist. Letztendlich sollen die Gerichte somit nicht in der Lage sein, den Parteien vorzuschreiben, mit welchem Mitglied eine weitere Zusammenarbeit noch möglich oder eben unmöglich ist. Diese Entscheidung soll von den Parteien selbst getroffen werden.

II. Das Parteienprivileg

Obwohl es sich bei Parteien um zivilrechtliche Vereine handelt, können sich die Parteien auf das sogenannte **Parteienprivileg** berufen. Dieses leitet sich aus Art. 21 II 2 GG ab, wonach **allein das Bundesverfassungsgericht** über die Frage der Verfassungswidrigkeit einer Partei entscheidet. Insoweit bestimmt Art. 21 II 1 GG, dass Parteien, die nach ihren Zielen oder nach dem Verhalten ihrer Anhänger darauf ausgehen, die freiheitliche demokratische Grundordnung zu beeinträchtigen oder zu beseitigen oder den Bestand der Bundesrepublik Deutschland zu gefährden, verfassungswidrig sind.

Beispiel: Die N-Partei möchte ihren Parteitag in einer Stadthalle abhalten. Zum maßgeblichen Termin ist die Stadthalle bisher nicht vermietet. Der Oberbürgermeister lehnt den Antrag der N-Partei jedoch mit der Begründung ab, dass diese Partei in seinen Augen offensichtlich verfassungswidrig sei und daher keinen Zutritt zur Stadthalle bekomme. Da die Entscheidung des Oberbürgermeisters das Entscheidungsmonopol des Bundesverfassungsgerichts unterläuft, ist sie bereits aus diesem Grund rechtswidrig.

Demgegenüber kann ein Verein nach § 3 I und II VereinsG vom Bundesinnenminister oder dem jeweils zuständigen Landesminister[157] verboten werden, wenn festgestellt ist, dass seine Zwecke oder seine Tätigkeit den Strafgesetzen zuwiderlaufen oder

---

[157] In der Regel sind die Landesinnenminister für das Vereinsrecht zuständig und somit die nach § 3 II 1 Nr. 1 VereinsG zuständige Behörde.

dass er sich gegen die verfassungsmäßige Ordnung oder den Gedanken der Völkerverständigung richtet.[158] Der Wortlaut des Art. 9 II GG lässt demgegenüber fälschlicherweise vermuten, dass Vereinigungen, deren Zwecke oder deren Tätigkeit den Strafgesetzen zuwiderlaufen oder die sich gegen die verfassungsmäßige Ordnung oder gegen den Gedanken der Völkerverständigung richten, bereits **kraft Verfassung verboten sind**. Eine solche Lesart wäre jedoch nicht mit dem Grundrechtsschutz des Art. 9 I GG und der Rechtssicherheit zu vereinbaren. Die Notwendigkeit einer förmlichen Verbotsverfügung trägt dieser Tatsache Rechnung und eröffnet dem betroffenen Verein auch die Möglichkeit einer verwaltungsgerichtlichen Kontrolle des Verwaltungsaktes.

Die Anfechtungsklage gemäß § 42 I 1. Alt. VwGO müsste bei einer Verbotsverfügung des Landesinnenministers nach § 48 II VwGO beim Oberverwaltungsgericht erhoben werden. Sollte der Bundesinnenminister gehandelt haben, wäre das Bundesverwaltungsgericht nach § 50 I Nr. 2 VwGO zuständig.

Diese unterschiedlichen Voraussetzungen und Zuständigkeiten sollen der überragenden Bedeutung von Parteien für die politische Meinungsbildung Rechnung tragen. Demnach soll der politische Diskurs einem Parteiverbot als letztem Mittel grundsätzlich vorausgehen. Aufgrund der hohen Anforderungen an ein solches Parteiverbot kam es bisher lediglich zum Verbot von zwei Parteien: Im Jahre 1952 wurde die Sozialistische Reichspartei[159], eine Nachfolgeorganisation der NSDAP und im Jahr 1956 die Kommunistische Partei Deutschlands[160] durch das Bundesverfassungs-

---

[158] Diesbezüglich kann beispielsweise in jüngerer Zeit auf das Verbot des in Köln ansässigen und von *Metin Kaplan* (* 14. November 1952) geführten Kalifatstaats durch den damaligen Bundesinnenminister *Otto Schily* (* 20. Juli 1932) im Jahr 2001 hingewiesen werden. Weitere Beispiele sind das Verbot der Wehrsportgruppe *Hoffmann* (BVerwGE 61, 218) und der Wiking-Jugend (BVerwG NJW 1995, 2505).
[159] BVerfGE 2, 1ff.
[160] BVerfGE 5, 85ff.

gericht verboten. Das NPD-Verbotsverfahren scheiterte im Jahr 2003 an der Tatsache, dass maßgebliche Personalpositionen der NPD mit V-Leuten des Verfassungsschutzes besetzt waren.[161]

III. Das Gebot der Chancengleichheit

Das Gebot der **Chancengleichheit** besagt, dass der Staat alle Parteien bei der Gewährung staatlicher Leistungen grundsätzlich gleich behandeln muss. Dieses Gebot ist für den kompletten Wirkungskreis der Parteien zu beachten, wenngleich es in der Phase des Wahlkampfes eine besonders große Bedeutung erfährt. Praktische Auswirkungen hat das Gebot der Chancengleichheit beispielsweise bei der:

1.) Nutzung öffentlicher Einrichtungen (z. B. einer Stadthalle)
2.) Gewährung von (öffentlichkeitswirksamen) Standplätzen in der Fußgängerzone im Wahlkampf
3.) Zuteilung von Plakatstellflächen durch die Gemeinde
4.) Verteilung von Sendezeiten zur Wahlwerbung
5.) Teilnahme der Spitzenkandidaten der Parteien an einem TV-Duell
6.) Parteienfinanzierung[162]

Eine einfachgesetzliche Regelung dieses Gebots der Chancengleichheit findet sich in § 5 I 1 ParteiG. Demnach sollen alle Parteien gleich behandelt werden, wenn ein Träger öffentlicher Gewalt den Parteien Einrichtungen zur Verfügung stellt oder andere öffentliche Leistungen gewährt. Allerdings ist offensichtlich, dass nicht jede noch so unbedeutende oder unbekannte Partei die gleiche Aufmerksamkeit wie eine der großen Volksparteien beanspruchen kann. Daher normiert § 5 I 2 ParteiG, dass der Umfang der Gewährung nach der Bedeutung der Partei bis zu dem für die Erreichung ihres Zwecks erforderlichen Mindestmaß abgestuft werden kann.

---

[161] BVerfGE 107, 339ff.
[162] Hierzu sogleich mehr in § 7 IV.

94

Beispiel 1: Die Bundestagswahlen stehen bevor. Die großen Volksparteien wollen zum Abschluss jeweils einen großen Informationsstand in der Fußgängerzone aufstellen. Aus räumlichen Gründen ist der zentrale Platz jedoch nur für einen solchen Informationsstand gleichzeitig geeignet. Das Gebot der Chancengleichheit bedeutet, dass der Oberbürgermeister den jeweiligen Parteien – abgestuft nach deren Größe und Bedeutung – abwechselnd den zentralen Platz zur Verfügung stellen muss. Als Indiz für die Bestimmung der Bedeutung der Parteien können dabei die letzten Wahlergebnisse herangezogen werden. In diesem Zusammenhang stellt sich noch eine weitere Frage, denn bei der Nutzung der Fußgängerzone durch solche Informationsstände könnte es sich um eine **genehmigungspflichtige Sondernutzung** nach dem jeweiligen Straßen- und Wegegesetz handeln. Die Straßen- und Wegegesetze unterscheiden diesbezüglich zwischen dem genehmigungsfreien Gemeingebrauch[163] und der genehmigungspflichtigen Sondernutzung[164]. Nach überwiegender Auffassung handelt es sich bei einem solchen politischen Informationsstand um eine genehmigungspflichtige Sondernutzung. Die Rechtsprechung geht allerdings davon aus, dass in der „heißen" Wahlkampfphase eine Ermessensreduktion auf Null hinsichtlich der Erteilung der begehrten Genehmigung besteht.

Beispiel 2: Guido W., der Spitzenkandidat und Vorsitzende der F-Partei, möchte an dem von den öffentlich-rechtlichen Rundfunkanstalten veranstalteten „**TV-Duell**" teilnehmen. Die Anstalten haben jedoch nur den Bundeskanzler und dessen Gegenkandidatin eingeladen, weil der Spitzenkandidat der F-Partei keine realistische Aussicht auf das Amt des Bundeskanzlers hat. Über diese Entscheidung ist Guido W. empört. Die F-Partei beantragt daraufhin einstweiligen Rechtsschutz vor den

---

[163] § 14 I 1 StrWG NRW lautet: Der Gebrauch der öffentlichen Straßen ist jedermann im Rahmen der Widmung und der verkehrsrechtlichen Vorschriften gestattet (Gemeingebrauch).
[164] § 18 I StrWG NRW lautet: Die Benutzung der Straßen über den Gemeingebrauch hinaus ist unbeschadet des § 14a Abs. 1 Sondernutzung. Die Sondernutzung bedarf der Erlaubnis der Straßenbaubehörde. In Ortsdurchfahrten bedarf sie der Erlaubnis der Gemeinde; soweit die Gemeinde nicht Träger der Straßenbaulast ist, darf sie die Erlaubnis nur mit Zustimmung der Straßenbaubehörde erteilen. Eine Erlaubnis soll nicht erteilt werden, wenn Menschen mit Behinderung durch die Sondernutzung in der Ausübung des Gemeingebrauchs erheblich beeinträchtigt werden.

Verwaltungsgerichten. Nach Abschluss des Instanzenzugs erhebt sie Verfassungsbeschwerde und rügt eine Verletzung des Prinzips der Chancengleichheit. Hat die Verfassungsbeschwerde Aussicht auf Erfolg?

Lösung: Die F-Partei brachte zunächst vor, dass § 5 I ParteiG eine Anspruchsgrundlage auf Teilnahme an dem TV-Duell darstellen würde. Hiergegen wandte das zunächst mit der Sache beschäftigte OVG Münster ein, dass es sich bei den öffentlich-rechtlichen Rundfunkanstalten zwar um Träger öffentlicher Gewalt handele, diese aber vorliegend im Sinne der Vorschrift keine Mittel zur Verfügung stellen oder Leistungen gewähren würden.[165] Eine eigenverantwortliche Nutzung der Ressourcen des Fernsehsenders durch die Parteien – wie bei den Wahlwerbespots – liege gerade nicht vor, weil es sich um eine vom Fernsehsender redaktionell gestaltete Sendung handele. Somit schied § 5 I ParteiG als Anspruchsgrundlage aus. Auch unter dem Aspekt der aus Art. 21 I in Verbindung mit Art. 3 GG[166] abgeleiteten Chancengleichheit sei kein Verstoß festzustellen, denn die journalistische Konzeption der Sendung stehe unter dem Schutz der Rundfunkfreiheit und die F-Partei habe die unbestrittene Aussichtslosigkeit der Kandidatur von Guido W. als Ausdruck der bestehenden politischen Kräfteverhältnisse hinzunehmen. Diese Rechtsprechung des OVG Münsters wurde durch das Bundesverfassungsgericht bestätigt, denn dieses nahm die Verfassungsbeschwerde der F-Partei mangels hinreichender Erfolgsaussicht nicht zur Entscheidung an.[167]

Beispiel 3: Bei der **Wahlwerbung** im öffentlich-rechtlichen Fernsehen ist wie bereits gezeigt wegen § 5 I ParteiG grundsätzlich der Grundsatz der Chancengleichheit zu beachten. Die einzelnen Parteien erhalten demnach je nach ihrer Bedeutung eine bestimmte Anzahl von Sendeplätzen für Wahlwerbung zur Verfügung gestellt. Dies führt jedoch nicht dazu, dass die öffentlich-rechtlichen Fernsehsender verpflichtet sind, jede Art von Wahlwerbung auszustrahlen. In einem aktuellen Fall aus dem Jahr 2005 entschied das OVG Koblenz, dass Rundfunkanstalten des öffentlichen Recht befugt sind, die Ausstrahlung eines Wahlwerbespots einer

---

[165] OVG Münster NJW 2002, 3417, 3418. Zu dieser Problematik äußert sich auch *Hoefer*, NVwZ 2002, 695 ff.
[166] Zum Teil wird das Recht auf Chancengleichheit auch nur aus Art. 21 I 1 GG abgeleitet.
[167] BVerfG NVwZ 2002, 1216 f.

politischen Partei abzulehnen, wenn dessen Inhalt in krassem Widerspruch zum Menschenbild des Grundgesetzes steht.[168] Diesem einstweiligen Rechtsschutzverfahren lag ein Antrag der „Anarchistischen Pogo-Partei Deutschlands" (APPD) zu Grunde, einer Vereinigung, die vom Bundeswahlausschuss als politische Partei anerkannt und mit ihren Landeslisten in Hamburg und Berlin zur Bundestagswahl 2005 zugelassen wurde. Der Wortinhalt des Wahlspots erschöpft sich in der zu Anfang vom Kanzlerkandidaten der Antragstellerin herausgebrüllten Anrede „Maden der Welt" und der anschließenden Aufforderung „Schaut auf dieses Land" sowie die von ihm gegen Ende geschrienen Worte „Balkanisierung – Rückverdummung – Nie wieder Arbeit – APPD wählen".

Sodann folgt in runenartiger Schrift die sich über den gesamten Bildschirm erstreckende Schlusseinblendung: „Ihre Stimme für den Müll". Dazwischen beschränkt sich der Spot auf eine unkommentierte filmische Darstellung. Gezeigt wird eine Ansammlung völlig enthemmter, berauschter und von Zerstörungswut getriebener Menschen, die jenseits jeder sozialen gesellschaftlichen Norm und sittlichen Wertvorstellung eine exzessive Orgie durchführen. An der orgienartigen Szenerie nehmen auch Jugendliche und Kinder, sogar kleine Kinder teil. Diese irren zum Teil vollständig orientierungslos und verstört durch die zügellose Menge. Sie lutschen an einem Mercedes-Stern oder schlagen mit einer Axt auf Gegenstände ein. Neben dem übermäßigen Konsum von Alkohol wird eine Spritze im Arm eines der Akteure gezeigt, was auf den unbefangenen Betrachter wie der Konsum von Drogen wirkt. Darüber hinaus werden von jeglicher Individualität beraubte Menschen, insbesondere ein Paar mit nackten Oberkörpern, dessen Köpfe mit Plastiktüten überzogen sind, bei der Vornahme sexueller Handlungen gezeigt. Ferner wird ein Fressgelage dargestellt, an dem außer Menschen auch eine Ratte und ein Hund teilnehmen. Die Akteure essen in ekelerregender Weise Hundefutter und beschmieren sich gegenseitig damit. Zwei Jugendliche streiten sich wie Tiere mit bloßen Zähnen um ein rohes Stück Fleisch, das sie zwischen sich hin und her zerren. Der Spot enthält des Weiteren Szenen verrohend wirkender Gewaltanwendungen. Ein Akteur sticht mit einem Messer auf eine verschlossene, prall gefüllte Plastiktüte ein. Ein Computer wird mit einer Axt zerkleinert. Die Akteure schlagen sich gegenseitig mit Bierdosen auf die Köpfe. Gegen Ende des Spots wird eine Dose mit der runenartigen Aufschrift „Bundestagswahl 2005" zerdrückt und

---

[168] OVG Koblenz NJW 2005, 3593 f.

zerknittert. Außerdem werden verschmutzte Wahlzettel gezeigt, über die eine Spinne läuft und die anschließend verbrannt werden.

Das OVG Koblenz kommt insoweit zum Ergebnis, dass der streitige Spot, dessen Inhalt vorstehend wiedergegeben wurde, ein Menschenbild vermittelt, das im krassen Widerspruch zum grundgesetzlich verbürgten Menschenbild steht.[169] Er zeichnet das Bild einer nihilistischen, pervertierten und auf ein animalisch-triebhaftes Verhalten reduzierten Gesellschaft, in welcher der einzelne Mensch zu einer tierhaften, austauschbaren Größe herabgewürdigt wird. Die Darbietung beraubt den Menschen jeder Individualität. Er wird als ein asoziales, triebgesteuertes, gewalttätiges Wesen ohne ethisch-moralisches Bewusstsein und sittliche Werte gezeigt. Der Spot lässt in seiner Gesamtheit – entgegen der Auffassung der Antragstellerin – auch nicht ansatzweise erkennen, dass hier mit dem künstlerischen Mittel der Übertreibung gearbeitet wurde, um auf diese Weise Kritik am politischen System zu üben und im Sinne der Menschenwürde und des Jugendschutzes auf eine Reihe von gesellschaftlichen und sozialen Missständen aufmerksam zu machen.

Eine Distanzierung der Antragstellerin erfolgt nicht. Es drängt sich im Gegenteil der Eindruck auf, dass sie und der als Teil der Szenerie gezeigte halbnackte Kanzlerkandidat die Orgie in allen ihren Erscheinungsformen genießen und gutheißen und sich im Falle eines Wahlerfolgs für die geschilderte Lebensform einsetzen werden. Der Spot leugnet damit offensichtlich und schwerwiegend den mit der Menschenwürde verbundenen sozialen Wert- und Achtungsanspruch des Menschen. Zugleich ist er offenkundig in hohem Maße geeignet, die Entwicklung von Kindern und Jugendlichen zu verantwortungsbewussten und gemeinschaftsfähigen Persönlichkeiten zu gefährden. Insofern bestand keine Verpflichtung zur Ausstrahlung dieses Wahlspots. Vielmehr hätte ein weiterer Sendetermin nur zu Lasten der anderen Parteien und damit unter Verletzung des Rechts auf Chancengleichheit der übrigen Parteien eingeräumt werden können. Diese Auffassung des OVG Koblenz wurde durch das Bundesverfassungsgericht bestätigt, denn dieses lehnte sowohl den Antrag auf Erlass einer einstweiligen Anordnung[170] als auch die Annahme der Verfassungsbeschwerde ab[171].

---

[169] OVG Koblenz NJW 2005, 3593, 3594.
[170] BVerfG Az.: 2 BvR 1545/05 vom 12. September 2005 (nicht veröffentlicht).
[171] BVerfG NVwZ-RR 2006, 369 f.

98

IV. Die Parteienfinanzierung

Das bereits angesprochene Gebot der Chancengleichheit wirkt sich insbesondere auf dem Gebiet der Parteienfinanzierung aus, so dass diesem Bereich ein eigener Abschnitt gewidmet werden soll. Zunächst müssen Parteien nach Art. 21 I 4 GG über die Herkunft und Verwendung ihrer Mittel sowie über ihr Vermögen öffentlich Rechenschaft geben.[172] Sie finanzieren sich in der Regel aus **Mitgliedsbeiträgen, Spenden** und **staatlichen Mitteln**. Da Mitgliedsbeiträge und Spenden jedoch steuerlich begünstigt werden, liegt auch insoweit eine zumindest mittelbare staatliche Leistung vor. Insofern unterscheidet man demnach zwischen:

1.) Unmittelbarer Parteienfinanzierung
2.) Mittelbarer Parteienfinanzierung, in der Regel durch:
    a. Steuerbegünstigte Mitgliedsbeiträge
    b. Steuerbegünstigte Spenden

Die **unmittelbare Parteienfinanzierung** ist in den §§ 18ff. ParteiG geregelt. Nach § 18 I ParteiG erhalten die Parteien Mittel als **Teilfinanzierung**[173] der allgemein ihnen nach dem Grundgesetz obliegenden Tätigkeit. Maßstäbe für die Verteilung der staatlichen Mittel bilden der Erfolg, den eine Partei bei den Wählern bei Europa-, Bundestags- und Landtagswahlen erzielt, die Summe ihrer Mitglieds- und Mandatsträgerbeiträge sowie der Umfang der von ihr eingeworbenen Spenden. Die absolute Obergrenze der gesamten Parteienfinanzierung beläuft sich nach § 18 II ParteiG derzeit auf 133 Millionen Euro. Die Berechnung der jeweils konkret auszuzahlenden Mittel ist in § 18 III ParteiG geregelt.

---

[172] Aufgrund des CDU-Parteispendenskandals und des sich anschließenden verwaltungsgerichtlichen Verfahrens ist diese Thematik in jüngster Zeit wieder aktuell geworden. Ein Überblick findet sich bei *Merten*, NVwZ 2005, 287ff.
[173] Hervorhebung vom Verfasser.

Bei der unmittelbaren Parteienfinanzierung ist jedoch zu beachten, dass es sich dabei nur um eine *Teilfinanzierung* handeln darf. Dies stellt der Gesetzestext folglich auch an mehreren Stellen klar. Eine vollständige staatliche Finanzierung würde die Parteien zu sehr der Gefahr einer Verstaatlichung aussetzen, denn die vom Grundgesetz vorausgesetzte Staatsfreiheit der Parteien erfordert nicht nur die Gewährleistung ihrer Unabhängigkeit vom Staat sondern auch, dass die Parteien sich ihren Charakter als frei gebildete, im gesellschaftlich-politischen Bereich wurzelnde Gruppen bewahren.[174]

Daraus folgt, dass der Staat zwar nicht gehindert ist, den Parteien Mittel für die Finanzierung der allgemein ihnen nach dem Grundgesetz obliegenden Tätigkeiten zu gewähren. Der Grundsatz der Staatsfreiheit erlaubt jedoch nur eine Teilfinanzierung der allgemeinen Tätigkeit der politischen Parteien aus staatlichen Mitteln. Er wird durch die Gewährung finanzieller Zuwendungen dann verletzt, wenn durch sie die Parteien der Notwendigkeit enthoben werden, sich um finanzielle Unterstützung ihrer Aktivitäten durch ihre Mitglieder und ihnen nahestehende Bürger zu bemühen.[175] Demnach darf den einzelnen Parteien durch öffentliche Mittel nicht das Risiko des Fehlschlagens ihrer Bemühungen um eine hinreichende Unterstützung in der Wählerschaft abgenommen werden.[176]

Die **mittelbare Parteienfinanzierung** in Form der Steuervergünstigung bei Mitgliedsbeiträgen und Spenden findet sich in § 34g EStG. Danach ermäßigt sich die tarifliche Einkommensteuer bei Zuwendungen an politische Parteien im Sinne des § 2 des ParteiG um 50 Prozent der gespendeten Summe, höchstens jedoch um 825 Euro. Indem der Staat somit freiwillig auf einen bestimmten Steueranteil bei der Einkommensteuer verzichtet, fördert er die Bereitschaft der Bürger zu einem finanziellen Engagement.

---

[174] BVerfGE 20, 56, 101; 85, 264ff.
[175] BVerfGE 85, 264ff.
[176] BVerfGE 73, 40, 86 mit weiteren Nachweisen.

§ 8 Der Bundestag

Der Bundestag ist das einzige direkt durch das Volk gewählte und legitimierte Verfassungsorgan. Die maßgeblichen Regelungen zur Wahl des Bundestages und den Rechten seiner Mitglieder finden sich im dritten Abschnitt des Grundgesetzes in den Art. 38 ff. GG. Daneben sind noch das Abgeordnetengesetz (AbgG) und die Geschäftsordnung des Bundestages (GO BT) zu erwähnen. Vorab kann bereits gesagt werden, dass der Bundestag in organisatorischer Hinsicht gemäß Art. 40 I 1 GG einen Präsidenten hat, sich nach Art. 40 I 1 GG die bereits erwähnte Geschäftsordnung[177] gibt und der Bundestagspräsident nach Art. 40 II 1 GG das Hausrecht und die Polizeigewalt im Gebäude des Bundestages ausübt.[178] Außerdem darf nach Art. 40 II 2 GG in den Räumen des Bundestages keine Durchsuchung oder Beschlagnahme ohne Genehmigung des Bundestagspräsidenten stattfinden.

Die Hauptaufgabe des Bundestages besteht in der **Gesetzgebung**. Daneben obliegt es dem Bundestag eine Reihe wichtiger Staatsorgane durch Wahlen zu besetzen. Zu nennen sind etwa die:

1.) Wahl des Bundeskanzlers nach Art. 63 I GG
2.) Wahl des Bundespräsidenten als eine Hälfte der Bundesversammlung gemäß Art. 54 I 1, III GG
3.) Wahl einer Hälfte der Richter des Bundesverfassungsgerichts gemäß Art. 94 I 2 GG

---

[177] Hierbei ist zu beachten, dass die Geschäftsordnung immer nur für den jeweiligen Bundestag gilt. In der Regel wird sie jedoch durch den neuen Bundestag mit leichten Änderungen übernommen. Die Geschäftsordnung wird von ihrem Rechtscharakter her überwiegend als **autonome Satzung** bezeichnet, BVerfGE 1, 144, 148f.
[178] Bezüglich der Ausübung des Hausrechts nach Art. 40 II 1 GG ist auf den bekannten und bereits abgeprüften Fall des Sat1-Magazins Akte 2000 im Zusammenhang mit Kokainspuren auf den Bundestagstoiletten hinzuweisen, VG Berlin NJW 2002, 1063 ff.

4.) Wahl des Wehrbeauftragten nach § 13 des Gesetzes über den Wehrbeauftragten des Deutschen Bundestages[179]

5.) Wahl des Präsidenten des Bundesrechnungshofs gemäß § 5 I 1 BRHG

Obwohl der dritte Abschnitt somit nur wenige Artikel enthält, kann die Bedeutung dieser Vorschriften für die Praxis und insbesondere die **Prüfungssituation** gar nicht hoch genug eingeschätzt werden. Im Einzelnen wird daher auf folgende Punkte einzugehen sein:

1.) Wahlgrundsätze und Wahlsystem
2.) Dauer der Legislaturperiode und Diskontinuität
3.) Rechtsstellung der Bundestagsabgeordneten
4.) Untersuchungsausschüsse

Zentrale Vorschrift für die Wahl des Bundestages ist Art. 38 I 1 GG, wonach die Abgeordneten des Deutschen Bundestages in allgemeiner, unmittelbarer, freier, gleicher und geheimer Wahl gewählt werden. Diese Wahlgrundsätze sollen im folgenden Abschnitt genauer dargestellt werden.

I. Die Wahlgrundsätze und das Wahlsystem

Art. 38 I 1 GG enthält folgende fünf Wahlgrundsätze:

1.) Allgemeinheit
2.) Unmittelbarkeit
3.) Freiheit
4.) Gleichheit und
5.) Geheimheit

Diese Wahlgrundsätze gelten jedoch nicht nur für die Wahl des Bundestages, sondern über Art. 28 I 2 GG auch in den Ländern, Kreisen und Gemeinden, denn dort muss das Volk ebenfalls eine

---

[179] Siehe dazu Art. 45b GG.

Vertretung haben, die aus allgemeinen, unmittelbaren, freien, gleichen und geheimen Wahlen hervorgegangen ist. Neben den
grundgesetzlichen Regelungen enthält das nach Art. 38 III GG
erlassene **Bundeswahlgesetz** (BWahlG) detailliertere Regelung-
en zur Ausgestaltung und Durchführung der Wahl.

Unter dem Begriff der **Allgemeinheit** der Wahl versteht man, dass
das Wahlrecht grundsätzlich allen **Deutschen** im Sinne des
Art. 116 I GG zusteht.[180] Dies schließt es jedoch nicht aus,
gewisse sachliche Mindestanforderungen zu verlangen, um eine
sachgerechte Durchführung der Wahl zu erreichen. In diesem
Sinne bestimmt Art. 38 II GG, dass nur wahlberechtigt ist, wer das
achtzehnte Lebensjahr vollendet und somit eine gewisse geistige
Reife hat. Daneben ist nach § 12 I Nr. 2 und 3 BWahlG erforderlich, dass man am Wahltag seit mindestens drei Monaten in der
Bundesrepublik Deutschland lebt[181] und nicht nach § 13 BWahlG
vom Wahlrecht ausgeschlossen ist.

Unmittelbarkeit ist gegeben, wenn allein durch den Wählerwillen
und ohne Zwischenschaltung dritter Personen entschieden wird,
wer in den Bundestag gewählt wird.

Beispiel: Die Präsidentschaftswahlen in den USA würden diesem Grundsatz der Unmittelbarkeit nicht gerecht werden, denn dort wählen alle wahl-
berechtigten Amerikaner einen zwischengeschalteten Wahlmann (elec-
tor), der dann in Vertretung des Volkes den Präsidenten wählt. Diese
Wahlmänner werden vor der Wahl im Rahmen von Parteitagen bestimmt
und sind in ihrer späteren Wahlentscheidung parteigebunden.

---

[180] Insofern gilt der allgemeine Grundsatz, dass das Wahlrecht nur den
Staatsangehörigen zusteht. Diese Selbstverständlichkeit kann auch aus
dem **Umkehrschluss** zu Art. 28 I 3 GG abgeleitet werden, denn dort ist
ausdrücklich geregelt, dass bei Wahlen in Kreisen und Gemeinden auch
Personen, die die Staatsangehörigkeit eines Mitgliedstaates der
Europäischen Gemeinschaft besitzen, nach Maßgabe von Recht der
Europäischen Gemeinschaft wahlberechtigt und wählbar sind.
[181] Obwohl § 12 II BWahlG erheblich Ausnahmen von diesem Grundsatz
zulässt, ist somit zu erkennen, dass für die Wahl eine grundsätzliche
Kenntnis der aktuellen politischen Entwicklungen vorausgesetzt wird.

Dabei entspricht die Zahl der Wahlmänner in jedem Staat der Zahl der Vertreter des Staates im Kongress.

Der Grundsatz der **Freiheit** der Wahl bedeutet, dass der Wähler seine Wahlentscheidung ohne Zwang und sonstige Beeinflussung treffen kann. Um diesen Grundsatz auch am Wahltag sicherzustellen, bestimmt § 32 I BWahlG, dass während der Wahlzeit in und an dem Gebäude, in dem sich der Wahlraum befindet, sowie unmittelbar vor dem Zugang zu dem Gebäude jede Beeinflussung der Wähler durch Wort, Ton, Schrift oder Bild sowie jede Unterschriftensammlung verboten sind. In die gleiche Richtung wirkt § 32 II BWahlG, wonach die Veröffentlichung von Ergebnissen von Wählerbefragungen nach der Stimmabgabe über den Inhalt der Wahlentscheidung vor Ablauf der Wahlzeit unzulässig ist. Daraus resultiert, dass die ersten Hochrechnungen bei der Bundestagswahl erst um 18 Uhr nach Schließung der Wahllokale veröffentlicht werden und eben nicht bereits während der Wahl.

Unter **Gleichheit** der Wahl versteht man, dass grundsätzlich alle abgegebenen Stimmen gleich gewichtet werden müssen. Dies bedeutet, dass jede abgegebene Stimme zunächst den gleichen **Zählwert** haben muss. Somit ist die Einführung eines Klassenwahlrechts[182] in Deutschland ausgeschlossen. Ob jede Stimme daneben auch den gleichen **Erfolgswert** für die spätere Parlamentszusammensetzung haben muss, ist vom jeweiligen Wahlsystem abhängig und soll daher später in diesem Zusammenhang erläutert werden. Jedenfalls kann insoweit bereits festgehalten werden, dass es sich bei der Frage der Erfolgswertgleichheit um die schwierigste Problematik der insgesamt fünf Wahlgrundsätze handelt.

---

[182] Bei einem Klassenwahlrecht wird die Bevölkerung in bestimmte Klassen eingeteilt, die sich beispielsweise nach dem Vermögen oder dem gesellschaftlichen Stand richten können. Da zwangsläufig nicht jeder Klasse gleich viele Personen angehören, führt dieses System dazu, dass den Wählerstimmen jeweils ein unterschiedliches Gewicht zukommt. In Deutschland bestand ein solches Dreiklassenwahlrecht in Preußen bis 1918, siehe dazu bereits oben § 3 I 2.

Die **Geheimheit** der Wahl ist bereits aus sich heraus verständlich und soll sicherstellen, dass niemand das Abstimmungsverhalten eines Wählers in Erfahrung bringen kann. Dieser Grundsatz ist durch **§ 107c StGB** ebenfalls strafrechtlich geschützt.[183] Im Wahllokal lässt sich die Geheimheit der Wahl durch blickgeschützte Kabinen noch relativ leicht bewerkstelligen. Problematisch ist dieser Grundsatz jedoch bei der zunehmend beliebteren **Briefwahl**.[184] Das Bundesverfassungsgericht hat insofern im Jahr 1981 entschieden, dass die Briefwahl den Grundsatz der freien und geheimen Wahl nicht verletzt.[185] Obwohl der Gesetzgeber demnach zur Einführung der Briefwahl in ihrer gegenwärtigen Gestalt befugt war, so enthebt ihn dies jedoch auch künftig nicht von der Verpflichtung, für eine bestmögliche Sicherung und Gewährleistung der Wahlrechtsgrundsätze zu sorgen. Dies bedeutet, dass der Gesetzgeber die Regelung und Handhabung der Briefwahl in Anbetracht neu auftretender Entwicklungen, die unvorhersehbare Gefahren für die Integrität der Wahl mit sich bringen könnten, ständig überprüfen muss. Sollten dabei Missbräuche zutage treten, die geeignet sein können, die Freiheit der Wahl oder das Wahlgeheimnis mehr als unumgänglich zu gefährden, so erwächst daraus die verfassungsrechtliche Pflicht, die ursprüngliche Regelung im Wege der Nachbesserung zu ergänzen oder zu ändern.[186]

---

[183] In diesem Zusammenhang soll auf die existierenden Strafvorschriften im Zusammenhang mit Wahlen und Abstimmungen in den §§ 107 ff. StGB hingewiesen werden.
[184] Die Briefwahl bei Bundestagswahlen gibt es seit 1957. Der Anteil der Briefwähler betrug nach der Statistik des Bundeswahlleiters damals 4,9 Prozent. Bei der Bundestagswahl 2005 war die Briefwahlquote bereits auf 18,6 Prozent angewachsen. Diese Entwicklung ist vor den strengen Anforderungen des § 25 I BWO zur Erteilung eines Wahlscheines nicht nachvollziehbar und höchst bedenklich.
[185] BVerfGE 59, 119 ff.
[186] BVerfGE 25, 1, 12f.; 49, 89, 130; 50, 290, 335; 55, 274, 308; 56, 54, 78ff.; 59, 119, 127.

Nach der Darstellung der Wahlgrundsätze stellt sich nun die Frage, ob das Grundgesetz ein bestimmtes Wahlsystem vorschreibt. Diese Problematik ist – wie bereits erwähnt – eng mit der Thematik der Gleichheit der Wahl verbunden.

Zunächst unterscheidet man bei den verschiedenen Wahlsystemen zwischen der **Mehrheits- oder Persönlichkeitswahl** und der **Verhältniswahl**.

Bei der **Mehrheits- oder Persönlichkeitswahl** wird das gesamte Wahlgebiet in so viele Wahlbezirke eingeteilt, wie Abgeordnete zu wählen sind. Der Kandidat mit den meisten Stimmen ist gewählt, wobei man noch danach unterscheidet, ob ein Kandidat die **absolute** (50 Prozent + 1 Stimme) oder die **relative Mehrheit**[187] zur Wahl benötigt. Nachteil dieses recht einfachen Systems ist jedoch, dass die Stimmen, die auf den oder die unterlegenen Kandidaten entfallen sind, später im Parlament nicht repräsentiert sind. Letztendlich sind nur die Stimmen vertreten, die auf den obsiegenden Abgeordneten entfallen sind. Dies führt somit zu einem höchst unterschiedlichen Erfolgswert der jeweiligen Stimmen. Vorteil dieses Wahlsystems ist jedoch die enge Bindung des jeweiligen Abgeordneten zu seinem Wahlkreis und den ihn unterstützenden Wählern.

Im Gegensatz dazu bildet das gesamte Wahlgebiet bei der **Verhältniswahl** nur einen Wahlkreis. Hierbei wird dann keine Person, sondern eine Liste mit mehreren Personen und somit letztendlich eine Partei gewählt. Im Endergebnis erhält jede Liste so viele Sitze im Parlament, wie prozentual Stimmen für sie abgegeben worden sind. Hier zeigt sich, dass der Vorteil dieses Modells eindeutig in dem gleichen Erfolgswert einer jeden Stimme liegt. Ein Nachteil liegt jedoch darin, dass jede auch noch so kleine Partei im Parlament vertreten sein würde und somit die Bildung von kleinen

---

[187] Hier ist derjenige gewählt, der die meisten Stimmen auf sich vereinigt. Nach § 5 Satz 2 BWahlG genügt für die Direktwahl die relative Mehrheit.

Splitterparteien gefördert würde. Dies könnte wiederum die Funktionsfähigkeit des Parlaments beeinträchtigen, da oftmals keine „stabilen" Mehrheiten zustande kommen würden.

Hinsichtlich des Wahlsystems in Deutschland besteht insoweit Einigkeit, dass das Grundgesetz kein bestimmtes Wahlsystem vorschreibt, sondern lediglich die Wahlgrundsätze regelt. Art. 38 III GG ist insofern völlig offen und überlässt die Ausgestaltung des Wahlsystems dem Gesetzgeber mittels einfachen Gesetzes. Die Ausgestaltung des Wahlsystems hat der Gesetzgeber im ersten Abschnitt des BWahlG übernommen und sich gemäß § 1 I 2 BWahlG dafür entschieden, dass nach den Grundsätzen einer mit der **Personenwahl verbundenen Verhältniswahl** gewählt wird. Dieses Wahlsystem wird kurz als **personalisierte Verhältniswahl** bezeichnet, so dass es sich im Kern um eine Verhältniswahl handelt.

Um eine Wiederholung der negativen Erlebnisse der Weimarer Republik mit dem Einzug zahlreicher Splitterparteien in den Reichstag zu vermeiden, werden nach § 6 VI 1 BWahlG bei der Verteilung der Bundestagssitze nur Parteien berücksichtigt, die **mindestens 5 Prozent** der gültigen Zweitstimmen erhalten haben oder mindestens **drei Direktmandate** erringen konnten. In letzterem Fall zieht die Partei unabhängig von der Sperrklausel mit dem Anteil der erzielten Zweitstimmen und selbstverständlich nicht nur mit der Anzahl der Direktmandate in den Bundestag ein. Diese Regelung wird vom Bundesverfassungsgericht in ständiger Rechtsprechung als zulässige **Höchstgrenze** angesehen.[188]

Bei der Bundestagswahl werden nach § 1 I 1 BWahlG insgesamt 598 Abgeordnete gewählt. Nach § 1 II BWahlG werden davon 299 nach Kreiswahlvorschlägen in den Wahlkreisen und die übrigen nach Landeswahlvorschlägen (Landeslisten) gewählt.

---

[188] BVerfGE 95, 408, 419 mit weiteren Nachweisen.

Gemäß § 4 BWahlG hat jeder Wähler zwei Stimmen. Die **Erst-stimme**[189] wird für die Wahl eines Wahlkreisabgeordneten benutzt und die die **Zweitstimme** für die Wahl einer Landesliste. Maß-geblich für die Anzahl der Sitze im Bundestag sind dabei nach § 6 I BWahlG ausschließlich die Zweitstimmen. Auf die hiernach ermittelten Sitze werden zunächst die in den Wahlkreisen direkt gewählten Kandidaten angerechnet. Danach werden die noch freien Plätze auf die Listenkandidaten in der jeweiligen Reihen-folge verteilt.

Beispiel: Einer Partei stehen nach der Anzahl der Zweitstimmen 250 Sitze im Bundestag zu. Sie hat 100 Direktmandate erlangt. Zunächst werden die 100 Direktmandate auf die 250 Sitze angerechnet. Die übrigen 150 freien Sitze werden dann auf die Listenkandidaten der Partei verteilt. Maßgeblich ist dabei der jeweilige Listenplatz des Kandidaten.

Im Einzelfall kann es jedoch einmal vorkommen, dass eine Partei[190] mehr Direktmandate und somit Sitze erlangt hat, als ihr nach der Anzahl der Zweitstimmen zustehen würden. In diesem Fall verbleiben der Partei diese zusätzlichen Sitze jedoch nach § 6 V BWahlG. Man spricht insoweit von den **Überhangmandaten.** Dies führte im 16. Deutschen Bundestag dazu, dass statt der ge-setzlichen Mitgliederzahl von 598 nunmehr 614 Abgeordnete vor-handen waren. Die Regelung wird vom Bundesverfassungsgericht – trotz der Begünstigung der großen Parteien – als verfassungs-gemäß angesehen.[191]

---

[189] Gewählt ist hier nach § 5 Satz 2 BWahlG der Bewerber, der die meisten Stimmen auf sich vereinigt. Es genügt somit die relative Mehrheit.
[190] Dies wird regelmäßig eine der großen Volksparteien (CDU/CSU und SPD) sein, weil die Entscheidung über die Direktwahl häufig zwischen den Bewerbern dieser beiden Parteien getroffen wird. Demgegenüber ziehen die kleinen Parteien überwiegend über die Zweitstimme in den Bundestag ein.
[191] BVerfGE 95, 335 ff. Es ist jedoch darauf hinzuweisen, dass die Ent-scheidung des 2. Senats mit vier zu vier Stimmen ergangen ist und nach § 15 IV 3 BVerfGG somit kein Verstoß gegen das Grundgesetz festgestellt werden konnte.

Beispiel: Einer Partei stehen nach der Anzahl der Zweitstimmen 250 Sitze im Bundestag zu. Sie hat allerdings insgesamt 254 Direktmandate über die Erststimme erlangt. In diesem Fall verbleiben der Partei die zusätzlichen 4 Mandate und sie zieht mit 254 Abgeordneten in den Bundestag ein.

Für die **Berechnung** der Wahlergebnisse werden zwei Methoden zur Verfügung gestellt. Zunächst wurde bis 1983 das Verfahren des belgischen Juristen *Victor d'Hondt* (* 20. November 1841, † 30. Mai 1901) zur Berechnung benutzt. Seit 1983 wird ein von dem englischen Verfassungsjuristen *Thomas Hare* (* 28. März 1806, † 6. Mai 1891) und dem deutschen Mathematiker *Horst F. Niemeyer* (* 30. Juni 1932) entwickeltes Verfahren eingesetzt. Die genaue Vorgehensweise ist in § 6 II BWahlG geregelt. Wenngleich die Einzelheiten der Berechnung kaum einmal Prüfungsgegenstand sein werden, sollte man die Namen dieser beiden Verfahren einmal gehört haben.

Zuletzt soll im Rahmen der Wahl des Bundestages auch noch auf das in Art. 41 GG vorgesehene **Wahlprüfungsverfahren** hingewiesen werden. Einfachgesetzlich treten das nach Art. 41 III GG erlassene Wahlprüfungsgesetz (WahlprüfG) und § 48 BVerfGG neben diese Regelung. Nach Art. 41 I 1 GG ist die Wahlprüfung Sache des Bundestages. Eine solche Wahlprüfung erfolgt nach § 2 I WahlprüfG nur auf Einspruch, den unter anderem jeder Wahlberechtigte einlegen kann, § 2 II WahlprüfG. Dafür ist eine Frist von zwei Monaten zu beachten, § 2 IV 1 WahlprüfG. Gegen einen ablehnenden Beschluss des Bundestages kann sodann nach Art. 41 II GG Beschwerde zum Bundesverfassungsgericht erhoben werden. Obwohl bisher zahlreiche Wahlprüfungsbeschwerden beim Bundesverfassungsgericht erhoben wurden, sind diese im Ergebnis stets erfolglos geblieben.[192]

---

[192] BVerfGE 89, 266 ff.; 89, 291 ff.; 95, 408 ff.; 97, 317 ff.

109

Die Dauer der Legislaturperiode ergibt sich aus Art. 39 I 1 GG, wonach der Bundestag vorbehaltlich der nachfolgenden Bestimmungen auf vier Jahre gewählt wird. Daraus leitet sich zunächst ab, dass die Tätigkeit des Bundestages nach Ablauf der Legislaturperiode vollständig endet. Es gilt damit der Grundsatz der **sachlichen und personellen Diskontinuität**. Dies führt dazu, dass die Abgeordneten zum Ende der Legislaturperiode häufig unter Zeitdruck über Gesetzesverfahren abstimmen, weil alle nicht abgeschlossenen Vorgänge mit dem Zusammentritt des neuen Bundestages als erledigt gelten, § 125 GO BT. Seine Begründung findet dieser im Verfassungsgewohnheitsrecht liegende Grundsatz in der Entschluss- und Entscheidungsfreiheit eines jeden neuen Bundestages. Der „alte" Bundestag soll den neugewählten Bundestag in keiner Hinsicht inhaltlich binden können.

Beispiel: Ein Gesetzesentwurf ist bereits im Bundestag diskutiert worden. Vor der Verabschiedung kommt es jedoch zu Neuwahlen. Der neugewählte Bundestag kann **diesen** Gesetzesentwurf nicht mehr verabschieden. Es bleibt jedoch unbenommen, ein komplett neues Gesetzgebungsverfahren mit dem gleichen Gegenstand zu initiieren.

Hinsichtlich der Legislaturperiode wird oftmals bemängelt, dass diese mit vier Jahren zu kurz gefasst sei.[193] Letztendlich wird stets damit argumentiert, dass man ein Jahr brauche, bis der Bundestag seine Arbeit nach der Neuwahl richtig aufgenommen habe und das letzte Jahr der Legislaturperiode bereits ganz im Zeichen des Wahlkampfes stünde. Demnach blieben insgesamt nur zwei Jahre effektiver Arbeit übrig. Eine häufige **Prüfungsaufgabe** stellt daher die Frage dar, ob eine Verlängerung der Legislaturperiode möglich wäre. Dies ist unter mehreren Aspekten problematisch.

---

[193] Der nordrhein-westfälische Landtag wird beispielsweise nach Art. 34 Satz 1 LVerf NRW auf fünf Jahre gewählt. Dies ist in den meisten Bundesländern auch die Regel. Die Gemeinderatswahl in den nordrhein-westfälischen Kommunen findet ebenfalls nur alle fünf Jahre statt, § 42 I 1 GO NRW.

110

Zunächst würde dies eine Verfassungsänderung mit den von Art. 79 II GG geforderten Mehrheiten erfordern. Des Weiteren ist zu bedenken, dass nach Art. 79 III GG die im Art. 20 GG niedergelegten Grundsätze nicht berührt werden dürfen. Hierbei wurde bereits herausgearbeitet[194], dass das *Demokratieprinzip* einen solchen in Art. 20 I GG verankerten Grundsatz bildet. Dies bedeutet, dass eine ununterbrochene Legitimationskette vom Volk zu den staatlichen Organen bestehen muss, die jedoch auch regelmäßig erneuert werden muss.

Bei einer zu langen Legislaturperiode würde man nicht mehr von einer **ununterbrochenen** Legitimationskette sprechen können, weil der Wille des Volkes nicht mehr hinreichend zum Ausdruck käme. In diesem Fall wäre das Demokratieprinzip verletzt. Die Aufgabenstellung in der Klausur besteht nun regelmäßig darin, dieses Spannungsverhältnis aufzuzeigen und herauszufinden, welche Verlängerung unter diesen Gesichtspunkten noch verfassungsgemäß wäre. Dabei kann eine Verlängerung auf **fünf** Jahre sicherlich noch als verfassungsgemäß angesehen werden, denn dies stellt in den meisten Landesverfassungen für die Legislaturperiode der Landtage den Regelfall dar. Bei einer Verlängerung auf sechs Jahre bestünden bereits erste Zweifel[195] und eine Verlängerung auf sieben Jahre wäre sicherlich nicht mehr mit dem Demokratieprinzip vereinbar.

Außerdem ist zu bedenken, dass eine **Verlängerung der laufenden Legislaturperiode** ausscheiden muss und erst für die folgende Legislaturperiode möglich wäre. Der Bundestag ist durch das Volk für die Dauer von vier Jahren zur Ausübung seiner Befugnisse legitimiert worden. Eine Verlängerung der laufenden Legislaturperiode würde sich über diese Legitimation hinwegsetzen.

---

[194] Siehe dazu bereits oben § 4 II.
[195] *Maurer*, JuS 1983, 45ff.

Im Zusammenhang mit der grundsätzlichen Dauer der Legislaturperiode von vier Jahren taucht auch immer wieder die Problematik einer vorzeitigen Auflösung des Bundestages auf. Dem Bundestag steht aufgrund der negativen Erfahrungen der Weimarer Republik insofern **kein Selbstauflösungsrecht** zu. Es gibt jedoch zwei unterschiedliche Möglichkeiten, um eine vorzeitige Auflösung des Bundestages herbeizuführen.

Zunächst **kann** der Bundespräsident den Bundestag gemäß Art. 63 IV 3 GG auflösen, wenn der Bundeskanzler nur mit einer einfachen Mehrheit gewählt wird. Er hat also in diesem Fall ein **Wahlrecht**, ob er denjenigen, der die meisten Stimmen erlangt hat, zum Bundeskanzler ernennt oder den Bundestag auflöst. Relevanter als diese Variante ist jedoch die Vorgehensweise über die **Vertrauensfrage** nach Art. 68 GG. Art. 68 I 1 GG ermöglicht es dem Bundeskanzler, einen Antrag zu stellen, ihm das Vertrauen auszusprechen. Wenn dieser Antrag nicht die Zustimmung der Mehrheit der Mitglieder des Bundestages findet, bestehen drei Reaktionsmöglichkeiten:

1.) Der Bundeskanzler kann als Minderheitenkanzler weiterregieren.
2.) Der Bundespräsident **kann** auf Vorschlag des Bundeskanzlers binnen einundzwanzig Tagen den Bundestag auflösen. Insofern besteht erneut ein Ermessen des Bundespräsidenten.
3.) Der Bundeskanzler kann zurücktreten und somit eine Neuwahl eines Nachfolgers nach Art. 63 GG ermöglichen.

112

Das Vorgehen über die Vertrauensfrage nach Art. 68 GG ist in der Geschichte der Bundesrepublik bisher fünfmal[196] relevant geworden, wobei es in drei Fällen[197] zu einer Auflösung des Bundestages kam. Problematisch ist die Vertrauensfrage, wenn sie vom amtierenden Bundeskanzler mit dem Ziel einer abgesprochenen Abstimmungsniederlage herbeigeführt wird, um anschließend Neuwahlen durchzuführen. In diesen Fällen spricht man von einer sogenannten **unechten Vertrauensfrage**, weil es gerade auf den Verlust des Vertrauens und eine Abstimmungsniederlage ankommt. Besonders hervorzuheben sind in diesem Zusammenhang die Vorgänge um *Helmut Kohl* 1982 und *Gerhard Schröder* 2005.

Im Jahr 1982 wollte *Helmut Kohl* die Auflösung nutzen, um in einer für ihn günstigen Zeit Neuwahlen herbeizuführen, obwohl er nach dem Koalitionswechsel der FDP im Bundestag eigentlich eine tragfähige Mehrheit hatte. Die Regierungskoalition enthielt sich sodann vereinbarungsgemäß bei der Vertrauensfrage, so dass der Bundestag dem Bundeskanzler das Vertrauen versagte.

Diese Vorgehensweise wurde vom Bundesverfassungsgericht jedoch als verfassungsgemäß beurteilt.[198] Demnach soll der Bundeskanzler, der die Auflösung des Bundestages auf dem Wege des Art. 68 GG anstrebt, dieses Verfahren nur anstrengen dürfen, wenn es politisch für ihn nicht mehr gewährleistet ist, mit den im Bundestag bestehenden Kräfteverhältnissen weiterzuregieren. Die politischen Kräfteverhältnisse müssen seine Handlungsfähigkeit so beeinträchtigen oder lähmen, dass er eine vom

---

[196] *Willy Brandt* (* 18. Dezember 1913, † 08. Oktober 1992) stellte als erster Bundeskanzler die Vertrauensfrage 1972, es folgten *Helmut Schmidt* (* 23. Dezember 1918) und *Helmut Kohl* (* 03. April 1930) beide im Jahr 1982 und *Gerhard Schröder* (* 07. April 1944) in den Jahren 2001 und 2005.
[197] Im Einzelnen handelt es sich um die verlorenen Vertrauensfragen von *Willy Brandt* im Jahr 1972, *Helmut Kohl* im Jahr 1982 und *Gerhard Schröder* im Jahr 2005.
[198] BVerfGE 62, 1ff.

stetigen Vertrauen der Mehrheit getragene Politik nicht sinnvoll zu verfolgen vermag. Dies ist ein ungeschriebenes Tatbestandsmerkmal des Art. 68 I 1 GG. Eine Auslegung dahin, dass Art. 68 GG einem Bundeskanzler, dessen ausreichende Mehrheit im Bundestag außer Zweifel steht, gestattete, sich zum geeignet erscheinenden Zeitpunkt die Vertrauensfrage negativ beantworten zu lassen mit dem Ziel, die Auflösung des Bundestages zu betreiben, würde dem Sinn des Art. 68 GG nicht gerecht.

Desgleichen rechtfertigen besondere Schwierigkeiten der in der laufenden Wahlperiode sich stellenden Aufgaben die Auflösung nicht. Ob eine Lage vorliegt, die eine vom stetigen Vertrauen der Mehrheit getragene Politik nicht mehr sinnvoll ermöglicht, hat der Bundeskanzler zu prüfen, wenn er beabsichtigt, einen Antrag mit dem Ziel zu stellen, darüber die Auflösung des Bundestages anzustreben. Bei der Beurteilung dieser Frage kommt dem Bundeskanzler allerdings ein **weiter Beurteilungsspielraum** zu.

Im Jahr 2005 kam es aufgrund der verlorenen Landtagswahl in Nordrhein-Westfalen durch den damaligen Bundeskanzler *Gerhard Schröder* erneut zu einer vergleichbaren Situation. Die im Fall *Kohl* begründete Rechtsprechung wurde dabei im Wesentlichen fortgeführt und bestätigt.[199]

Demnach ist die auf Auflösung des Bundestages gerichtete Vertrauensfrage nur dann verfassungsgemäß, wenn sie nicht nur den formellen Anforderungen, sondern auch dem Zweck des Art. 68 GG entspricht. Das Grundgesetz erstrebt mit Art. 63, Art. 67 und Art. 68 eine handlungsfähige Regierung. Daraus folgt, dass die auflösungsgerichtete Vertrauensfrage nur dann gerechtfertigt ist, wenn die Handlungsfähigkeit einer parlamentarisch verankerten Bundesregierung verloren gegangen ist. Handlungsfähigkeit bedeutet, dass der Bundeskanzler mit politischem Gestaltungswillen

---

[199] BVerfGE 114, 121 ff.

die Richtung der Politik bestimmt und hierfür auch eine Mehrheit der Abgeordneten hinter sich weiß. Von Verfassungs wegen ist der Bundeskanzler in einer Situation der zweifelhaften Mehrheit im Bundestag jedoch weder zum Rücktritt verpflichtet noch zu Maßnahmen, mit denen der politische Dissens in der die Regierung tragenden Mehrheit im Parlament offenbar würde.

Hinsichtlich des Prüfungsumfangs stellt das Bundesverfassungsgericht insoweit fest, dass es die zweckgerechte Anwendung des Art. 68 GG nur in dem von der Verfassung vorgesehenen eingeschränkten Umfang nachprüft. Dabei hängt die Frage, ob eine Regierung politisch noch handlungsfähig ist, maßgeblich davon ab, welche Ziele sie verfolgt und mit welchen Widerständen sie aus dem parlamentarischen Raum zu rechnen hat.

Die **Einschätzung der Handlungsfähigkeit hat Prognosecharakter** und ist an höchstpersönliche Wahrnehmungen und abwägende Lagebeurteilungen gebunden. Eine Erosion und der nicht offen gezeigte Entzug des Vertrauens lassen sich ihrer Natur nach nicht ohne weiteres in einem Gerichtsverfahren darstellen und feststellen. Was im politischen Prozess in legitimer Weise nicht offen ausgetragen wird, muss unter den Bedingungen des politischen Wettbewerbs auch gegenüber anderen Verfassungsorganen nicht vollständig offenbart werden.

115

III. Die Rechtsstellung der Abgeordneten

Nach Art. 38 I 2 GG sind die Abgeordneten Vertreter des ganzen Volkes, an Aufträge und Weisungen nicht gebunden und nur ihrem Gewissen unterworfen. Diese Rechtsstellung bezeichnet man als **freies Mandat**[200], weil der Abgeordnete nur an die Verfassung gebunden ist. Obwohl dieser Grundsatz verfassungsrechtlich verankert ist, erfährt er in der Praxis Einschränkungen.

Zunächst ist zu bedenken, dass die Fraktionsvorsitzenden in wichtigen Fragen stets auf die Einhaltung der **Fraktionsdisziplin** hinweisen werden, um die Partei mit einer einheitlichen Stimme im Bundestag sprechen zu lassen. Bei einem abweichenden Abstimmungsverhalten ist der Abgeordnete daher der Gefahr einer späteren Nichtberücksichtigung durch seine Partei ausgesetzt. Dies kann sich entweder darin zeigen, dass er in dem entsprechenden Wahlkreis nicht mehr als Direktkandidat aufgestellt würde oder einen nahezu aussichtslosen Listenplatz erhält.

Andererseits besteht bei einem steten Abweichen des Abgeordneten von der Fraktionslinie auch die Gefahr des Ausschlusses dieses Abgeordneten aus der Fraktion. Ein solcher Fraktionsausschluss darf wegen Art. 38 I 2 GG jedoch nicht zum Verlust der Abgeordnetenstellung führen. Dies wird durch § 46 I BWahlG klargestellt, der den Verlust der Mitgliedschaft im Bundestag abschließend regelt. Auf diese Art und Weise besteht zumindest die Möglichkeit einer **mittelbaren Beeinflussung** der Tätigkeit des Abgeordneten, obwohl dies nach Art. 38 I 2 GG gerade ausgeschlossen sein soll. Insofern besteht ein **Spannungsverhältnis** zwischen den Interessen der Parteien (Art. 21 GG) und den Interessen der Abgeordneten (Art. 38 I 2 GG).

---

[200] Das Gegenteil ist das sogenannte imperative Mandat, wonach der Abgeordnete jederzeit den Willen seiner Wähler berücksichtigen muss und anderenfalls abgewählt werden kann.

Die Abgrenzung zwischen zulässiger Fraktionsdisziplin und unzulässigem Druck kann jedoch kaum trennscharf vorgenommen werden, sondern geht nahtlos ineinander über. Insofern bedarf es bei einer solchen Problematik in einer **Klausur** stets einer guten Argumentation, wenn kein eindeutiger Fall vorliegt.

Zu den wichtigsten Statusrechten des Abgeordneten gehören sämtliche Formen der Mitwirkung im Bundestag. Hierbei erlangen im Einzelnen folgende Punkte besondere Bedeutung:

1.) Recht auf Sitzungsteilnahme
2.) Rederecht
3.) Antrags- und Initiativrecht
4.) Teilnahmerecht bei Abstimmungen und Wahlen
5.) Frage- und Informationsrecht gegenüber der Regierung
6.) Recht auf Zusammenschluss zu einer Fraktion

Zudem können der Bundestag und seine Ausschüsse gemäß Art. 43 I GG die Anwesenheit jedes Mitgliedes der Bundesregierung verlangen.

Im Hinblick auf den herausgehobenen Status der Abgeordneten und deren in Art. 38 I 2 GG geregelte Unabhängigkeit ist insbesondere auf Art. 46 GG hinzuweisen. Diese Norm regelt die **Indemnität** und die **Immunität** der Abgeordneten.

Nach Art. 46 I 1 GG darf ein Abgeordneter zu keiner Zeit wegen seiner Abstimmung oder wegen einer Äußerung, die er im Bundestage oder in einem seiner Ausschüsse getan hat, gerichtlich oder dienstlich verfolgt oder sonst außerhalb des Bundestages zur Verantwortung gezogen werden. Diesen Grundsatz bezeichnet man als **Indemnität**. Abstrakt gesprochen soll der Abgeordnete wegen seiner parlamentarischen Äußerungen nicht gerichtlich belangt werden dürfen, um seine parlamentarische Arbeit nicht zu beeinträchtigen.

Anderenfalls bestünde stets die Gefahr, dass die Abgeordneten sich zurückhaltend zu bestimmten Themen äußern würden, weil sie spätere gerichtliche Maßnahmen befürchten müssten. Nach Art. 46 I 2 GG gilt die Indemnität jedoch nicht für verleumderische Beleidigungen.[201] Den Schutz des Art. 46 I 1 GG genießt der Abgeordnete nicht nur während seiner Amtszeit, sondern auch nach seinem Ausscheiden aus dem Bundestag.

Die **Immunität** ist hingegen in Art. 46 II GG geregelt, der bestimmt, dass ein Abgeordneter wegen einer mit Strafe bedrohten Handlung nur mit Genehmigung des Bundestages zur Verantwortung gezogen oder verhaftet werden darf, es sei denn, dass er bei Begehung der Tat oder im Laufe des folgenden Tages festgenommen wird. Diese Vorschrift erfasst sämtliche polizeilichen und staatsanwaltlichen Ermittlungsverfahren und gilt für jegliche Strafverfolgung egal aus welchem Grund und erfasst somit auch strafbares Verhalten außerhalb des Parlaments.

Die Schutzrichtung dieser Regelung ist ebenfalls in der Sicherung der Funktionsfähigkeit des Parlaments zu sehen. Allerdings ist dieser Schutz im Gegensatz zur Indemnität auf die Zeit als Abgeordneter beschränkt. Der einzelne Abgeordnete hat somit ein Recht darauf, dass der Bundestag nach sachgerechten Kriterien über die Aufhebung der Immunität entscheidet.[202] Sollte dies nicht der Fall sein, dann kann der Abgeordnete seine Rechte im Wege des **Organstreits** nach Art. 93 I Nr. 1 GG geltend machen.

Zuletzt wurde im Zusammenhang mit der Immunität der Fall des CDU-Bundestagsabgeordneten *Ronald Pofalla* (* 15. Mai 1959)

---

[201] In diesem Zusammenhang ist auf die §§ 103 und 187 StGB hinzuweisen.
[202] Die einzelnen Kriterien im Zusammenhang mit Immunitätsangelegenheiten werden in § 107 GO BT und in Anlage 6 zur GO BT behandelt. Siehe zu der Problematik das nachfolgende Beispiel mit der Entscheidung des Bundesverfassungsgerichts.

118

bekannt.[203] Dieser war in mehreren Konstellationen bereits Prüfungsgegenstand und wird daher nun dargestellt.

Fall: In Nordrhein-Westfalen sollten am 14. Mai 2000 die Landtagswahlen stattfinden. *Ronald Pofalla* war für den Fall des Wahlsiegs der CDU für das Amt des nordrhein-westfälischen Justizministers vorgesehen. Mit Schreiben vom 17. April 2000 teilte der Leitende Oberstaatsanwalt in Kleve dem Präsidenten des Deutschen Bundestags mit, es sei beabsichtigt, gegen den Abgeordneten ein Ermittlungsverfahren wegen des Verdachts der Steuerhinterziehung einzuleiten. Der Anfangsverdacht ergebe sich aus einem Vergleich des von dem Abgeordneten in den Jahren 1993 bis 1997 für Immobiliengeschäfte und Kapitalanlagen aufgewendeten Vermögens und den für diesen Zeitraum in den Steuererklärungen angegebenen Einkünften. Es sei beabsichtigt, richterliche Durchsuchungs- und Beschlagnahmeanordnungen zu erwirken. Er bitte, soweit erforderlich, eine Entschließung des Bundestags über die Genehmigung des Vollzugs der Durchsuchungen und Beschlagnahmen herbeizuführen. Vorsorglich weise er darauf hin, dass bezüglich einer möglichen Steuerverkürzung für 1993 mit dem 18. Mai 2000 Strafverfolgungsverjährung eintreten könnte.

Das Schreiben ging am 28. April 2000 beim Bundestagspräsidenten ein. Dieser leitete es am selben Tag an den Ausschuss für Wahlprüfung, Immunität und Geschäftsordnung weiter. Der Sekretär des Ausschusses bestätigte dem Leitenden Oberstaatsanwalt den Eingang des Schreibens und wies ihn darauf hin, dass die Genehmigung des Vollzugs der Durchsuchungen und Beschlagnahmen die Vorlage der gerichtlichen Anordnungen erfordere. Am 4. Mai 2000 ordnete das AG Kleve die Durchsuchung der Wohnräume des Abgeordneten, seiner Büroräume und seines Wahlkreisbüros sowie die Durchsuchung von Wohn- und Büroräumen seiner geschiedenen Ehefrau und in den Geschäftsräumen verschiedener Kreditinstitute an. Mit Schreiben vom 5. Mai 2000 bat der Leitende Oberstaatsanwalt den Bundestagspräsidenten – nunmehr unter Beifügung der Durchsuchungs- und Beschlagnahmebeschlüsse –, eine

---

[203] BVerfGE 104, 310ff.; *Sachs*, JuS 2002, 809ff.; *Wiefelspütz*, DVBl. 2002, 1229 ff. In diesem Zusammenhang ist hinsichtlich der prozessualen Schwierigkeit dieses Falles auch auf die Entscheidung BVerfGE 103, 81 ff. hinzuweisen.

Entschließung des Deutschen Bundestags über die Genehmigung des Vollzugs der angeordneten Maßnahmen herbeizuführen. Auf einstimmige Empfehlung des Ausschusses für Wahlprüfung, Immunität und Geschäftsordnung beschloss der Bundestag am 11. Mai 2000 ohne Aussprache und in sofortiger Abstimmung, die beantragten Genehmigungen zu erteilen. Die Durchsuchungen fanden noch am selben Tag, das heißt **drei Tage vor der Landtagswahl in Nordrhein-Westfalen**, statt. Am 12. Mai 2000 teilte der Abgeordnete auf einer Pressekonferenz mit, dass er seine Vermögensverhältnisse freiwillig gegenüber der Staatsanwaltschaft offen gelegt habe. Den Vorwurf der Steuerhinterziehung wies er zurück. Auf die Beschwerde des Abgeordneten stellte das LG Kleve durch Beschluss vom 11. August 2000 rechtskräftig fest, dass die Durchsuchungs- und Beschlagnahmebeschlüsse des AG rechtswidrig gewesen seien. Das AG habe zu Unrecht den Verdacht einer Steuerhinterziehung angenommen. Die von der Staatsanwaltschaft vorgelegten Ermittlungsergebnisse hätten keine Durchsuchungs- und Beschlagnahmeanordnungen gerechtfertigt.

Am 14. August 2000 stellte die Staatsanwaltschaft das Ermittlungsverfahren wegen fehlenden Tatverdachts ein. Am 19. September 2000 entschuldigte sich der Justizminister des Landes Nordrhein-Westfalen beim Abgeordneten für das rechtswidrige Vorgehen seiner Behörden. Der zuständige Generalstaatsanwalt wurde in den einstweiligen Ruhestand versetzt.

Das Bundesverfassungsgericht wurde daraufhin vom Abgeordneten im Wege des Organstreitverfahrens nach Art. 93 I Nr. 1 GG angerufen. Er begehrte hierbei die Feststellung, dass das gewählte Vorgehen verfassungswidrig war und er dadurch in seinen organschaftlichen Rechten als Bundestagsabgeordneter verletzt wurde. Das Bundesverfassungsgericht entschied jedoch, dass sich aus Art. 46 II GG nicht ohne Weiteres Rechte eines einzelnen Abgeordneten gegenüber dem Bundestag ergeben können.[204] Der Genehmigungsvorbehalt für die strafrechtliche Verfolgung von Abgeordneten dient vornehmlich dem Parlament als Ganzes. Der einzelne Abgeordnete hat aber aus **Art. 46 II in Verbindung mit Art. 38 I 2 GG einen Anspruch** darauf, dass sich das Parlament bei der Entscheidung über die Aufhebung der Immunität nicht – den repräsentativen Status des Abgeordneten grob verkennend – von sachfremden,

---

[204] BVerfGE 104, 310, 322.

willkürlichen Motiven leiten lässt. Aufgrund dieser hohen Anforderungen konnte das Bundesverfassungsgericht nicht erkennen, dass die Entscheidung des Bundestages den Anspruch des Abgeordneten auf eine willkürfremde Entscheidung verletzt hat. Das vorliegende Verfahren hatte somit letztendlich keinen Erfolg.

Neben diesen zentralen grundgesetzlichen Vorschriften ist noch zu erwähnen, dass den Abgeordneten nach Art. 48 GG weitere Rechte zustehen, um ihrer Tätigkeit nachzugehen. Nach Art. 48 I GG besteht ein Urlaubsanspruch, wenn sich ein Kandidat um einen Sitz im Bundestag bewirbt. Dieser beträgt nach § 3 Satz 1 AbgG bis zu zwei Monate. Zudem ist den Abgeordneten gemäß Art. 48 III 1 GG eine angemessene Entschädigung zu gewähren. Diesbezüglich ist lediglich zu erwähnen, dass das Nähere nach Art. 48 III 3 GG durch ein Bundesgesetz geregelt wird. Insofern besteht hier die Besonderheit, dass die Abgeordneten über das Abgeordnetengesetz[205] selbst über ihre Entschädigung bzw. ihr Gehalt entscheiden. Im Übrigen handelt es sich bei Art. 48 GG jedoch um eine Vorschrift, die im Vergleich zu den anderen Regelungen eine deutlich geringere Prüfungsrelevanz aufweist. Der Inhalt der Norm sollte jedoch bekannt sein.

Zuletzt ist noch darauf hinzuweisen, dass es den Bundestagsabgeordneten natürlich möglich ist, sich zu größeren Gruppen, den **Fraktionen**, zusammenzuschließen, § 45 I AbgG. Nach § 10 I 1 GO BT sind Fraktionen Vereinigungen von mindestens fünf vom Hundert der Mitglieder des Bundestages, die derselben Partei oder solchen Parteien angehören, die auf Grund gleichgerichteter politischer Ziele in keinem Land miteinander im Wettbewerb stehen. Sollten diese Voraussetzungen nicht erfüllt sein, so bedarf die Anerkennung als Fraktion nach § 10 I 2 GO BT der Zustimmung des Bundestages.[206]

---

[205] Die maßgebliche Vorschrift findet sich in § 11 AbgG.
[206] Erreicht der Zusammenschluß nicht die notwendige Fraktionsmindeststärke, so besteht nach § 10 IV 1 GO BT lediglich die Möglichkeit der Anerkennung als **Gruppe**. Dieser stehen zwar weniger Rechte als einer

Bei den Fraktionen handelt es sich um **notwendige Einrichtungen des Verfassungslebens**[207], die an der Erfüllung der Aufgaben des Deutschen Bundestages mitwirken, § 47 I AbgG. Die Bildung einer Fraktion geht regelmäßig mit der Gewährung besonderer Geld- und Sachleistungen einher[208], so dass es sich hierbei um einen begehrten Status handelt. Obwohl sich die Willensbildung des Bundestages wesentlich über die Arbeit der Fraktionen vollzieht und diese somit einen wesentlichen Anteil am Verfassungsleben haben, wird die Fraktion im Grundgesetz nur am Rande in Art. 53a I 1 GG erwähnt.

IV. Die Untersuchungsausschüsse

Gemäß Art. 44 I 1 GG hat der Bundestag das Recht und auf Antrag eines Vierteils seiner Mitglieder die Pflicht, einen Untersuchungsausschuß einzusetzen, der in öffentlicher Verhandlung die erforderlichen Beweise erhebt. Bei dem sogenannten **Enquêterecht** des Bundestages handelt es sich um eine Kernaufgabe parlamentarischer Kontrolltätigkeit. Da Untersuchungsausschüsse regelmäßig ein **Mittel der parlamentarischen Opposition** bzw. Minderheit darstellen, ist dieses Gebiet von einer lebhaften verfassungsgerichtlichen Rechtsprechung geprägt, da es immer wieder zu rechtlichen Fragen kommt. Neben Art. 44 GG ist einfachgesetzlich das Untersuchungsausschussgesetz (PUAG) zu nennen.[209] Dieses Gesetz wurde am 19. Juni 2001 erlassen und kodifiziert zahlreiche Ergebnisse der Rechtsprechung des Bundesverfassungsgerichts.

Fraktion zu, jedoch mehr Rechte als einem fraktionslosen Abgeordneten. Im 13. Deutschen Bundestag von 1994 bis 1998 bildete die PDS mit 30 Abgeordneten eine solche Gruppe. Im Jahr 2002 zogen zwei Direktkandidaten der PDS in den Bundestag ein. Diesen wurde der Status als Gruppe verwehrt, weil die notwendige Mindestzahl von drei Abgeordneten nicht erreicht wurde.
[207] BVerfGE 70, 324, 350; 80, 188, 219.
[208] In diesem Zusammenhang ist beispielsweise auf § 50 AbgG hinzuweisen.
[209] Daneben treten noch die Regelungen der StPO und der GO BT.

Insofern kann das PUAG in der **Prüfungssituation** eine Hilfestellung bieten, weil einige Fragen dort nachgelesen werden
können. Dies gilt insbesondere für die Einsetzung und Zusammensetzung eines Untersuchungsausschusses, das Verfahren sowie
den Rechtsschutz auskunftspflichtiger Personen.

Grundsätzlich unterscheidet man bei der Einsetzung eines Untersuchungsausschusses zwischen der **Mehrheitsenquête** und der
Minderheitsenquête. Erstere ist von dem Willen der parlamentarischen Mehrheit getragen und in der Regel die Ausnahme. Die
Minderheitsenquête ist auf Verlangen eines Viertels der Mitglieder
des Bundestages einzusetzen (qualifizierte Minderheit). Hinsichtlich des Untersuchungsgegenstandes ist zu beachten, dass der
Antrag diesen hinreichend genau bestimmt und es sich um einen
zulässigen Untersuchungsgegenstand handelt.

Bei einer Minderheitsenquête ist zudem zu beachten, dass der
Gegenstand der geplanten Untersuchung nicht gegen den Willen
der Antragsteller erweitert oder verändert werden darf, § 2 II
PUAG.

In der Praxis und auch in der **Klausursituation** ist regelmäßig
problematisch, ob es sich im Einzelfall um einen zulässigen Untersuchungsgegenstand handelt. Insoweit bietet nunmehr § 1 III
PUAG eine Hilfestellung, indem dieser normiert, dass ein Untersuchungsverfahren **im Rahmen der verfassungsmäßigen Zuständigkeit des Bundestages** zulässig ist. Dies wäre jedoch
auch ohne diese einfachgesetzliche Klarstellung der Fall, denn
dem Untersuchungsausschuss können als Untergliederung des
Bundestags nicht mehr Rechte als dem Bundestag selbst zustehen. Neben dieser kompetenziellen Beschränkung leitet sich
eine weitere Begrenzung aus dem Grundsatz der Gewaltenteilung
ab. Grundsätzlich darf ein Untersuchungsausschuss alle Vorgänge
im Bereich der Exekutive, der Regierung und der Verwaltung
untersuchen.

Dabei ist jedoch zu beachten, dass die Verantwortung der Regierung gegenüber dem Parlament und dem Volk notwendigerweise einen **Kernbereich exekutiver Eigenverantwortung** voraussetzt, der einen auch von parlamentarischen Untersuchungsausschüssen grundsätzlich nicht ausforschbaren Initiativ-, Beratungs- und Handlungsbereich einschließt.[210] Dazu gehört z. B. die Willensbildung der Regierung selbst, sowohl hinsichtlich der Erörterungen im Kabinett als auch bei der Vorbereitung von Kabinetts- und Ressortentscheidungen, die sich vornehmlich in ressortübergreifenden und –internen Abstimmungsprozessen vollzieht. Daraus folgt, dass der Untersuchungsausschuss aus Gewaltenteilungsgründen insbesondere nicht in laufende Verwaltungsverfahren eingreifen darf, da diese in der alleinigen Kompetenz der Regierung liegen.[211]

Beispiel 1: Ein Viertel der Mitglieder des Bundestages verlangt die Einsetzung eines Untersuchungsausschusses. Als Untersuchungsgegenstand soll die bisherige Tätigkeit der Regierung, insbesondere des Bundeskanzlers, durchleuchtet und diesem für seine schlechte Arbeit ein Tadel ausgesprochen werden. Ist die Einsetzung dieses Untersuchungsausschusses verfassungsgemäß?

Lösung: Ein solcher Untersuchungsausschuss würde ein unzulässiges Untersuchungsthema behandeln, weil der Untersuchungsausschuss den Rahmen der verfassungsmäßigen Zuständigkeiten des Bundestages überschreiten würde. Sollte der Bundeskanzler nicht mehr das Vertrauen der Mehrheit der Mitglieder des Bundestages genießen, so kann der Bundestag dem Bundeskanzler nach Art. 67 I 1 GG das Misstrauen nur dadurch aussprechen, dass er mit der Mehrheit seiner Mitglieder einen Nachfolger wählt und den Bundespräsidenten ersucht, den Bundeskanzler zu entlassen.[212] Der Ausspruch eines Tadels ist im Grundgesetz nicht vorgesehen und wäre insofern nicht mehr von der verfassungsmäßigen Zuständigkeit des Bundestages gedeckt.

---

[210] BVerfGE 67, 100, 139; 110, 199, 214.
[211] BVerfGE 110, 199, 214.
[212] In diesem Fall würde gemäß Art. 69 II GG auch die Amtszeit der vom Bundeskanzler ernannten Minister enden, da es ansonsten an der notwendigen ununterbrochenen Legitimationskette fehlen würde.

Beispiel 2: Der Bundestag setzt einen Untersuchungsausschuss ein. Dieser erhält den Namen des Politikers P. Hiergegen wendet sich P und verlangt eine Umbenennung des Untersuchungsausschusses, um nicht damit in Verbindung gebracht zu werden. Muss der Untersuchungsausschuss nun umbenannt werden?[213]

Lösung: Die Bezeichnung des Untersuchungsausschusses mit dem Namen des P bringt seine Person in einen Zusammenhang mit den vom Bundestag vermuteten Missständen. Das ist aus der Sicht verständig wertender Dritter geeignet, jedenfalls die Leistung des P in Zweifel zu ziehen. Da die Verwendung des Namens des P folglich den Schutzbereich seines Persönlichkeitsrechts berührt – in Rechte eines Bürgers eingreift – bedarf sie der verfassungsrechtlich tragfähigen Rechtfertigung. Normative Grundlage dafür ist grundsätzlich das Untersuchungsrecht des Parlaments. Es erlaubt nicht nur die Einsetzung eines Untersuchungsausschusses und seine Beauftragung mit der Erforschung eines zu umgrenzenden Sachverhalts sondern – notwendigerweise – auch die sach- oder personenbezogene Namensgebung. Im Lichte des Eingriffs in das Persönlichkeitsrecht des Namensträgers muss sie allerdings einen sachlichen Anlass haben und verhältnismäßig sein.

Die Untersuchung eines Missstandes muss sich im Wesentlichen der Verantwortung der Person – die keineswegs immer strafrechtlicher Natur sein muss – widmen und dafür von Tatsachen gestützte Gründe haben. Sie muss ferner geeignet sein, die von der Untersuchung verfolgten Zwecke zu erreichen. Ein milderes, den Namensträger weniger belastendes und gleichermaßen geeignetes Mittel zur Erreichung des Zwecks der Untersuchung muss fehlen. Eine übermäßige Belastung der Person darf nicht erfolgen.

Daraus folgt, dass ein Parlament einem Untersuchungsausschuss den Namen einer Person geben darf, wenn auf Grund tatsachengestützter Anhaltspunkte ihre Verantwortlichkeit für vermutete Missstände eine wesentliche Aufgabe der Untersuchung sein soll. Dem Namensträger stehen in einem solchen Untersuchungsverfahren von Verfassungs wegen Beteiligungsrechte als Betroffenem zu.

---

[213] SaarlVerfGH NVwZ-RR 2003, 393 ff.

Zusammenfassung zu den Grenzen des parlamentarischen Untersuchungsrechts

1.) Das Untersuchungsrecht ist auf den **Kompetenzbereich des Bundes** beschränkt.

2.) Das Untersuchungsrecht des Bundestages ist durch den Grundsatz der Gewaltenteilung begrenzt, so dass es bei der Regierungs- und Verwaltungskontrolle einen **Kernbereich exekutiver Eigenverantwortung** gibt, der einen nicht vom Parlament ausforschbaren Initiativ-, Beratungs- und Handlungsbereich mit einschließt. Das parlamentarische Untersuchungsrecht erstreckt sich daher in der Regel nur auf bereits abgeschlossene Vorgänge.

126

§ 9 Der Bundesrat

Dem Aufbau des Grundgesetzes folgend behandelt der nachstehende Abschnitt die Funktion und Bedeutung des Bundesrates. Das Grundgesetz enthält dazu mit den Art. 50 bis 53 GG nur vier Artikel. Beim Bundesrat handelt es sich um ein **Bundesorgan**, durch das die Länder Anteil an der Staatsgewalt des Bundes haben. Insofern bestimmt Art. 50 GG auch, dass die Länder durch den Bundesrat bei der Gesetzgebung und Verwaltung des Bundes und in Angelegenheiten der Europäischen Union mitwirken.

Als Vertreter der Länder wird der Bundesrat auch oft als **föderatives Bundesorgan** bezeichnet. Der Bundesrat sorgt demnach dafür, dass die Gliedstaaten sehr eng in das politische Handeln und Unterlassen des Bundes einbezogen sind und mitentscheiden dürfen. Nach Art. 51 I 1 GG besteht der Bundesrat aus Mitgliedern der Regierungen der Länder[214], die sie bestellen und abberufen. Im Unterschied zu den Bundestagsabgeordneten werden die Mitglieder des Bundesrates somit nicht vom Volk gewählt, sondern von den jeweiligen Landesregierungen bestellt.

Außerdem ist der Bundesrat im Gegensatz zum Bundestag ein **kontinuierliches Organ ohne Legislaturperiode**, so dass ein Regierungswechsel in einem Bundesland damit automatisch zu einem Wechsel der Landesvertretung im Bundesrat führt. Die Anzahl der Stimmen bestimmt sich gemäß Art. 51 II GG nach der Einwohnerzahl des Landes und reicht von mindestens drei bis maximal sechs.[215]

---

[214] Dies bestimmt sich nach den jeweiligen Landesverfassungen.
[215] Bremen, Hamburg, Mecklenburg-Vorpommern und das Saarland haben drei Stimmen, Hessen hat fünf Stimmen und Baden-Württemberg, Bayern, Niedersachsen und Nordrhein-Westfalen haben sechs Stimmen. Alle anderen Bundesländer haben jeweils vier Stimmen. Insgesamt sind **69 Stimmen** im Bundesrat vertreten. Die **absolute Mehrheit** macht somit 35 Stimmen aus und die manchmal erforderliche **Zweidrittelmehrheit** erfordert 46 Stimmen.

Bei der Stimmabgabe ist zu beachten, dass diese nach Art. 51 III 2 GG nur *einheitlich* abgegeben werden können, so dass dies zwangsläufig voraussetzt, dass vorher landesintern eine Einigung über die spätere Stimmabgabe erfolgt ist. Somit sind die Mitglieder des Bundesrates hinsichtlich ihrer Stimmabgabe **weisungsgebunden**. Im Zusammenhang mit der Abstimmung über das Zuwanderungsgesetz kam es im Jahr 2002 zu der Frage, welche Rechtsfolge eine uneinheitliche Stimmabgabe hat. Diese Frage ist nunmehr durch ein Urteil des Bundesverfassungsgerichts geklärt.[216]

Beispiel: Auf seiner 774. Sitzung am 22. März 2002 behandelte der Bundesrat unter Leitung seines Präsidenten das Zuwanderungsgesetz. Im Verlauf der Abstimmung über die Verabschiedung des Gesetzesentwurfs wurden die Stimmen für das Land Brandenburg uneinheitlich abgegeben. Sodann stellte der Bundesratspräsident fest, dass das Land Brandenburg nicht einheitlich abgestimmt habe. Er verweise daher auf Art. 51 III 2 GG, wonach Stimmen eines Landes nur einheitlich abgegeben werden können. Auf Nachfrage des Bundesratspräsidenten antwortete der brandenburgische Ministerpräsident nunmehr für das Land Brandenburg mit „Ja!", worauf der Bundesratspräsident konstatierte, dass das Land Brandenburg mit „Ja" gestimmt habe. Von den übrigen Bundesländern stimmten Berlin, Mecklenburg-Vorpommern, Niedersachsen, Nordrhein-Westfalen, Rheinland-Pfalz, Sachsen-Anhalt und Schleswig-Holstein ebenfalls mit „Ja", Bayern, Saarland, Sachsen und Thüringen mit „Nein"; die restlichen Bundesländer enthielten sich. Durfte die Stimme Brandenburgs als „Ja"-Stimme gewertet werden, so dass die erforderliche Mehrheit zur Verabschiedung des Entwurfs vorlag?[217]

---

[216] BVerfGE 106, 310ff.

[217] An dieser Stelle ist erneut darauf hinzuweisen, dass der Bundesrat seine Beschlüsse nach Art. 52 III 1 GG mit mindestens der Mehrheit seiner Stimmen fasst. Wenn in Koalitionsvereinbarungen auf Länderebene – wie häufig bei strittigen Fragen – eine Enthaltung im Bundesrat vereinbart wird, entspricht dies einer Abstimmung mit Nein. Siehe dazu bereits oben Fußnote 31.

Lösung: Das Bundesverfassungsgericht stellt insofern fest, dass der Bundesrat ein kollegiales Verfassungsorgan des Bundes ist, das aus Mitgliedern der Landesregierungen besteht. Die Länder wirken durch den Bundesrat nicht unmittelbar an der Gesetzgebung und der Verwaltung des Bundes und in Angelegenheiten der Europäischen Union mit, sondern vermittelt durch die aus dem Kreis der Landesregierungen stammenden Mitglieder des Bundesrats. Die Länder werden jeweils durch ihre anwesenden Bundesratsmitglieder vertreten. Die Stimmen eines Landes im Bundesrat werden durch seine Bundesratsmitglieder abgegeben. Das Grundgesetz erwartet die einheitliche Stimmenabgabe und respektiert die Praxis der landesautonom bestimmten Stimmführer, ohne seinerseits mit Geboten und Festlegungen in den Verfassungsraum des Landes überzugreifen. Aus der Konzeption des Grundgesetzes für den Bundesrat folgt, **dass der Abgabe der Stimmen durch einen Stimmführer jederzeit durch ein anderes Bundesratsmitglied desselben Landes widersprochen werden kann** und damit die Voraussetzungen der Stimmführerschaft insgesamt entfallen. Der die Abstimmung leitende Bundesratspräsident ist grundsätzlich berechtigt, bei Unklarheiten im Abstimmungsverlauf mit geeigneten Maßnahmen eine Klärung herbeizuführen und auf eine wirksame Abstimmung des Landes hinzuwirken. **Das insoweit bestehende Recht zur Nachfrage entfällt allerdings, wenn ein einheitlicher Landeswille erkennbar nicht besteht und nach den gesamten Umständen nicht zu erwarten ist, dass ein solcher noch während der Abstimmung zu Stande kommen werde.** Nach dem vorliegenden Abstimmungsergebnis durfte der Bundesratspräsident somit nicht noch einmal erneut nachfragen, so dass das Zuwanderungsgesetz nichtig war.

Da Art. 50 GG den Aufgabenbereich des Bundesrates nur abstrakt umschreibt, stellt sich die Frage nach den konkreten Aufgaben und Befugnissen des Bundesrates. Die wichtigste Funktion ist sicherlich die Mitwirkung an der Gesetzgebung des Bundes nach Art. 76, 77 GG. Hierbei unterscheidet man zwischen den **Zustimmungs-** und den **Einspruchsgesetzen.**[218]

---

[218] Eine umfassende Darstellung des Gesetzgebungsverfahrens ist einem späteren Abschnitt vorbehalten.

Zustimmungsgesetze kommen nach Art. 77 IIa GG nur zustande, wenn der Bundesrat zustimmt. Sie müssen im Grundgesetz ausdrücklich als solche bezeichnet sein, z. B. Art. 84 V 1 GG. Bei einem *Einspruchsgesetz* kann der Einspruch des Bundesrates hingegen mit qualifizierter Mehrheit durch den Bundestag zurückgewiesen werden, Art. 77 IV GG. Daneben wirkt der Bundesrat in den Bereichen der Exekutive (z. B. Art. 84 II, 85 II, 87 III GG) und der Judikative (Art. 94 I, 93 I Nr. 1, 21 II und 61 GG) mit. Des Weiteren stehen dem Bundesrat über Art. 23 GG auch auf europäischer Ebene Mitwirkungsrechte zu[219] und er kann gemäß Art. 52 IIIa GG eine Europakammer bilden, deren Beschlüsse als Beschlüsse des Bundesrates gelten. Von dieser Befugnis hat der Bundesrat auch Gebrauch gemacht.

Zusammenfassung der wesentlichen Unterschiede zwischen Bundestag und Bundesrat

Bundestag	Bundesrat
Vom Volk gewählt	Durch die Landesregierung bestellt
Unmittelbare demokratische Legitimation	Mittelbare Legitimation durch Landtag und Landesregierung
Legislaturperiode von vier Jahren	Kontinuierliches Organ mit unbestimmter Amtszeit bis zur Abberufung oder bis zum Verlust des Ministeramtes
Freies Mandat	Weisungsgebundenheit
Vertretung ist unzulässig	Vertretung ist zulässig

---

[219] Nach Art. 23 IV GG ist der Bundesrat an der Willensbildung des Bundes zu beteiligen, soweit er an einer entsprechenden innerstaatlichen Maßnahme mitzuwirken hätte oder soweit die Länder innerstaatlich zuständig wären.

130

§ 10 Der Gemeinsame Ausschuss

Bei dem Gemeinsamen Ausschuss nach Art. 53a GG handelt es sich um das sogenannte **Notparlament**. Dieses tritt zusammen, wenn der Bundestag dazu nicht mehr in der Lage ist und stellt ein selbstständiges Verfassungsorgan dar.[220] Seine Zusammensetzung ergibt sich aus Art. 53a I GG. Die Einzelheiten seiner Einberufung und des Verfahrens sind in der GO GemA geregelt. Da Art. 53a GG jedoch eine äußerst **geringe Prüfungsrelevanz** hat, wird auf eine weitere Darstellung verzichtet.

§ 11 Der Bundespräsident

Das Grundgesetz widmet dem Bundespräsidenten mit den Art. 54 bis 61 GG einen eigenen Abschnitt. Der Bundespräsident steht als Staatsoberhaupt protokollarisch an der Spitze des Staates. Traditionell geht die Existenz dieses Verfassungsorgans auf den Monarchen als ehemaliges Staatsoberhaupt zurück. Das Amt des Bundespräsidenten hat jedoch eine **überwiegend repräsentative Funktion** und aufgrund der schlechten Erfahrungen der Weimarer Republik wenig politische Macht. Im Gegensatz zum Reichspräsidenten kann der Bundespräsident weder allein den Kanzler bestimmen noch Notverordnungen erlassen; auch hat er nicht den Oberbefehl über die Streitkräfte. Mitunter wird dem Bundespräsidenten bei seinen Entscheidungen jedoch auch ein Ermessensspielraum[221] eingeräumt, so dass man ihn auch nicht einfach als bloßes Repräsentationsorgan ansehen kann. Zu den klassischen Aufgaben, die der Bundespräsident als Staatsorgan hat, gehören insbesondere:

---

[220] BVerfGE 84, 304, 334f.
[221] Siehe Art. 63 IV 3, 68 I 1 GG.

1.) die Repräsentation der Bundesrepublik Deutschland nach innen und außen

2.) die völkerrechtliche Vertretung der Bundesrepublik Deutschland (Art. 59 I 1 GG)

3.) der Abschluss von Verträgen mit auswärtigen Staaten (Art. 59 I 2 GG)

4.) die Beglaubigung der deutschen diplomatischen Vertreter und der Empfang der ausländischen Diplomaten (Art. 59 I 3 GG)

5.) der Vorschlag für die Wahl des Bundeskanzlers (Art. 63 GG) und die Ernennung und Entlassung des Bundeskanzlers (Art. 63, 67 GG) und der Bundesminister (Art. 64 GG)

6.) die Auflösung des Bundestages (Art. 63 IV 3, 68 GG)

7.) die Ausfertigung und Verkündung von Gesetzen (Art. 82 GG)

8.) die Ernennung und Entlassung der Bundesrichter, der Bundesbeamten, der Offiziere und Unteroffiziere (Art. 60 I GG)

9.) das Begnadigungsrecht für den Bund (Art. 60 II GG)[222]

Der Bundespräsident wird nach Art. 54 I 1 GG durch die Bundesversammlung gewählt, die nach Art. 54 III GG aus den Mitgliedern des Bundestages und einer gleichen Anzahl von Mitgliedern, die von den Volksvertretungen der Ländern nach den Grundsätzen der Verhältniswahl gewählt werden, besteht.[223] Wählbar ist gemäß Art. 54 I 2 GG jeder Deutsche, der das Wahlrecht zum Bundestag besitzt und das vierzigste Lebensjahr vollendet hat. Die Amtszeit beträgt nach Art. 54 II 1 GG fünf Jahre und eine **anschließende** Wiederwahl ist einmal zulässig, Art. 54 II 2 GG.

---

[222] Aufgrund der aktuellen Problematik der Begnadigung von inhaftierten RAF-Terroristen bietet der Aufsatz von *Leipold*, NJW-Spezial 2007, 183 f. einen kurzen Überblick über die rechtlichen Probleme.
[223] Siehe dazu bereits oben § 4 I.

Beispiel: Bundespräsident A scheidet nach zwei aufeinander folgenden Amtszeiten nach insgesamt zehn Jahren aus dem Amt. Danach wird für fünf Jahre Bundespräsident B gewählt. Kann der ehemalige Bundespräsident A hiernach eine dritte Amtszeit wahrnehmen?

Art. 54 II 2 GG stellt ausdrücklich fest, dass eine **anschließende** Wiederwahl nur einmal zulässig ist. Vorliegend wurde die Amtszeit des Bundespräsidenten A jedoch durch die fünfjährige Amtszeit des Bundespräsidenten B unterbrochen. Somit würde kein Verstoß gegen Art. 54 II 2 GG vorliegen und eine dritte Amtszeit wäre denkbar. Da es jedoch bisher nicht zu einer solchen Konstellation in der Praxis gekommen ist, handelt es sich eher um eine theoretische Problematik.

Im Fall seiner Verhinderung wird der Bundespräsident gemäß Art. 57 GG durch den Bundes**rats**präsidenten vertreten. In der bisherigen Geschichte der Bundesrepublik Deutschland gab es insgesamt neun Bundespräsidenten:

1.) *Theodor Heuss* (* 31. Januar 1884, † 12. Dezember 1963) amtierte von 1949 bis 1959

2.) *Heinrich Lübke* (* 14. Oktober 1894, † 06. April 1972) amtierte von 1959 bis 1969

3.) *Gustav Heinemann* (* 23. Juli 1899, † 07. Juli 1976) amtierte von 1969 bis 1974

4.) *Walter Scheel* (* 08. Juli 1919) amtierte von 1974 bis 1979

5.) *Karl Carstens* (* 14. Dezember 1914, † 30. Mai 1992) amtierte von 1979 bis 1984

6.) *Richard von Weizsäcker* (* 15. April 1920) amtierte von 1984 bis 1994

7.) *Roman Herzog* (* 05. April 1934) amtierte von 1994 bis 1999

8.) *Johannes Rau* (* 16. Januar 1931, † 27. Januar 2006) amtierte von 1999 bis 2004

9.) *Horst Köhler* (* 22. Februar 1943) amtiert seit 2004

Im Zusammenhang mit der Arbeit des Bundespräsidenten tauchen in der Praxis und auch in den **Prüfungsaufgaben** regelmäßig zwei Problemkreise auf. Dabei handelt es sich erstens um die Frage der **Gegenzeichnungspflicht** nach Art. 58 GG und zweitens die Frage nach der **Prüfungskompetenz des Bundespräsidenten** bei der Ausfertigung von Gesetzen nach Art. 82 I 1 GG.

Der geringe politische Einfluss des Bundespräsidenten wird gerade durch die Gegenzeichnungspflicht gemäß Art. 58 Satz 1 GG deutlich, denn Anordnungen und Verfügungen des Bundespräsidenten bedürfen zu ihrer Gültigkeit der Gegenzeichnung durch den Bundeskanzler oder durch den zuständigen Bundesminister. Umstritten ist jedoch, ob nur Rechtsakte oder auch sonstige Amtshandlungen (z. B. Reden und Interviews) des Bundespräsidenten gegenzeichnungspflichtig sind.

Der Wortlaut des Art. 58 Satz 1 GG würde eher für eine enge Auslegung sprechen, denn nur Rechtsakten kann eine Gültigkeit im Sinne der Vorschrift zukommen. Die **überwiegende Auffassung** geht im Hinblick auf den Normzweck der Vorschrift jedoch trotzdem davon aus, dass alle amtlichen und politisch bedeutsamen Handlungen und Erklärungen unter den Wortlaut des Art. 58 Satz 1 GG fallen.[224] Begründet wird dies mit der Notwendigkeit einer einheitlichen Regierungspolitik und Staatsleitung, die zwangsläufig auch alle rechtlich unverbindlichen Handlungen des Bundespräsidenten erfassen müsse. Nach dieser Auffassung kommt die Billigung der Präsidialakte entweder durch die Mitunterschrift oder bei mündlichen Äußerungen oftmals durch bloße stillschweigende Hinnahme zu Ausdruck.

---

[224] *Degenhart*, Staatsrecht I, Rdnr. 706 mit weiteren Nachweisen.

134

Die **Gegenauffassung** wendet Art. 58 Satz 1 GG nur auf rechtlich verbindliche Akte an und gelangt dann aber für die übrigen Bereiche unter dem Aspekt der Verfassungstreue zu vergleichbaren Ergebnissen.[225] Im Ergebnis unterscheiden sich die beiden Auffassungen daher nur geringfügig, so dass beide Auffassungen in einer Prüfung gut vertretbar sind.

Ungleich bedeutender ist jedoch die Frage nach der Prüfungskompetenz des Bundespräsidenten bei der Ausfertigung von Gesetzen nach Art. 82 I 1 GG. Nach dieser Norm werden die **nach den Vorschriften dieses Grundgesetzes** zustande gekommenen Gesetze vom Bundespräsidenten nach Gegenzeichnung ausgefertigt und im Bundesgesetzblatt verkündet. Diese Gesetzesformulierung ist der Ausgangspunkt eines **Meinungsstreits**. Für die Beantwortung dieser Frage ist zunächst zwischen der **formellen** und der **materiellen Prüfungskompetenz** zu unterscheiden.[226]

Zunächst ist es unstreitig, dass dem Bundespräsidenten ein **formelles** Prüfungsrecht[227] zusteht, denn dies wird bereits vom Wortlaut des Art. 82 I 1 GG vorausgesetzt. Ein Gesetz ist unstreitig nur dann nach den Vorschriften des Grundgesetzes zustande gekommen, wenn die verfahrensrechtlichen Voraussetzungen beachtet worden sind.[228]

---

[225] *Schenke*, Kommentar zum Bonner Grundgesetz, Art. 58 Rdnr. 42 ff.
[226] Die Prüfungskompetenz ist nur auf die Frage der Verfassungsmäßigkeit bezogen. Ein politisches Prüfungsrecht steht dem Bundespräsidenten unstreitig nicht zu.
[227] Dies betrifft die Frage, ob das Gesetz unter Beachtung der Vorschriften über das Gesetzgebungsverfahren und der Gesetzgebungskompetenz zustande gekommen ist.
[228] Im Zusammenhang mit dem Zuwanderungsgesetz (siehe dazu bereits oben § 9 und Fußnote 215) bestanden erhebliche Zweifel an der Verfassungsmäßigkeit der Abstimmung im Bundesrat. Obwohl es sich dabei um eine formelle Frage handelte, fertigte Bundespräsident *Rau* das Gesetz jedoch trotzdem aus und eröffnete damit den Weg zu einer Klärung durch das Bundesverfassungsgericht. Dieses erklärte das Zuwanderungsgesetz letztendlich für nichtig. Der Bundespräsident

Äußerst umstritten ist jedoch die Frage, ob dem Bundespräsidenten auch ein **materielles** Prüfungsrecht[229] zusteht. Diese Frage kann anhand der Gesetzesformulierung nicht eindeutig beantwortet werden und erfordert daher eine **umfassende Auslegung** der Verfassung.[230] Die Schwierigkeit dieses Problems beruht dabei maßgeblich darauf, dass die verschiedenen Auffassungen sich auf die gleichen grundgesetzlichen Vorschriften berufen und jeweils andere Schlussfolgerungen daraus ziehen.

Zunächst wird der **Amtseid des Bundespräsidenten** nach Art. 56 GG für ein Prüfungsrecht des Bundespräsidenten angeführt. Abgestellt wird dabei auf die Passage in Art. 56 Satz 1 GG, dass sich der Bundespräsident verpflichtet, „das Grundgesetz zu wahren". Aufgrund dieses Amtseids könne von dem Bundespräsidenten nicht die Ausfertigung materiell verfassungswidriger Gesetze verlangt werden. Nach der Gegenauffassung sagt Art. 56 Satz 1 GG nichts über den Umfang der Pflichten des Bundespräsidenten aus, so dass die Argumentation mit dem Amtseid geradezu zirkelschlüssig sei.

Als nächstes Argument wird in der Regel auf das **Normenkontrollrecht des Bundesverfassungsgerichts** verwiesen. Hierbei wird regelmäßig vorgebracht, dass nur dem Bundesverfassungsgericht ein Verwerfungsmonopol für verfassungswidrige Gesetze zukomme und dies eine eigenständige Prüfungskompetenz des

---

äußerte sich später zu seinem Vorgehen, *Rau*, DVBl. 2004, 1 ff. Vereinzelt wird diesbezüglich vertreten, dass dem Bundespräsidenten in formeller Hinsicht nicht nur ein Prüfungsrecht, sondern auch eine **Prüfungspflicht** zusteht, *Kahl/Benner*, Jura 2005, 869, 870.

[229] Dies betrifft die Frage, ob das Gesetz inhaltlich mit der Verfassung und insbesondere den Grundrechten und den Verfassungsprinzipien vereinbar ist.

[230] Bundespräsident *Köhler* hat zuletzt entschieden, das Gesetz zur Neuregelung der Flugsicherung (Oktober 2006) und das Gesetz zur Neuregelung des Rechts der Verbraucherinformation (Dezember 2006) nicht auszufertigen. Ein aktueller Aufsatz, der sich mit der Problematik der Flugsicherung und der Prüfungskompetenz des Bundespräsidenten beschäftigt findet sich bei *Winkler*, VR 2007, 166 ff.

Bundespräsidenten überflüssig mache bzw. vollständig ausschließe. Für eine Prüfungskompetenz wird wiederum argumentiert, dass das Verwerfungsmonopol des Bundesverfassungsgerichts auf den Bereich der Gerichtsbarkeit beschränkt sei und der Bundespräsident die materielle Verfassungsmäßigkeit eines Gesetzes bereits *vor* einer gerichtlichen Prüfung überprüfen könnte.

Zuletzt wird von beiden Seiten **Art. 20 III GG** herangezogen. Für die materielle Prüfungskompetenz spricht dabei, dass der Bundespräsident an Gesetz und Recht gebunden ist und somit nur verfassungsmäßige Gesetze ausfertigen dürfe. Die Gegenauffassung geht hingegen davon aus, dass der Bundespräsident nach Art. 20 III GG nur im Rahmen seiner verfassungsrechtlichen Kompetenzen handeln dürfe und die materielle Prüfungskompetenz eben nicht dazu gehöre.

Letztendlich beruft sich somit jede Auffassung auf den Wortlaut des Grundgesetzes und ist von der Richtigkeit ihrer Argumentation überzeugt. In praktischer Hinsicht ist zudem zu bedenken, dass nicht jeder Bundespräsident eine juristische Vorbildung genossen hat. In einem solchen Fall würde die Entscheidung des Bundespräsidenten wohl maßgeblich auf einem Vorschlag seiner juristischen Mitarbeiter beruhen. Die überwiegende Meinung geht jedoch im Einklang mit der verfassungsrechtlichen Praxis davon aus, dass dem Bundespräsidenten eine materielle Prüfungskompetenz bei **offensichtlich** verfassungswidrigen Gesetzen zusteht, weil es für ihn unzumutbar wäre, sehenden Auges ein verfassungswidriges Gesetz auszufertigen.

Soweit kein solch evidenter Verstoß vorliegt, obliegt die Prüfung der Verfassungsmäßigkeit dem Bundesverfassungsgericht. Obwohl das Kriterium des evidenten Verstoßes reichlich schwammig ist und wiederum eine Reihe von Abgrenzungsproblemen aufwirft, sollte man sich in einer Prüfung daher letztendlich nach einer ausführlichen Argumentation für diese vermittelnde Meinung entscheiden.

In der bisherigen Praxis der Bundesrepublik gab es zwar bislang acht Fälle, in denen ein Bundespräsident die Ausfertigung eines Gesetzes abgelehnt hat, jedoch fehlt bisher eine Entscheidung des Bundesverfassungsgerichts zu dieser Thematik. Die beiden letzten Fälle wurden bereits in *Fußnote 230* angesprochen. In weiteren verfassungsrechtlich umstrittenen Fällen wurde das Gesetz durch den Bundespräsidenten trotz verfassungsrechtlicher Bedenken formeller[231] oder materieller[232] Art ausgefertigt, weil es in den Augen des jeweiligen Amtsinhabers an einem evidenten Verstoß fehlte.

Zuletzt stellt sich noch die Frage, welche Reaktionsmöglichkeiten seitens der Bundesregierung, dem Bundestag oder dem Bundesrat bestehen, wenn der Bundespräsident die Ausfertigung eines in seinen Augen verfassungswidrigen Gesetzes verweigert. Sofern die übrigen Verfassungsorgane von der Verfassungsmäßigkeit des Gesetzes überzeugt sind, wird eine Änderung des Gesetzes und anschließende Neuvorlage ausscheiden. Daher bietet sich in einem solchen Fall ein Vorgehen über ein Organstreitverfahren nach Art. 93 I Nr. 1 GG an. In einem solchen Fall würde das Bundesverfassungsgericht überprüfen, ob die übrigen Verfassungsorgane durch das Unterlassen des Bundespräsidenten in ihren Rechten verletzt sind. Dies wäre der Fall, wenn es sich um ein verfassungsmäßiges Gesetz handeln würde.

---

[231] Im Hinblick auf Zweifel an der formellen Verfassungsmäßigkeit ist auf das Beispiel des Zuwanderungsgesetzes in Fußnote 228 hinzuweisen.
[232] Bundespräsident *Köhler* fertigte das Luftsicherheitsgesetz trotz formeller und materieller Bedenken aus, um den Weg für eine Klärung durch das Bundesverfassungsgericht freizumachen. Mittlerweile wurde die Abschussermächtigung des Luftsicherheitsgesetzes durch das Bundesverfassungsgericht für nichtig erklärt, BVerfGE 115, 118 ff.

138

Die letzte Möglichkeit wäre eine Anklage des Bundespräsidenten vor dem Bundesverfassungsgericht nach Art. 61 GG, die letztendlich zu einer Amtsenthebung führen kann, Art. 61 II 1 GG. Dieser Fall ist in der Geschichte der Bundesrepublik Deutschland bisher jedoch noch nicht vorgekommen.

Zusammenfassung zum Prüfungsrecht des Bundespräsidenten

1.) Das Prüfungsrecht bezieht sich nur auf die Frage der Verfassungsmäßigkeit eines Gesetzes. Ein *politisches* Prüfungsrecht besteht unstreitig nicht!

2.) Eine formelle Prüfungskompetenz des Bundespräsidenten wird wegen des Wortlauts des Art. 82 I 1 GG unstreitig bejaht. Zum Teil wird sogar eine Prüfungspflicht vertreten.

3.) Eine materielle Prüfungskompetenz besteht nach einer vermittelnden Ansicht nur bei einem **evidenten Verfassungsverstoß**. Eine Entscheidung des Bundesverfassungsgerichts fehlt bisher, so dass bei guter Argumentation auch jede andere Auffassung vertretbar ist.

4.) Sollte der Bundespräsident die Ausfertigung verweigern, ist an ein Organstreitverfahren nach Art. 93 I Nr. 1 GG zu denken, wobei die Verfassungsmäßigkeit hierbei inzident geprüft werden würde.

§ 12 Die Bundesregierung

Als nächstes Verfassungsorgan soll nunmehr die Bundesregierung eingehend erörtert werden. Das Grundgesetz erwähnt die Bundesregierung im sechsten Abschnitt in den Art. 62 bis 69 GG. Neben diesen verfassungsrechtlichen Regelungen ist auf das Bundesministergesetz (BMinG) und wie bei allen anderen Verfassungsorganen auf die hier nach Art. 65 Satz 4 GG erlassene Geschäftsordnung (GO BR) hinzuweisen.

Nach Art. 62 GG besteht die Bundesregierung aus dem Bundeskanzler und den Bundesministern. Insofern wird auch oft die Bezeichnung **Kabinett** verwendet. Nach Art. 64 I GG werden die Bundesminister auf Vorschlag des Bundeskanzlers vom Bundespräsidenten ernannt und entlassen.[233] Da der Bundeskanzler gemäß Art. 63 I GG vom Bundestag gewählt wird[234], besteht somit eine durchgehende demokratische Legitimation. Zur Vermeidung von Interessenskonflikten dürfen der Bundeskanzler und die Bundesminister gemäß Art. 66 GG kein anderes besoldetes Amt, kein Gewerbe und keinen Beruf ausüben und weder der Leitung noch ohne Zustimmung des Bundestages dem Aufsichtsrat eines auf Erwerb gerichteten Unternehmens angehören. Das Exekutivorgan „Bundesregierung" soll seine Arbeitskraft nach den Vorstellungen des Grundgesetzes somit ganz dem Wohl des Staates widmen.

---

[233] Der Bundespräsident muss dem Vorschlag des Bundeskanzlers entsprechen. Bei der Ernennung eines Bundesministers kann der Bundespräsident lediglich nachprüfen, ob die **rechtlichen** Voraussetzungen für die Ernennung eines Bundesministers vorliegen. Dabei sind insbesondere Art. 66 GG und §§ 4, 5 BMinG zu beachten.
[234] Siehe dazu bereits oben § 8 II.

140

Trotz der starken Stellung des Bundeskanzlers handelt es sich bei der Bundesregierung grundsätzlich um ein **Kollegialorgan**. Daneben stehen jedoch auch den einzelnen Bundesministern besondere Rechte zu. Für die Tätigkeit und innere Organisation der Bundesregierung sind folgende drei Prinzipien maßgeblich:

1.) Richtlinien- oder Kanzlerprinzip
2.) Ressortprinzip
3.) Kollegialprinzip

Anhand dieser Prinzipien kann die Zusammenarbeit der Bundesregierung erläutert werden. Der **Bundeskanzler** ist der Vorsitzende der Regierung und hat als solcher die Sitzungen der Bundesregierung vorzubereiten, einzuberufen und zu leiten.[235] Gemäß Art. 65 Satz 1 GG bestimmt er die Richtlinien der Politik und trägt dafür die Verantwortung. Dies bezeichnet man als die **Richtlinienkompetenz**. Die Festlegung der Grundzüge der Politik wird somit vom Bundeskanzler vorgenommen. In der bisherigen Geschichte der Bundesrepublik gab es bislang acht Bundeskanzler:

1.) *Konrad Adenauer* (* 5. Januar 1876, † 19. April 1967) amtierte von 1949 bis 1963
2.) *Ludwig Erhard* (* 4. Februar 1897, † 5. Mai 1977) amtierte von 1963 bis 1966
3.) *Kurt-Georg Kiesinger* (* 6. April 1904, † 9. März 1988) amtierte von 1966 bis 1969
4.) *Willy Brandt* (*18. Dezember 1913, † 08. Oktober 1992) amtierte von 1969 bis 1974
5.) *Helmut Schmidt* (* 23. Dezember 1918) amtierte von 1974 bis 1982
6.) *Helmut Kohl* (* 03. April 1930) amtierte von 1982 bis 1998

---

[235] Diese Aufgaben werden als sogenannte **Geschäftsleitungskompetenz** des Bundeskanzlers bezeichnet.

7.) *Gerhard Schröder* (* 07. April 1944) amtierte von 1998 bis 2005

8.) *Angela Merkel* (* 17. Juli 1954) amtiert seit 2005

Die jeweiligen **Bundesminister**, die nach § 1 BMinG in einem öffentlich-rechtlichen Amtsverhältnis zum Bund stehen, sind stimmberechtigte Mitglieder des Kabinetts und jeweils Leiter eines bestimmten Fachministeriums. Obwohl der Bundeskanzler den Umfang ihrer jeweiligen Aufgabenbereiche bestimmt, leitet gemäß Art. 65 Satz 2 GG jeder Bundesminister seinen Geschäftsbereich selbstständig und unter eigener Verantwortung. Insofern spricht man vom **Ressortprinzip.**

Das **Kollegialprinzip** greift immer dann ein, wenn die Bundesregierung über bestimmte Angelegenheiten als Kollegium zu entscheiden hat. In der Regel bezeichnet das Grundgesetz in diesen Fällen die „Bundesregierung" als Träger einer bestimmten Aufgabe (z. B. Art. 65 Satz 3 und 4 GG oder Art. 76 GG). Das Zusammenspiel dieser drei Prinzipien bereitet dabei oftmals Schwierigkeiten, weil das Grundgesetz z. B. im Hinblick auf die Richtlinienkompetenz des Bundeskanzlers nicht definiert, was unter „Richtlinien der Politik" zu verstehen ist. Insofern können Konflikte zwischen der Richtlinienkompetenz und dem Ressortprinzip entstehen.

Beispiel: Der Bundeskanzler ist in einer bestimmten Frage anderer Auffassung als sein Fachminister. Daraufhin erteilt der Bundeskanzler dem Fachminister die Anweisung, die Angelegenheit im Sinne des Bundeskanzlers zu entscheiden. Der Fachminister kommt dieser Weisung jedoch nicht nach, weil er nach wie vor anderer Auffassung ist. Nunmehr wendet sich der Bundeskanzler direkt an den zuständigen Referatsleiter im Fachministerium und weist diesen an, die Sache umgehend im Sinne des Bundeskanzlers zu entscheiden. Ist diese Vorgehensweise von der Richtlinienkompetenz des Bundeskanzlers gedeckt?

Lösung: Unter „Richtlinien der Politik" wird man nur die grundlegenden politischen Leitentscheidungen verstehen können, die zu einer einheitlichen Staatsführung erforderlich sind. Der Bundeskanzler kann somit den **Rahmen** der zukünftigen politischen Vorgehensweise festlegen. Dieser Rahmen muss jedoch von den jeweiligen Fachministern im Rahmen ihrer **Ressortverantwortung** noch ausgefüllt werden. Dies schließt es auch aus, dass der Bundeskanzler unmittelbar in die Weisungshierarchie des Fachministeriums eingreifen kann. Die Weisung des Bundeskanzlers an den Referatsleiter ist somit nicht mehr von der Richtlinienkompetenz des Bundeskanzlers gedeckt.

Was kann der Bundeskanzler in einem solchen Fall jedoch unternehmen, um seine Auffassung durchzusetzen? Der Bundeskanzler kann den Bundespräsidenten nach Art. 64 I GG um Entlassung des jeweiligen Fachministers bitten. Dieser Bitte muss der Bundespräsident nachkommen, weil ihm insoweit kein Ermessensspielraum zusteht. Danach kann der Bundeskanzler den Bundespräsidenten um die Ernennung eines neuen Fachministers bitten, der die Auffassung des Bundeskanzlers in der obigen Frage teilt. Der Bundespräsident ist mangels Ermessensspielraums verpflichtet, den Vorgeschlagenen zu ernennen. Der neue Fachminister wird dann dem Referatsleiter in seinem Ministerium die notwendige Weisung erteilen. Diese Vorgehensweise ist im Vergleich zu einem eventuell denkbaren Organstreitverfahren nach Art. 93 I Nr. 1 GG zwischen dem Bundeskanzler und dem Fachminister der einfachere Weg.

Hinsichtlich der **Anzahl der Bundesminister** sieht das Grundgesetz keine Regelung vor, so dass der Bundeskanzler diesbezüglich freie Hand hat.[236] Allerdings nennt das Grundgesetz an verschiedenen Stellen einige Minister, die somit zwingend vorgeschrieben sind:

1.) Art. 65a I GG nennt den Verteidigungsminister
2.) Art. 108 III 2, 112 Satz 1 und 114 I GG nennen den Finanzminister
3.) Art. 96 II 4 GG erwähnt den Justizminister

---

[236] Dem Bundeskanzler steht demnach im Hinblick auf die Anzahl und Abgrenzung der einzelnen Ministerien das sogenannte **Kabinettbildungsrecht** zu.

Die **Amtszeit der jeweiligen Minister** ist grundsätzlich nur von der Entscheidung des Bundeskanzlers abhängig. Dieser kann nach Art. 64 I GG die jederzeitige Entlassung beim Bundespräsidenten beantragen. Der Bundestag kann somit keinen direkten Einfluss auf die Ernennung oder die Entlassung eines Bundesministers ausüben. Allerdings ist das Amt eines Bundesministers nach Art. 69 II GG mit dem Amt des Bundeskanzlers verknüpft. Danach endet das Amt eines Bundesministers logischerweise mit dem Zusammentritt eines neuen Bundestages, aber auch mit jeder anderen Erledigung des Amtes des Bundeskanzlers. In diesem Zusammenhang wurde bereits die Möglichkeit der Vertrauensfrage durch den Bundeskanzler nach Art. 68 GG erörtert.[237]

Dem Bundestag steht zur Ablösung des Bundeskanzlers und damit nach Art. 69 II GG der gesamten Bundesregierung die Möglichkeit des **konstruktiven Misstrauensvotums** nach Art. 67 I 1 GG zur Verfügung. Hiernach kann der Bundestag dem Bundeskanzler das Misstrauen **nur** dadurch aussprechen, dass er mit der Mehrheit seiner Mitglieder einen Nachfolger wählt und den Bundespräsidenten ersucht, den Bundeskanzler zu entlassen. Der Bundespräsident muss dem Ersuchen entsprechen und den Gewählten ernennen, Art. 67 I 2 GG. Der Bundestag kann durch diese Vorgehensweise somit die gesamte Bundesregierung zu Fall bringen. Dieser Weg ist zur Vermeidung politischer Instabilität und wegen der negativen Erfahrungen der Weimarer Republik allerdings nur möglich, wenn gleichzeitig ein neuer Bundeskanzler mit der Mehrheit der Mitglieder des Bundestages gewählt wird.[238]

---

[237] Siehe dazu bereits oben § 8 II.

[238] Art. 54 WRV lautete demgegenüber: Der Reichskanzler und die Reichsminister bedürfen zu ihrer Amtsführung des Vertrauens des Reichstags. Jeder von ihnen muss zurücktreten, wenn ihm der Reichstag durch ausdrücklichen Beschluss sein Vertrauen entzieht.

144

Neben diesen Möglichkeiten besteht natürlich für die Bundesminister die Möglichkeit des jederzeitigen Rücktritts, denn diese
können nach § 9 II 2 BMinG jederzeit ihre Entlassung verlangen.

**Zusammenfassung der Möglichkeiten der Beendigung der
Amtsdauer der Regierung**

1.) Gemäß Art. 69 II GG endet das Amt der Bundesregierung mit
dem Zusammentritt eines neuen Bundestages.
2.) Bei einem konstruktiven Misstrauensvotum nach Art. 67 GG
endet das Amt des Bundeskanzlers und nach Art. 69 II GG auch
das Amt der Bundesminister.
3.) Der Bundeskanzler kann Bundesminister jederzeit nach Art. 64
I GG entlassen.
4.) Sowohl ein Bundesminister als auch der Bundeskanzler
können zurücktreten. Im Falle des Rücktritts des Bundeskanzlers
greift erneut Art. 69 II GG ein.

I. Exkurs: Die Staatssekretäre

Im Zusammenhang mit der Bundesregierung ist auch eine Darstellung der Tätigkeit der Staatssekretäre notwendig, da diese die
Arbeit der Bundesregierung maßgeblich unterstützen. In der
Bundesrepublik Deutschland unterscheidet man insofern zwischen
den **beamteten Staatssekretären** und den **Parlamentarischen
Staatssekretären.**
Der **beamtete Staatssekretär** steht im jeweiligen Ministerium an
der Spitze des Verwaltungsapparates und ist als Vorgesetzter der
übrigen Bediensteten weisungsbefugt. Da der beamtete Staatssekretär Beamter ist, findet auf ihn das Beamtenrecht Anwendung.
Da er jedoch eine gewichtige Funktion im Ministerium ausübt, die
vom Vertrauen des jeweiligen Bundesministers getragen werden
muss, kann er als sogenannter **politischer Beamter** gemäß § 36 I
Nr. 1 Bundesbeamtengesetz (BBG) in Verbindung mit § 31 I
Beamtenrechtsrahmengesetz (BRRG) jederzeit durch den

Bundespräsidenten in den einstweiligen Ruhestand versetzt werden. Da auch das Amt eines beamteten Staatssekretärs oft von parteipolitischen Erwägungen betroffen ist, machen die Bundesminister bei einem Regierungswechsel regelmäßig von dieser Möglichkeit Gebrauch.[239]

Neben dem beamteten Staatssekretär gibt es seit einigen Jahrzehnten die **Parlamentarischen Staatssekretäre**. Deren Status richtet sich maßgeblich nach dem Gesetz über die Rechtsverhältnisse der Parlamentarischen Staatssekretäre (ParlStG), weil das Grundgesetz hierzu keine Regelungen enthält. Nach § 1 I ParlStG müssen Parlamentarische Staatssekretäre Mitglieder des Deutschen Bundestages sein. Einzig bei der Ernennung eines Parlamentarischen Staatssekretärs beim Bundeskanzler kann von diesem Erfordernis abgesehen werden.[240]

Der Aufgabenbereich eines Parlamentarischen Staatssekretärs wird von § 1 II ParlStG relativ grob umrissen, denn danach unterstützen sie die Mitglieder der Bundesregierung, denen sie beigegeben sind, bei der Erfüllung ihrer Regierungsaufgaben. Im Unterschied zu den beamteten Staatssekretären sollen die Parlamentarischen Staatssekretäre ihren jeweiligen Bundesminister demnach überwiegend auf der Regierungsebene unterstützen und die Politik des Ministers nach außen darstellen. Im Ministerium selbst üben sie neben den beamteten Staatssekretären nur die Aufgaben aus, die ihnen im Einzelfall besonders zugewiesen wurden. Die Parlamentarischen Staatssekretäre werden nach § 2 ParlStG vom Bundespräsidenten ernannt.

---

[239] Hierbei ist zu bedenken, dass ein beamteter Staatssekretär nach Besoldungsgruppe B 11 besoldet wird und somit ein monatliches Grundgehalt von 10.815,15 Euro erhält, so dass diese Vorgehensweise für den Steuerzahler recht kostspielig ist.
[240] Diese Ausnahme wurde aus praktischer Relevanz eingeführt, denn der damalige Bundeskanzler *Schröder* wollte jemanden zum Parlamentarischen Staatssekretär berufen, der nicht Mitglied des Deutschen Bundestages war.

Der Bundeskanzler schlägt dem Bundespräsidenten die Ernennung **im Einvernehmen** mit dem Bundesminister vor, für den der
Parlamentarische Staatssekretär tätig werden soll. Ihre Entlassung
bestimmt sich nach § 4 ParlStG. Aufgrund der engen politischen
Bindung der Parlamentarischen Staatssekretäre zu ihrem jeweiligen Bundesminister besteht allerdings auch hier die Notwendigkeit, dass der Bundeskanzler dem Bundespräsidenten die Entlassung nur **im Einvernehmen** mit dem zuständigen Bundesminister vorschlagen kann. Im Übrigen endet das Amt eines
Parlamentarischen Staatssekretärs gemäß § 4 Satz 4 ParlStG mit
seinem Ausscheiden aus dem Deutschen Bundestag.

Beispiel: Der Parlamentarische Staatssekretär beim Bundesminister des
Innern hat durch mehrere unbedachte Äußerungen und fehlerhafte Entscheidungen den Unmut des Bundeskanzlers auf sich gezogen. Dieser
schlägt daher dem Bundespräsidenten die Entlassung des Parlamentarischen Staatssekretärs vor. Der Bundespräsident weist jedoch auf das
fehlende Einvernehmen des Innenministers hin. Auf Nachfrage des
Bundeskanzlers äußert der Innenminister jedoch, dass er mit der Entlassung des Parlamentarischen Staatssekretärs nicht einverstanden sei
und sein Einvernehmen daher nicht erteilen werde. Was kann der
Bundeskanzler nun unternehmen, um die Entlassung des Parlamentarischen Staatssekretärs beim Bundesminister des Innern durchzusetzen?

Lösung: Gemäß § 4 Satz 3 ParlStG endet das Amtsverhältnis eines
Parlamentarischen Staatssekretärs mit dem Ende des Amtsverhältnisses
und im Falle des Art. 69 III GG mit dem Ende der Geschäftsführung des
zuständigen Mitgliedes der Bundesregierung. Demnach endet das Amt
des Parlamentarischen Staatssekretärs immer dann, wenn ihr jeweiliger
Bundesminister aus dem Amt scheidet. Der Bundeskanzler kann den
Bundespräsidenten demnach nach Art. 64 I GG um Entlassung des
Innenministers bitten, um damit gleichzeitig die Entlassung des Parlamentarischen Staatssekretärs herbeizuführen.

In sprachlicher Hinsicht werden die beiden Arten der Staatssekretäre ebenfalls unterschieden. Bei einem beamteten Staatssekretär spricht man vom „Staatssekretär **im** Bundesministerium ...". Der Parlamentarische Staatssekretär wird hingegen als „Staatssekretär **beim** Bundesminister ..." bezeichnet.

II. Exkurs: Die Koalitionsvereinbarungen

Gemäß Art. 63 I GG wird der Bundeskanzler auf Vorschlag des Bundespräsidenten vom Bundestage ohne Aussprache gewählt. Da es jedoch selten vorkommt, dass eine Partei allein über die notwendigen Stimmen zur Wahl des Bundeskanzlers verfügt, kommt es im Vorfeld dieser Wahl regelmäßig zu Gesprächen zwischen den verschiedenen Parteien. Neben einer Vereinbarung über die Wahl des Bundeskanzlers geht es dabei hauptsächlich um die Suche nach einem Partner mit vergleichbaren politischen Interessen für die kommende Legislaturperiode.

Die Vereinbarung einer solchen politischen Zusammenarbeit wird als **Koalition** bezeichnet. Die beteiligten Parteien halten ihre gemeinsamen Ziele hinsichtlich der Wahl des Bundeskanzlers, der künftigen Ausrichtung der Politik und der Verteilung der Bundesministerposten in einer **Koalitionsvereinbarung** fest. Sobald es im Laufe der politischen Zusammenarbeit zu Meinungsverschiedenheiten zwischen den beteiligten Parteien kommt, wird von einer Seite regelmäßig auf die Koalitionsvereinbarung verwiesen. Daher stellt sich die Frage nach der Verbindlichkeit und dem Rechtscharakter einer solchen Vereinbarung. Hierzu werden zahlreiche Auffassungen vertreten.

Zum Teil wird eine solche Koalitionsvereinbarung als bürgerlich-, verwaltungs- oder verfassungsrechtlicher Vertrag qualifiziert. Die **herrschende Meinung** geht jedoch davon aus, dass es sich bei einer solchen Koalitionsvereinbarung um eine rechtlich nicht verbindliche politische Absprache zwischen den beteiligten Parteien handelt. Unabhängig von der rechtlichen Qualifizierung besteht zwischen den verschiedenen Auffassungen jedoch insoweit Einigkeit, dass eine solche Koalitionsvereinbarung nicht justiziabel ist. Die Vertreter der herrschenden Auffassung begründen dies konsequent mit der fehlenden rechtlichen Verbindlichkeit einer solchen Absprache. Die Vertreter, die eine solche Koalitionsvereinbarung als verfassungsrechtlichen Vertrag qualifizieren, lehnen eine gerichtliche Zuständigkeit des Bundesverfassungsgerichts mangels Zuweisung im Katalog des Art. 93 I GG ab. Trotz unterschiedlicher Ausgangspunkte bestehen somit im Endergebnis keine großen Unterschiede zwischen den verschiedenen Auffassungen.

§ 13 Das Gesetzgebungsverfahren

Dem Aufbau des Grundgesetzes folgend soll nun die Gesetzgebung des Bundes dargestellt werden. Die Föderalismusreform I hat auf diesem Gebiet zu grundlegenden Änderungen im siebten Abschnitt des Grundgesetzes geführt. Die Überarbeitung dieses Abschnitts wurde allgemein als notwendig angesehen, weil immer mehr Gesetze (ca. 60 Prozent) der Zustimmung des Bundesrates bedurften, obwohl das Grundgesetz dies ursprünglich als Ausnahmefall ansah.[241]

Der siebte Abschnitt lässt sich zunächst grob in die Regelung der **Gesetzgebungskompetenzen** in den Art. 70 bis 75 GG und den Ablauf des **Gesetzgebungsverfahrens** in den Art. 76 bis 79 und 82 GG unterteilen. Im Zusammenhang mit dem Begriff des Gesetzes wird üblicherweise zwischen dem **formellen** und dem **materiellen** Gesetz unterschieden.[242] Formelle Gesetze sind solche, die von den verfassungsrechtlich zuständigen Gesetzgebungsorganen (Bundestag unter Beteiligung des Bundesrates) in dem von der Verfassung hierfür vorgesehenen Verfahren erlassen

---

[241] Siehe dazu bereits oben § 3 I 8.
[242] Diese Unterscheidung wird allerdings vereinzelt als überholt bezeichnet, *Degenhart*, Staatsrecht I, Rdnr. 126.

worden sind. Um ein Gesetz im materiellen Sinne handelt es sich hingegen bei jeder Rechtsnorm, die eine allgemeinverbindliche Außenrechtsregelung darstellt. Dies führt dazu, dass auch Rechtsverordnungen und Satzungen Gesetze im materiellen Sinne sind. Regelmäßig ist jedoch jedes formelle Gesetz auch ein materielles Gesetz.[243]

I. Die Gesetzgebungskompetenzen

Die Föderalismusreform hat auf diesem Gebiet zu größeren Änderungen geführt.[244] Da die Darstellung der vorherigen Rechtslage nur noch rechtshistorisch von Bedeutung ist, beschränkt sich die Erläuterung auf die jetzt geltenden Vorschriften. Im Einzelfall kann jedoch trotzdem ein Rückgriff auf die „alte" Rechtslage erforderlich sein, um die eingetretene Veränderung besser erklären zu können.

Die Gesetzgebungskompetenz steht gemäß Art. 70 GG **grundsätzlich den Ländern** zu, soweit das Grundgesetz nicht dem Bund Gesetzgebungsbefugnisse verleiht. Bei Art. 70 GG handelt es sich demnach um eine Spezialvorschrift zu Art. 30 GG, denn dieser regelt ja bereits, dass die Ausübung der staatlichen Befugnisse und die Erfüllung der staatlichen Aufgaben Sache der Länder ist, soweit das Grundgesetz keine andere Regelung trifft oder zulässt. Die Regelung in Art. 70 GG stellt somit den Einstieg in jede **Prüfung** der Gesetzgebungskompetenzen dar. Schwerpunkt wird dabei stets die Suche nach der einschlägigen Kompetenzzuweisung an den Bund sein.

---

[243] Eine Ausnahme stellt beispielsweise das Haushaltsgesetz dar, das den Haushaltsplan nach Art. 110 II 1 GG feststellt. Hierbei handelt es sich um ein **nur-formelles** Gesetz, weil es sich ausschließlich auf den inneren Bereich des Bundestages bezieht und somit keine Außenrechtsregelung darstellt. Ein weiteres Beispiel sind reine Zustimmungsgesetze zu völkerrechtlichen Verträgen nach Art. 59 II 1 GG.
[244] Ein Überblick zu den Auswirkungen der Föderalismusreform auf die Gesetzgebungskompetenzen findet sich bei *Degenhart*, NVwZ 2006, 1209 ff.

Im Rahmen der Gesetzgebungskompetenzen unterscheidet man zunächst zwischen den **geschriebenen** und den **ungeschriebenen Kompetenzen**. Im Rahmen der geschriebenen Gesetzgebungskompetenzen unterscheidet man weiter zwischen der:

1.) **Ausschließlichen Gesetzgebungskompetenz** nach Art. 71, 73 und 105 I GG
2.) **Konkurrierenden Gesetzgebungskompetenz** nach Art. 72, 74 und 105 II GG
3.) **Grundsatzgesetzgebungskompetenz** nach Art. 109 III und Art. 140 GG in Verbindung mit Art. 138 WRV[245]

Die früher bestehende **Rahmengesetzgebung** gemäß Art. 75 GG a. F. ist durch die Föderalismusreform vollständig abgeschafft worden. Die ehemalige Rahmengesetzgebungskompetenz zeichnete sich dadurch aus, dass der Bund nur allgemein gehaltene Rahmenvorschriften erlassen konnte, die jeweils durch die Länder umgesetzt und konkretisiert werden mussten.[246] Das Bundesverfassungsgericht formulierte diesbezüglich, dass die vom Bund erlassenen Rahmenvorschriften ausfüllungsfähig und ausfüllungsbedürftig sein mussten.[247] Trotz dieser verfassungsrechtlichen Vorgaben bestand bei der Rahmengesetzgebungskompetenz ein beständiger Streit darüber, was noch in den Bereich des Bundes

---

[245] Vor der Föderalismusreform stellte Art. 91a II GG ebenfalls einen Anwendungsfall für die Grundsatzgesetzgebungskompetenz dar. Art. 91a II GG lautete: Durch Bundesgesetz mit Zustimmung des Bundesrates werden die Gemeinschaftsaufgaben näher bestimmt. Das Gesetz soll allgemeine Grundsätze für ihre Erfüllung enthalten. Eine solche Gemeinschaftsaufgabe war nach Art. 91a I Nr. 1 GG a. F. unter anderem der Ausbau und Neubau von Hochschulen einschließlich der Hochschulkliniken.
[246] Als Beispiel kann das Melde- und Ausweiswesen nach Art. 75 I Nr. 5 GG a. F. genannt werden. Neben dem bundesrechtlichen Melderechtsrahmengesetz (MRRG) erließen die Länder jeweils konkretisierende Meldegesetze. Die Zuständigkeit für das Melde- und Ausweiswesen liegt jetzt nach der Föderalismusreform ausschließlich beim Bund, Art. 73 I Nr. 3 GG.
[247] BVerfGE 4, 115, 129; 111, 226, 248.

fallende Rahmenvorschrift war und was als Detailregelung bereits in den Bereich der Länder fiel. Die Vorgehensweise über die Rahmengesetzgebungskompetenz hat sich daher nicht bewährt und wurde deswegen komplett abgeschafft, um das Gesetzgebungsverfahren zu vereinfachen.

Aus den verschiedenen geschriebenen Gesetzgebungskompetenzen resultieren jeweils unterschiedliche Folgerungen. Die **ausschließliche Gesetzgebungskompetenz** ist in Art. 71 GG legaldefiniert. Danach haben die Länder die Befugnis zur Gesetzgebung im Bereich der ausschließlichen Gesetzgebung des Bundes nur, wenn und soweit sie hierzu in einem Bundesgesetz ausdrücklich ermächtigt werden. Die wichtigsten Gegenstände der ausschließlichen Gesetzgebung finden sich sodann in der Aufzählung des Art. 73 I GG. Hierbei handelt es sich in der Regel um Materien von bundesweiter Bedeutung, so dass auch nur eine gesetzliche Regelung durch den Bund sinnvoll erscheint. Diese Aufzählung ist jedoch nicht abschließend, denn ergänzend ist auf den bereits erwähnten Art. 105 I GG hinzuweisen, wonach der Bund die ausschließliche Gesetzgebung über die Zölle und Finanzmonopole hat. Daneben liegt stets ein Fall ausschließlicher Gesetzgebung vor, wenn das Grundgesetz davon spricht, dass bestimmte Gegenstände einer näheren Regelung durch Bundesgesetz bedürfen.[248]

Art. 72 I GG enthält die Kernvorschrift für die **konkurrierende Gesetzgebung** und bestimmt, dass die Länder die Befugnis zur Gesetzgebung haben, **solange** und **soweit**[249] der Bund von seiner Gesetzgebungszuständigkeit nicht durch Gesetz Gebrauch gemacht hat. Konkurrierende Gesetzgebung bedeutet demnach, dass sowohl der Bund als auch die Länder nebeneinander für die Regelung bestimmter Materien zuständig sind. Die Bereiche, in

---

[248] Als Beispiel können hier Art. 4 III 2 und Art. 21 III GG angeführt werden.
[249] Hervorhebungen vom Verfasser.

denen eine konkurrierende Kompetenz besteht, sind in Art. 74 I GG katalogartig aufgeführt. Gerade im Bereich der konkurrierenden Gesetzgebung hat die Föderalismusreform zu bedeutenden Veränderungen geführt. Insofern stellt Art. 72 II und III GG nunmehr neue Anforderungen für ein gesetzgeberisches Tätigwerden auf, die sich deutlich von der vorherigen Regelung unterscheiden.

Nach Art. 72 II GG a. F. hatte der Bund das Gesetzgebungsrecht in diesem Bereich nur dann, wenn und soweit die Herstellung gleichwertiger Lebensverhältnisse im Bundesgebiet oder die Wahrung der Rechts- oder Wirtschaftseinheit im gesamtstaatlichen Interesse eine bundesgesetzliche Regelung erforderlich machte.[250] Hinsichtlich der Auslegung dieser Kriterien führte das Bundesverfassungsgericht in seinem Grundsatzurteil[251] aus dem Jahr 2002 folgendes aus:

1.) Das bundesstaatliche Rechtsgut **gleichwertiger Lebensverhältnisse** ist erst dann bedroht und der Bund erst dann zum Eingreifen ermächtigt, wenn sich die Lebensverhältnisse in den Ländern der Bundesrepublik in erheblicher, das bundesstaatliche Sozialgefüge beeinträchtigender Weise auseinander entwickelt haben oder sich eine derartige Entwicklung konkret abzeichnet.

2.) Unter dem Aspekt der **Wahrung der Rechtseinheit** erfüllt eine Gesetzesvielfalt auf Länderebene die Voraussetzungen des Art. 72 II GG erst dann, wenn sie eine Rechtszersplitterung mit problematischen Folgen darstellt, die im Interesse sowohl des Bundes als auch der Länder nicht hingenommen werden kann. Gerade die Unterschiedlichkeit des Gesetzesrechts oder der Umstand, dass die

---

[250] Nach der bisherigen Rechtsprechung des Bundesverfassungsgerichts war die Regelung des Art. 72 II GG als Ausnahmevorschrift sehr restriktiv auszulegen und vom Bundesverfassungsgericht voll überprüfbar, BVerfGE 106, 62 ff. Die Zuständigkeit des Bundesverfassungsgerichts ergibt sich aus Art. 93 I Nr. 2a GG.
[251] BVerfGE 106, 62, 143ff.

Länder eine regelungsbedürftige Materie nicht regeln, müssen das gesamtstaatliche Rechtsgut der Rechtseinheit, verstanden als Erhaltung einer funktionsfähigen Rechtsgemeinschaft, bedrohen. So würden beispielsweise unterschiedliche Personenstandsregelungen in den Ländern verhindern, dass die Eheschließung oder die Scheidung überall in Deutschland gleichermaßen rechtlich anerkannt und behandelt werden. Gäbe es in den Ländern grundlegend unterschiedliche Regelungen für das Gerichtsverfassungsrecht, könnten der Einzelne oder überregional agierende Unternehmen nicht darauf vertrauen, in allen Ländern in gleicher Weise Rechtsschutz zu erlangen. Ein unterschiedliches Verfahrensrecht erschwerte die Rechtswege zu den Bundesgerichten.

3.) Die **Wahrung der Wirtschaftseinheit** liegt im gesamtstaatlichen Interesse, wenn es um die Erhaltung der Funktionsfähigkeit des Wirtschaftsraums der Bundesrepublik durch bundeseinheitliche Rechtssetzung geht. „Wirtschaftseinheit" setzt also mehr voraus als die Schaffung von „Rechtseinheit". Die beiden Zielvorgaben werden allerdings häufig eine Schnittmenge haben, da viele der in Art. 74 I und Art. 75 I GG[252] aufgeführten Bereiche einen mittelbaren wirtschaftlichen Bezug aufweisen und sich Wirtschaftseinheit typischerweise über die Vereinheitlichung von Rechtslagen herstellen kann. Gleichwohl haben beide Zielvorgaben unterschiedliche Schwerpunkte. Geht es in erster Linie um wirtschaftspolitisch bedrohliche oder unzumutbare Auswirkungen einer Rechtsvielfalt oder mangelnder länderrechtlicher Regelung, greift die dritte Zielvorgabe des Art. 72 II GG ein.

---

[252] Das Urteil erging noch zur alten Rechtslage, denn Art. 75 GG wurde im Rahmen der Föderalismusreform abgeschafft.

154

Bis zur Föderalismusreform musste der Bund demnach über diese **Erforderlichkeitsklausel** stets das Vorliegen dieser Voraussetzungen nachweisen. Nach der Föderalismusreform gilt insoweit eine differenziertere Regelung. Nunmehr beschränkt sich diese Erforderlichkeitsprüfung nach Art. 72 II GG n. F. nur noch auf bestimmte Bereiche der konkurrierenden Gesetzgebung. Art. 72 II GG muss in einer Prüfung daher auch nur angesprochen werden, wenn eine der dort genannten Ziffern des Art. 74 I GG einschlägig ist. Für alle anderen Bereiche, die nicht in Art. 72 II GG genannt sind, besteht ohne weiteres eine Gesetzgebungszuständigkeit des Bundes. Man kann insofern von einer sogenannten **Vorranggesetzgebung** des Bundes sprechen.

Des Weiteren wurde durch die Föderalismusreform in Art. 72 III GG die sogenannte **Abweichungskompetenz** bzw. **Abweichungsgesetzgebung** eingeführt. Wenn der Bund von seiner Gesetzgebungszuständigkeit Gebrauch gemacht hat, können die Länder hiervon auf bestimmten Gebieten durch Gesetz abweichende Regelungen treffen. In diesem Zusammenhang ist auf eine weitere **Besonderheit** hinzuweisen. Nach Art. 31 GG gilt der Grundsatz, dass Bundesrecht Landesrecht bricht.[253] Dieser Grundsatz beansprucht im Anwendungsbereich des Art. 72 III GG jedoch keine Geltung, denn insofern sieht Art. 72 III 3 GG abweichend vor, dass auf den Gebieten des Art. 72 III 1 GG im Verhältnis von Bundes- und Landesrecht das jeweils spätere Gesetz vorgeht. Der Grundsatz des Art. 31 GG wird somit durch die Regel **lex posterior derogat legi priori** (lat. = Das später erlassene Gesetz verdrängt die früheren Gesetze.) verdrängt.

---

[253] Siehe dazu bereits oben den Exkurs zur Normenhierarchie unter § 4 V 3.

Zusammenfassung zur Prüfung der geschriebenen Gesetz-gebungskompetenzen

1.) Ausgangspunkt ist die Grundregel des Art. 70 I GG
2.) Suche nach einem positiven Kompetenztitel für den Bund in den Art. 71 ff. GG, siehe dazu Art. 70 II GG
3.) Subsumtion des fraglichen Gesetzesvorhabens unter die Voraussetzungen des jeweiligen Kompetenztitels
4.) Scheidet eine Bundeszuständigkeit letztendlich aus, so bleibt es bei der Grundregel des Art. 70 I GG und einer Zuständigkeit der Länder!

Neben diesen geschriebenen Gesetzgebungskompetenzen kommen jedoch auch noch **ungeschriebene Bundeskompe-tenzen** in Betracht. In dieser Hinsicht unterscheidet man die:

1.) Bundeskompetenz kraft Sachzusammenhangs
2.) Annexkompetenz
3.) Bundeskompetenz kraft Natur der Sache

Da die geschriebenen Gesetzgebungskompetenzen grundsätzlich abschließend sind, ist bei der Anwendung ungeschriebener Bundeskompetenzen große Zurückhaltung geboten. Trotzdem kann es im Einzelfall dazu kommen, dass eine gesetzliche Regelung trotz mangelnder geschriebener Gesetzgebungs-kompetenz sinnvollerweise nur durch den Bund erfolgen kann. In diesen Fällen ist unter engen Voraussetzungen der Anwen-dungsbereich für ungeschriebene Bundeskompetenzen eröffnet.

Von einer **Bundeskompetenz kraft Sachzusammenhangs** spricht das Bundesverfassungsgericht, wenn eine dem Bund zugewiesene Materie verständigerweise nicht geregelt werden kann, ohne dass zugleich eine nicht ausdrücklich zugewiesene andere Materie mitgeregelt wird, wenn also das Übergreifen in den Kompetenzbereich der Länder für die Regelung der zugewiesenen

156

Materie **unerlässlich** ist.[254] Die Kompetenz kraft Sachzusammenhangs geht somit **in die Breite**.

Beispiel: Eine solche Bundeskompetenz kraft Sachzusammenhangs
wurde zwischen der Regelung der Wahlwerbung politischer Parteien im
Rundfunk und dem Parteiwesen nach Art. 21 III GG bejaht.[255] Daher war
dafür insgesamt der Bund zuständig.

Bei einer **Annexkompetenz** bleibt der Bund zwar grundsätzlich in
seinem Zuständigkeitsbereich, er regelt aber zusätzlich bestimmte
Fragenkomplexe, die generell in den Bereich der Landeskompetenzen fallen. Im Unterschied zur Bundeskompetenz kraft Sachzusammenhangs geht die Annexkompetenz allerdings nicht in die
Breite, sondern **in die Tiefe**. Im Vergleich zur Bundeskompetenz
kraft Sachzusammenhangs besteht hier somit ebenfalls ein enger
sachlicher Zusammenhang zwischen der Regelung der dem Bund
zustehenden Hauptmaterie und der Regelung der Annexmaterie,
so dass die Annexkompetenz vereinzelt auch als Unterfall der
Bundeskompetenz kraft Sachzusammenhangs eingestuft wird.[256]
Diese Feinheiten der dogmatischen Einordnung werden jedoch
regelmäßig nicht Gegenstand einer Prüfung sein, so dass nach
wie vor die klassische Einteilung zugrunde gelegt werden sollte.

Beispiel: Der Bundesgesetzgeber ist im Rahmen des Gewerberechts
(Art. 74 Nr. 11 GG) auch zum Erlass gefahrenabwehrrechtlicher Vorschriften berechtigt, obwohl Gefahrenabwehrrecht (z. B. das Polizei- und
Ordnungsrecht) klassischerweise in die Gesetzgebungskompetenz der
Länder fällt. Eine Aufteilung der Kompetenzen zwischen dem Bund und
den Ländern wäre in einem solchen Fall vollkommen unsinnig. Im Übrigen
beruft sich der Bund meist bei Erlass von Vorschriften, die das Verwaltungsverfahren regeln, auf die Annexkompetenz.

---

[254] BVerfGE 3, 407, 421; 98, 265, 299.
[255] BVerfGE 12, 205, 241.
[256] Siehe dazu *Jarass*, NVwZ 2000, 1089, 1090 mit weiteren Nachweisen.

Die **Bundeskompetenz kraft Natur der Sache** wird dann angenommen, wenn eine Angelegenheit schon aus sachlogischen
Gründen nur durch Bundesgesetz geregelt werden kann. Nach der
Rechtsprechung des Bundesverfassungsgerichts müssen
Schlussfolgerungen aus der Natur der Sache begriffsnotwendig
sein und eine bestimmte Lösung unter Ausschluss anderer Möglichkeiten sachgerechter Lösungen zwingend fordern.[257] Eine
solche Bundeskompetenz kraft Natur der Sache wird beispielsweise angenommen bei der:

1.) Festlegung der Bundeshauptstadt und der Bundessym-
bole (z. B. Bundesflagge, Bundeswappen und National-
hymne)[258]
2.) Bestimmung des Nationalfeiertags[259]

Zum Abschluss der Darstellung der Gesetzgebungskompetenzen
soll der Blick noch auf die Kompetenzverteilung nach der
Föderalismusreform gelenkt werden. Durch die Föderalismusreform fallen nunmehr zahlreiche praxis- und prüfungsrelevante
Bereiche in die Kompetenz der Länder. Zu nennen sind insbesondere:

1.) das Gaststättenrecht
2.) das Versammlungsrecht
3.) das Ladenschlussrecht
4.) das Recht der Spielhallen, der Schaustellung von Personen, der Messen, der Ausstellungen und der Märkte
(als frühere Bestandteile der Gewerbeordnung)
5.) der Strafvollzug
6.) die Beamtenbesoldung

---

[257] BVerfGE 11, 89, 99.
[258] BVerfGE 3, 407, 422.
[259] BayVerfGH NJW 1982, 2656 ff.

Die Überleitung dieser Kompetenzen auf die Länder wirft natürlich die Frage auf, ob das aufgrund der „alten" bundesrechtlichen Kompetenzen erlassene Bundesrecht überhaupt noch anwendbar ist. Das Grundgesetz regelt diese Problematik durch eine **Übergangsregelung** in Art. 125a GG. Da die meisten Länder noch keine Anstrengungen zum Erlass eines eigenen Gaststätten- oder Versammlungsrechts erlassen haben[260], sollte in einer Prüfung vor einer Anwendung des noch vom Bundestag erlassenen Gaststätten- oder Versammlungsgesetzes auf Art. 125a I GG hingewiesen werden. Art. 125a I 1 GG bestimmt insoweit, dass Recht, das als Bundesrecht erlassen worden ist, aber wegen der Änderung des Art. 74 I GG, der Einfügung des Art. 84 I 7 GG, des Art. 85 I 2 GG oder des Artikels 105 IIa 2 GG oder wegen der Aufhebung der Art. 74a, 75 oder 98 III 2 GG nicht mehr als Bundesrecht erlassen werden könnte, als Bundesrecht fortgilt. Nach Art. 125a I 2 GG kann es durch Landesrecht ersetzt werden. Vergleichbare Regelungen finden sich in Art. 125a II und III GG im Zusammenhang mit Art. 72 II und 73 GG.

Neben diesen „neuen" Gesetzgebungskompetenzen sind die Länder nach wie vor für folgende wichtige Gebiete zuständig:

1.) Polizei- und Ordnungsrecht
2.) Bauordnungsrecht
3.) Kommunalrecht
4.) Schulrecht
5.) Rundfunkrecht

---

[260] Im Hinblick auf das Ladenschlussrecht stellt sich die Rechtslage in den Ländern komplett gegenteilig dar, denn mittlerweile hat jedes Bundesland ein eigenes Ladenschlussgesetz erlassen.

II. Das Gesetzgebungsverfahren

Das Gesetzgebungsverfahren läuft nach den förmlichen Vorschriften der Art. 76 bis 79 und 82 GG ab. Ergänzend sind die
jeweiligen Geschäftsordnungen der beteiligten Verfassungsorgane
hinzuzuziehen.

Das Gesetzgebungsverfahren beginnt stets mit der **Gesetzesinitiative** gemäß Art. 76 I GG. Damit ist die Einbringung eines
Gesetzentwurfs in den Bundestag gemeint, der dann anschließend
dort beraten und gegebenenfalls auch verabschiedet wird. Art. 76 I
GG legt fest, wer das Recht zur Gesetzesinitiative hat, denn
danach werden Gesetzesvorlagen beim Bundestag durch die
Bundesregierung, aus der **Mitte des Bundestages** oder durch
den Bundestag eingebracht. In der Praxis werden mehr als drei
Viertel der Gesetzesinitiativen von der Bundesregierung in den
Bundestag eingebracht, denn die Bundesregierung verfügt mit den
Bundesministerien auch über die notwendigen Mittel, um die
immer komplexeren Gesetzentwürfe auszuarbeiten. Außerdem
entspricht die Bestimmung der jeweiligen politischen Richtung
gerade der verfassungsrechtlichen Aufgabe der Bundesregierung.

Der konkrete Ablauf einer Gesetzesinitiative ist in Art. 76 II und III
GG geregelt. Legt man den praktisch häufigsten Fall der Gesetzesinitiative der Bundesregierung zugrunde, so ist Art. 76 II GG
einschlägig. Die Gesetzesinitiative der Bundesregierung erfordert
zunächst einen Beschluss des Kollegialorgans „Bundesregierung".
Danach ist der Gesetzentwurf gemäß Art. 76 II 1 GG zunächst
dem **Bundesrat** zuzuleiten. Dieser ist sodann nach Art. 76 II 2 GG
berechtigt, innerhalb von sechs Wochen zu diesen Vorlagen
Stellung zu nehmen.[261] Der Bundesrat hat innerhalb dieser Frist
die Möglichkeit der Stellungnahme und leitet den Entwurf danach

---

[261] Nach Art. 76 II 3 GG kann der Bundesrat im Einzelfall auch eine Fristverlängerung auf neun Wochen verlangen. Im diesem Zusammenhang ist
auch auf Art. 76 II 4 GG hinzuweisen.

mit den jeweiligen Anmerkungen wieder an die Bundesregierung zurück. Diese kann dann eine Stellungnahme zu den Anmerkungen des Bundesrates abgeben und leitet den Entwurf anschließend an den **Bundestag** weiter.

Eine weitere Möglichkeit ist eine Gesetzesinitiative aus der **Mitte des Bundestages** nach Art. 76 I 2. Alt. GG. Eine Definition dieses Begriffes enthält das Grundgesetz jedoch nicht. Allerdings sieht § 76 I GO BT insoweit vor, dass Vorlagen von Mitgliedern des Bundestages grundsätzlich von einer **Fraktion** oder von **fünf vom Hundert der Mitglieder des Bundestages** unterzeichnet sein müssen. Diese Regelung wird allgemein als zulässige Konkretisierung des Art. 76 I GG angesehen. Eine Zwischenschaltung der Bundesregierung oder des Bundesrates entfällt, so dass das Verfahren im Gegensatz zu einer Gesetzesinitiative der Bundesregierung schneller abläuft.

Beispiel 1: Die Gesetzesvorlage wird von weniger als fünf Prozent der Mitglieder des Bundestages eingebracht. Das Gesetz wird später auch vom Bundestag beschlossen und soll nun vom Bundespräsidenten ausgefertigt und verkündet werden. Der Bundespräsident hat jedoch Bedenken wegen des Verstoßes gegen § 76 I GO BT. Hat dieser Verstoß Auswirkungen auf das Gesetzgebungsverfahren?

Lösung: Dem Bundespräsidenten steht unstreitig ein **formelles Prüfungsrecht** zu.[262] Allerdings ist zu beachten, dass der Bundespräsident gemäß Art. 82 I 1 GG die nach den **Vorschriften dieses Grundgesetzes** zustande gekommenen Gesetze ausfertigt und verkündet. Verstöße gegen die GO BT spielen daher in diesem Zusammenhang nie eine Rolle, weil der Bundespräsident nur die formellen Vorschriften des Grundgesetzes zu beachten hat. Der Verstoß gegen die GO BT hat somit keine Auswirkungen.

---

[262] Siehe dazu bereits oben Fußnote 227.

Beispiel 2: Die Bundesregierung möchte einen Gesetzentwurf auf den Weg bringen. Allerdings würde sie gerne den Weg des Art. 76 II 1 GG vermeiden, weil der Bundesrat in letzter Zeit ständig Kritik an ihren Gesetzentwürfen übt. Die Bundesregierung überlegt daher, ob sie den Gesetzentwurf nicht besser über die Regierungsfraktion in den Bundestag einbringen sollte, um die Beteiligung des Bundesrates in diesem Verfahrensstadium zu umgehen. Wäre diese Vorgehensweise verfassungsmäßig?

Lösung: Diese Frage ist umstritten[263], wobei man die Verfassungsmäßigkeit eines solchen Vorgehens sicher verneinen kann, wenn es der Bundesregierung – wie vorliegend – ausschließlich um die Ausschaltung der Rechte des Bundesrates geht. Hat die Bundesregierung jedoch plausible Gründe für ein solches Vorgehen, wird man davon ausgehen können, dass die Vorgehensweise verfassungsmäßig ist, denn Art. 76 I GG sieht eben in formeller Hinsicht drei Initiativberechtigte vor. Dies beruht letztendlich auf dem Gedanken, dass sich der Bundestag ohnehin jeden Gesetzentwurf zu eigen machen kann und der Bundesrat nach der Verabschiedung im Bundestag ohnehin beteiligt wird, Art. 77 GG.[264]

Zuletzt kann nach Art. 76 I 3. Alt. GG auch eine Gesetzesinitiative des Bundesrates erfolgen. Hierbei ist das Verfahren nach Art. 76 III GG zu beachten, denn der Gesetzentwurf des Bundesrates wird dem Bundestag nach Art. 76 III 1 GG innerhalb von sechs Wochen **durch die Bundesregierung** zugeleitet. Diese soll vor der Weiterleitung an den Bundestag nach Art. 76 III 2 GG ihre Auffassung darlegen.[265]

---

[263] *Degenhart*, Staatsrecht I, Rdnr. 200 mit weiteren Nachweisen.
[264] Diesem Argument kann man jedoch entgegensetzen, dass der Bundesrat durch eine Beteiligung im frühen Verfahrensstadium größere Möglichkeiten hat, einen Gesetzentwurf zu beeinflussen und in eine bestimmte Richtung zu lenken.
[265] Hier bestehen nach Art. 76 III 3 bis 5 GG erneut Möglichkeiten der Fristverlängerung und –verkürzung.

Nach der Einbringung des Gesetzentwurfes in den Bundestag wird dieser dort beraten und gegebenenfalls auch beschlossen. Das Grundgesetz enthält zu diesem Verfahrensablauf im Bundestag nur die Regelung in Art. 77 I 1 GG, wonach die Bundesgesetze vom Bundestag beschlossen werden. Mangels besonderer Bestimmung reicht dafür die **einfache Mehrheit** der abgegebenen Stimmen aus. Die nähere Ausgestaltung des Verfahrens ist den §§ 75ff. GO BT vorbehalten. Danach finden gemäß §§ 79, 81 und 84 GO BT grundsätzlich **drei Lesungen** statt:

1.) In der **ersten Lesung** wird der Entwurf entweder nach einer allgemeinen Aussprache oder sofort an einen Fachausschuß verwiesen, §§ 79, 80 GO BT.

2.) In der **zweiten Lesung** werden die einzelnen Bestimmungen des Entwurfs nacheinander beraten und beschlossen. Zudem können Änderungsanträge[266] gestellt werden, §§ 81, 82 und 83 GO BT.

3.) In der **dritten Lesung** können ebenfalls noch Änderungsanträge gestellt werden.[267] Sie endet mit der eigentlichen Schlussabstimmung, §§ 84, 85 und 86 GO BT.

Beispiel: Der Bundestag beschließt bereits in erster Lesung über einen Gesetzentwurf. Der Bundespräsident ist sich nun nicht sicher, ob er das Gesetz trotzdem ausfertigen und verkünden kann. Wirkt sich der Verstoß auf das Gesetzgebungsverfahren aus?

Lösung: Diesbezüglich wurde bereits erwähnt[268], dass ein Verstoß gegen die GO BT keine Auswirkungen auf das Gesetzgebungsverfahren hat. Im Rahmen des Art. 82 I 1 GG ist einzig das Grundgesetz maßgeblich und dieses sieht in Art. 77 I GG lediglich vor, dass das Gesetz vom Bundestag beschlossen wird.

---

[266] Ein solcher Änderungsantrag kann in zweiter Lesung nach § 82 I 2 GO BT von jedem Mitglied des Bundestages gestellt werden.
[267] Hier ist allerdings im Unterschied zur zweiten Lesung zu beachten, dass Änderungsanträge zu Gesetzentwürfen in dritter Beratung gemäß § 85 I 1 GO BT von einer Fraktion oder von fünf vom Hundert der Mitglieder des Bundestages unterzeichnet sein müssen.
[268] Siehe dazu bereits oben Fußnote 262.

Mit der Annahme des Gesetzes durch den Bundestag ist die Tätigkeit des Bundestages zunächst beendet. Nach der Annahme ist das Gesetz nunmehr gemäß Art. 77 I 2 GG durch den Präsidenten des Bundestages unverzüglich dem Bundesrat zuzuleiten. Für die anschließende Beteiligung des **Bundesrates** ist nunmehr entscheidend, um welche Art von Gesetz es sich handelt, weil sich daraus jeweils unterschiedliche Mitwirkungsbefugnisse des Bundesrates ergeben.[269]

Das Grundgesetz unterscheidet zwischen **Einspruchs- und Zustimmungsgesetzen**. Das Einspruchsgesetz ist der Regelfall. Ein Zustimmungsgesetz liegt nur dann vor, wenn das Grundgesetz dies ausdrücklich fordert.[270]

Will der Bundesrat bei einem **Einspruchsgesetz** Einspruch einlegen, so muss er zunächst nach Art. 77 II 1 GG den sogenannten **Vermittlungsausschuss** anrufen.[271] Dies muss nach Art. 77 II 1 GG innerhalb einer Frist von drei Wochen erfolgen, denn anderenfalls ist das Gesetz gemäß Art. 78 2. Alt. GG zustande gekommen. Der Vermittlungsausschuss soll sicherstellen, dass eventuelle Einwände des Bundesrates im Wege eines Kompromisses eventuell doch noch ganz oder teilweise berücksichtigt werden können. Schlägt der Vermittlungsausschuss eine (unverbindliche!) Änderung des Gesetzesbeschlusses vor[272], so hat der Bundestag erneut

---

[269] Zur Problematik der Einheitlichkeit der Stimmabgabe im Bundesrat wird auf die Darstellung bei Fußnote 216 verwiesen.

[270] In der Regel sind in einem solchen Fall die Interessen der Länder besonders betroffen, so dass das Grundgesetz eine stärkere Stellung des Bundesrates im Gesetzgebungsverfahren verlangt. Ein Beispiel für ein Zustimmungsgesetz findet sich in Art. 84 I 6 und in Art. 85 I 1 GG.

[271] Der Vermittlungsausschuss besteht nach Art. 77 II 2 GG in Verbindung mit § 1 GO-VermA aus je 16 Mitgliedern des Bundestages und des Bundesrates.

[272] Der Kompromissvorschlag des Vermittlungsausschusses muss sich stets am ursprünglichen Gesetzentwurf orientieren. Falls der Vermittlungsausschuss weitere Regelungen in den Gesetzentwurf einbeziehen möchte, müssen diese zumindest in einem sachlichen Zusammenhang mit der Ausgangsregelung stehen, BVerfGE 72, 175, 187

Beschluss zu fassen, Art. 77 II 5 GG. Nach dieser erneuten Behandlung im Bundestag, bzw., wenn der Vermittlungsausschuss keine Änderungsvorschläge gemacht hat, unmittelbar nach dessen Beratung, wenn also das Verfahren nach Art. 77 II GG abgeschlossen ist, kann der Bundesrat über einen Einspruch beraten und beschließen, Art. 77 III GG. Die Einspruchsfrist beträgt nach Art. 77 III 1 GG zwei Wochen. Wird innerhalb der Frist kein Einspruch eingelegt, dann ist das Gesetz nach Art. 78 3. Alt. GG zustande gekommen.

Hat der Bundesrat jedoch Einspruch eingelegt, so geht der Gesetzesbeschluss erneut an den Bundestag zurück. Der Bundestag kann den Einspruch des Bundesrates nunmehr zurückweisen. Die für eine Zurückweisung notwendigen Mehrheiten finden sich in Art. 77 IV GG. Wird der Einspruch demnach mit der Mehrheit der Stimmen des Bundesrates beschlossen, so kann er durch Beschluss der Mehrheit der Mitglieder des Bundestages zurückgewiesen werden, Art. 77 IV 1 GG. Hat der Bundesrat den Einspruch mit einer Mehrheit von mindestens zwei Dritteln seiner Stimmen beschlossen, so bedarf die Zurückweisung durch den Bundestag einer Mehrheit von zwei Dritteln, mindestens der Mehrheit der Mitglieder des Bundestages, Art. 77 IV 2 GG. Wird der Einspruch des Bundesrates mit den jeweils erforderlichen Mehrheiten durch den Bundestag zurückgewiesen, dann ist das Gesetz zustande gekommen.

Zusammenfassung der Rechte des Bundesrates bei Einspruchsgesetzen

Im Falle eines Einspruchsgesetzes kann der Bundesrat das Zustandekommen des Gesetzes nur aufschieben, jedoch nicht komplett verhindern!

---

ff.; 78, 249, 271; 101, 297, 305ff. Anderenfalls würde die Tätigkeit des Vermittlungsausschusses einer Gesetzesinitiative gleichkommen, obwohl ihm dieses Recht nach Art. 76 I GG nicht zusteht.

Im Falle eines **Zustimmungsgesetzes** stehen dem Bundesrat weitergehende Befugnisse zu, denn das Gesetz kann ohne die Zustimmung des Bundesrates nicht zustande kommen. Eine Anrufung des Vermittlungsausschusses ist allerdings nicht zwingend vorgeschrieben. Dies ergibt sich aus einem Umkehrschluss zu Art. 77 III GG, denn bei Einspruchsgesetzen **muss** zunächst das Verfahren des Art. 77 II GG durchgeführt werden. Der Bundesrat **kann** jedoch den Vermittlungsausschuss anrufen.[273]

Da das Gesetz ohne die Zustimmung des Bundesrates nicht zustande kommt, sieht das Grundgesetz nunmehr vor, dass nicht nur der Bundesrat, sondern auch der Bundestag und die Bundesregierung die Einberufung des Vermittlungsausschusses verlangen können, Art. 77 II 4 GG. Der Vermittlungsausschuss kann nun ebenso wie bei einem Einspruchsgesetz unverbindliche Änderungsvorschläge unterbreiten, um einen Ausgleich der verschiedenen Interessen zu erreichen. Falls der Bundesrat jedoch weiterhin nicht mit dem Gesetzentwurf einverstanden sein sollte und seine Zustimmung verweigert, ist das Gesetzesvorhaben gescheitert.

Zusammenfassung der Rechte des Bundesrates bei Zustimmungsgesetzen

1.) Ohne die Zustimmung des Bundesrates kommt das Gesetz nicht zustande.
2.) Im Unterschied zu einem Einspruchsgesetz kann der Vermittlungsausschuss daher hier vom Bundesrat, dem Bundestag und der Bundesregierung angerufen werden.

Gerade dieses Zusammenspiel zwischen Bundestag und Bundesrat führt in der Praxis jedoch immer wieder zu rechtlich schwierigen Konstellationen, die stets Anlass für eine dementsprechende

---

[273] Dies ergibt sich aus der Formulierung „auch" in Art. 77 II 4 GG.

Prüfungsaufgabe bieten. Daher sollen die folgenden Beispiele einige **Prüfungsklassiker** im Zusammenhang mit Einspruchs- und Zustimmungsgesetzen erläutern:

Beispiel 1: Der Bundestag hat ein Gesetz beschlossen und es durch den Präsidenten des Bundestages unverzüglich dem Bundesrat zugeleitet. Bei dem vorliegenden Gesetz handelt es sich mangels ausdrücklicher Anordnung im Grundgesetz um den Regelfall eines „bloßen" Einspruchsgesetzes. Das Gesetz stößt im Bundesrat auf heftigen Widerstand. Der Bundesrat verweigert dem Gesetz daher die **Zustimmung**. Ein Einspruch wird vom Bundesrat nicht eingelegt. Der Bundestag ist der Auffassung, dass das Gesetz mangels fristgerechter Einlegung eines Einspruchs ordnungsgemäß zustande gekommen ist und vom Bundespräsidenten ausgefertigt und verkündet werden muss. Demgegenüber vertritt der Bundesrat die Auffassung, dass die Verweigerung der Zustimmung im Verhältnis zum Einspruch ein Mehr darstellt und daher in jeder Zustimmungsverweigerung als Minus auch eine Einspruchseinlegung zu sehen sei. Es mache daher nichts, dass der Bundesrat fälschlicherweise seine Zustimmung verweigert habe, statt Einspruch einzulegen. Muss der Bundespräsident das Gesetz ausfertigen und verkünden?

Lösung: Voraussetzung für die Ausfertigung und Verkündung des Gesetzes durch den Bundespräsidenten ist, dass es formell ordnungsgemäß zustande gekommen ist, Art. 82 I 1 GG. Hier könnte man daran denken, dass eine versagte Zustimmung auch in einen Einspruch umgedeutet werden kann. Allerdings ist zu bedenken, dass das Gesetzgebungsverfahren sehr formalisiert abläuft und dies gegen eine solche Umdeutung sprechen würde. Außerdem handelt es sowohl beim Bundestag als auch beim Bundesrat um Verfassungsorgane, deren zentrale Aufgabe das Gesetzgebungsverfahren darstellt. Damit wird man erwarten müssen, dass gerade dem Bundesrat der Unterschied zwischen einer versagten Zustimmung und einem Einspruch geläufig sein muss. Zentrales Argument ist jedoch die Beachtung des Art. 77 III 1 GG, wonach der Bundesrat, **wenn das Verfahren nach Absatz 2 beendet ist**, binnen zwei Wochen Einspruch einlegen kann. Der Einspruch ist – wie gezeigt – demnach erst zulässig, wenn zuvor der Vermittlungsausschuss eingeschaltet wurde. Hieran fehlt es vorliegend und in der Regel wird auch die Frist für die Einberufung eines solchen Vermittlungsausschusses schon abgelaufen sein. **Eine Umdeutung einer versagten Zustimmung in einen Einspruch darf somit nicht dazu führen, dass die Voraussetzungen des Art. 77 III 1 GG unterlaufen werden!** Damit ist das Einspruchsgesetz mangels Einspruchs formell ordnungsgemäß zustande gekommen. Einer Ausfertigung und Verkündung des Gesetzes durch den Bundespräsidenten steht somit nichts entgegen.

Im Zweifelsfall wird der Bundesrat in der Praxis daher sowohl die Zustimmung verweigern als auch den Vermittlungsausschuss anrufen, um sich die Möglichkeit des Einspruchs zu erhalten.[274]

Beispiel 2: Vor der Föderalismusreform enthielt Art. 84 I GG a. F. folgenden Wortlaut: „Führen die Länder die Bundesgesetze als eigene Angelegenheiten aus, so regeln sie die Einrichtung der Behörden und das Verwaltungsverfahren, soweit nicht Bundesgesetze mit **Zustimmung des Bundesrates** etwas anderes bestimmen." Diese ehemalige Regelung löste in der Praxis in ca. zwei Drittel aller Fälle die Zustimmungsbedürftigkeit aus, weil der Bund von dieser Möglichkeit sehr häufig Gebrauch machte. Hinzu kommt, dass nach bisher **herrschender Meinung** ein komplettes Gesetz zustimmungsbedürftig ist, wenn es nur eine einzige zustimmungsbedürftige Vorschrift enthält.[275]

Im Bundestag wird derzeit ein zustimmungspflichtiges Gesetz beraten. Es ist jedoch bereits absehbar, dass der Bundesrat die Zustimmung zu diesem Gesetz auf keinen Fall erteilen wird. Der Bundestag denkt daher darüber nach, die zustimmungsbedürftigen Vorschriften aus dem Gesetzesvorschlag herauszunehmen und den Gesetzentwurf in einen zustimmungspflichtigen Teil und einen nicht zustimmungspflichtigen Teil aufzuspalten.[276] Dadurch könnte der Bundestag aufgrund der momentan günstigen Abstimmungslage zumindest die materiellen Vorschriften erlassen und hinsichtlich der verfahrensrechtlichen Regelungen später

---

[274] Vgl. dazu BVerfGE 37, 363, 396.

[275] BVerfGE 8, 274, 294; 55, 274, 319. Die Rechtsprechung des BVerfG ist in dieser Hinsicht jedoch nicht immer eindeutig, denn die Frage wird von BVerfGE 105, 313, 340 offen gelassen. Die Entscheidung BVerfGE 112, 226, 253 f. umgeht die Frage. Insofern wird die weitere Entwicklung der verfassungsgerichtlichen Rechtsprechung abzuwarten sein. Nach anderer Ansicht bezieht sich die Zustimmungspflicht allein auf die zustimmungsbedürftige Norm.

[276] Der zustimmungspflichtige Teil lag nach Art. 84 I GG a. F. regelmäßig in den Verfahrensvorschriften, wohingegen die materiellen Regelungen den eigentlich nicht zustimmungspflichtigen Teil darstellten.

einen neuen Anlauf im Bundesrat unternehmen. Wäre eine solche Vorgehensweise zulässig?

Lösung: Es ist grundsätzlich zulässig, Vorschriften, die zustimmungs-bedürftig sind, aus Gesetzesvorschlägen herauszunehmen, insbesondere einen Gesetzentwurf in materielle und Verfahrensvorschriften aufzu-teilen.[277] In der Praxis läuft dies oft darauf hinaus, dass der Bundestag materielle Vorschriften erlässt und dann darauf verweist, dass der Bundesrat seine Zustimmung zu dem verfahrensrechtlichen Gesetz nicht erteilt. Der Bürger kommt somit nicht in den Genuss der Neuregelung, weil es an den verfahrensrechtlichen Vorschriften fehlt. Der Bundesrat muss sich daher oft den – eigentlich unberechtigten – Vorwurf gefallen lassen, dass die maßgeblichen materiellen Vorschriften längst vom Bundestag erlassen worden sind und es lediglich an der Verweigerung der Zustimmung des Bundesrates zu den „unbedeutenden" Verfahrens-vorschriften scheitert.

Grenzen bestehen nach überwiegender Ansicht jedoch, wenn dieses Vorgehen missbräuchlich oder willkürlich ist. Hier liegt in einer Prüfung regelmäßig ein Argumentationsschwerpunkt. Vorliegend sprechen die besseren Argumente für die Zulässigkeit eines solchen Vorgehens. Einer-seits möchte der Bundestag die derzeit günstigen Mehrheitsverhältnisse im Plenum ausnutzen, um zumindest die materiellen Regelungen zu erlassen. Andererseits ist der Bundestag bemüht, einen neuen Anlauf im Bundesrat hinsichtlich der verfahrensrechtlichen Vorschriften zu unter-nehmen.[278]

Aufgrund der Änderung des Art. 84 I GG durch die Föderalismusreform hat die Bedeutung dieser Problematik ein wenig abgenommen. Sie kann jedoch nach wie vor auftreten, da das Grundgesetz die Zustimmung des Bundesrates noch an mehreren Stellen fordert.

---

[277] BVerfGE 37, 363, 382; 105, 313, 338ff.; 114, 196, 230. Dieses Argument wird von der in Fußnote 275 erwähnten Mindermeinung benutzt, um zu begründen, dass sich die Zustimmungsbedürftigkeit von vornherein nur auf die zustimmungsbedürftige Norm bezieht.
[278] Eine andere Ansicht wäre bei entsprechender Argumentation selbstverständlich vertretbar.

Beispiel 3: Der Bundestag hat ein Zustimmungsgesetz beschlossen. Der Bundesrat hat diesem Gesetz ausdrücklich zugestimmt, so dass es anschließend durch den Bundespräsidenten ausgefertigt und verkündet wurde. Nunmehr steht eine Gesetzesreform bevor, um das Gesetz an neue Umstände anzupassen. Im Bundestag fragt man sich daher, ob auch das Änderungsgesetz erneut zustimmungsbedürftig ist. Macht jede Änderung eines Zustimmungsgesetzes eine erneute Zustimmung des Bundesrates notwendig?

Lösung: Nach der Rechtsprechung des Bundesverfassungsgerichts ist nicht jedes Gesetz, das ein Zustimmungsgesetz ändert, allein aus diesem Grund zustimmungsbedürftig. Die Zustimmungsbedürftigkeit wird vom Bundesverfassungsgericht nur in den folgenden drei Fällen bejaht:[279]

1.) Das neue Gesetz enthält selbst zustimmungsbedürftige Vorschriften.

2.) Das neue Gesetz ändert Vorschriften, die die Zustimmungsbedürftigkeit des „alten" Gesetzes ausgelöst haben.

3.) Das neue Gesetz ist auch zustimmungsbedürftig, wenn es dazu führt, dass ehemals zustimmungsbedürftige Vorschriften eine wesentlich andere Bedeutung und Tragweite erhalten. In diesem Fall wäre die neue Regelung nicht mehr durch die damalige Zustimmung gedeckt, so dass eine erneute Zustimmung erforderlich erscheint.

Nachdem das Verfahren der Art. 76 bis 78 GG abgeschlossen ist, werden die Gesetze gemäß Art. 82 I GG vom Bundespräsidenten ausgefertigt. Darunter versteht man die Bescheinigung des ordnungsgemäßen Abschlusses des Gesetzgebungsverfahrens und die Übereinstimmung des Gesetzestextes mit dem im Verfahren festgestellten Gesetzesinhalt. Die Herstellung der Urschrift des Gesetzes erfolgt durch die Unterschrift des Bundespräsidenten als verfahrensabschließenden Akt. Vor der Ausfertigung durch den Bundespräsidenten muss jedoch in zeitlicher Hinsicht zunächst die

---

[279] BVerfGE 37, 363, 382f.; 48, 127, 180.

170

Gegenzeichnung erfolgen.[280] Die Gegenzeichnung ist in Art. 58 GG geregelt und nach dessen Satz 1 erfolgt sie durch den Bundeskanzler oder durch den zuständigen Bundesminister. § 29 I der Geschäftsordnung der Bundesregierung (GO BReg) konkretisiert diese grundgesetzliche Regelung dahingehend, dass Gesetze dem Bundespräsidenten erst nach der Gegenzeichnung durch den Bundeskanzler **und** den oder die zuständigen Bundesminister zur Vollziehung vorzulegen sind.

Die an dieser Stelle des Gesetzgebungsverfahrens ansetzende **Prüfungskompetenz** des Bundespräsidenten wurde bereits im Abschnitt über den Bundespräsidenten abgehandelt, so dass hier darauf zurückverwiesen kann.[281] Gleichzeitig mit der Ausfertigung ordnet der Bundespräsident die Verkündung des Gesetzes im Bundesgesetzblatt an, Art. 82 I 1 GG. Mit der Verkündung des Gesetzes im Bundesgesetzblatt[282] ist das Gesetzgebungsverfahren abgeschlossen.

Das **Inkrafttreten** des Gesetzes bestimmt sich nach Art. 82 II GG. Nach Art. 82 II 1 GG soll grundsätzlich jedes Gesetz den Tag des Inkrafttretens bestimmen, so dass diese Frage der Regelung durch den Gesetzgeber obliegt. Falls eine solche Bestimmung fehlt, treten Gesetze gemäß Art. 82 II 2 GG mit dem vierzehnten Tage nach Ablauf des Tages in Kraft, an dem das Bundesgesetzblatt ausgegeben worden ist. Die Frage des Inkrafttretens ist insbesondere im Zusammenhang mit der Frage der **Rückwirkung** interessant. Die Rückwirkungsproblematik wurde bereits im Zusammenhang mit dem Rechtsstaatsprinzip erläutert, so dass darauf verwiesen werden kann.[283]

---

[280] Der Begriff Gegenzeichnung ist insoweit leicht missverständlich, denn Art. 82 I GG verlangt unstreitig, dass die Ausfertigung erst nach der Gegenzeichnung erfolgen darf.
[281] Siehe dazu bereits oben § 11.
[282] Art. 82 I 1 GG setzt eine Publikation in einem Druckwerk voraus. Eine Publikation im Internet wäre insofern nicht ausreichend, *Kissel*, NJW 2006, 801, 804.
[283] Siehe dazu bereits oben § 4 V 6.

III. Die Verfassungsänderung

Die Verfassungsänderung ist aufgrund ihrer großen Bedeutung in der gesonderten Vorschrift des Art. 79 GG geregelt. In **formeller Hinsicht** ist dabei zu beachten, dass ein verfassungsänderndes Gesetz gemäß Art. 79 II GG der Zustimmung von zwei Dritteln der Mitglieder des Bundestages und zwei Drittel der Stimmen des Bundesrates bedarf. Da sich die jeweiligen Mehrheiten in Bundestag und Bundesrat in der Regel unterscheiden, stellt dies eine nicht leicht zu überwindende Hürde dar.

Letztendlich dient die Regelung dem Schutz des Grundgesetzes und ist Ausdruck einer gewollten Kontinuität. Zudem muss eine Verfassungsänderung aus Gründen des Rechtsklarheit und Rechtssicherheit stets mit einer **ausdrücklichen Änderung des Wortlautes** einhergehen, Art. 79 I 1 GG. In **materieller Hinsicht** ist insbesondere zu beachten, dass eine Grundgesetzänderung gemäß der in Art. 79 III GG verankerten **Ewigkeitsklausel** unzulässig ist, wenn die Gliederung des Bundes in Länder, die grundsätzliche Mitwirkung der Länder bei der Gesetzgebung[284] oder die in den Artikeln 1 und 20 niedergelegten Grundsätze berührt werden.[285]

IV. Besondere Gesetzgebungssituationen

Das Grundgesetz sieht neben dem regulären Gesetzgebungsverfahren noch zwei weitere Gesetzgebungsverfahren vor, die in der Praxis jedoch bisher keine Anwendung gefunden haben und daher auch aus **prüfungsrechtlicher Hinsicht** eine untergeordnete Rolle spielen. Dabei handelt es sich einerseits um den

---

[284] In den beiden ersten Alternativen spiegelt sich die Angst der Alliierten vor einem neuen Zentralstaat wider. Die Aufteilung der Staatsgewalt auf mehrere Ebenen wurde daher ausdrücklich in die Ewigkeitsklausel aufgenommen.
[285] Siehe dazu bereits oben § 4 am Anfang.

Gesetzgebungsnotstand nach Art. 81 GG und andererseits um die **Gesetzgebung im Verteidigungsfall** nach Art. 115a ff. GG.

Die Regelung nach Art. 81 GG ermöglicht es der Bundesregierung, im Fall des Art. 68 GG unter bestimmten Voraussetzungen im Zusammenwirken mit dem Bundesrat Gesetze auch ohne Beschluss des Bundestags in Kraft zu setzen. Art. 81 GG beruht auf der Überlegung, dass es – falls der Bundeskanzler im Fall des Art. 68 GG als Minderheitenkanzler weiterregiert – auch in einer solchen Situation ein dringliches Bedürfnis für die Verabschiedung eines Gesetzes geben kann. Die Verabschiedung des Gesetzes wäre ohne die Vorschrift des Art. 81 GG in einer solchen Situation allerdings nahezu aussichtslos, weil der Bundeskanzler von der Mehrheit des Bundestages abgelehnt wird. Um den Weg des Art. 81 GG zu eröffnen, muss der Bundespräsident auf Antrag der Bundesregierung mit Zustimmung des Bundesrates für eine Gesetzesvorlage den Gesetzgebungsnotstand erklären, Art. 81 I 1 GG.

Die Vorgehensweise nach Art. 115a ff. GG setzt das Vorliegen des **Verteidigungsfalls** voraus. Die Feststellung, dass das Bundesgebiet mit Waffengewalt angegriffen wird oder ein solcher Angriff unmittelbar droht (Verteidigungsfall), trifft gemäß Art. 115a I 1 GG der Bundestag mit Zustimmung des Bundesrates. Die Feststellung erfolgt nach Art. 115a I 2 GG auf Antrag der Bundesregierung und bedarf einer Mehrheit von zwei Dritteln der abgegebenen Stimmen, mindestens der Mehrheit der Mitglieder des Bundestages. Liegt dieser Verteidigungsfall vor, so hat der Bund zur effektiven Gefahrenabwehr und Bewältigung der Notsituation nach Art. 115c GG erweiterte Gesetzgebungskompetenzen. Außerdem wird das Verfahren gemäß Art. 115d GG abgekürzt. Sollte der Bundestag nicht mehr handlungsfähig sein, dann hat der **Gemeinsame Ausschuß** nach Art. 53a GG die Stellung und Rechte des Bundestages **und** des Bundesrates, Art. 115e I GG.

Selbst in einer solchen Situation sieht das Grundgesetz zu seinem eigenen Schutz jedoch vor, dass das Grundgesetz durch ein Gesetz des Gemeinsamen Ausschusses weder geändert noch ganz oder teilweise außer Kraft oder außer Anwendung gesetzt werden darf, Art. 115e II 1 GG.

V. Die Rechtsverordnung

Neben dem Erlass eines Gesetzes sieht das Grundgesetz noch eine weitere Möglichkeit der Rechtsetzung vor. Dabei handelt es sich um den Erlass von Rechtsverordnungen durch die **Exekutive** gemäß Art. 80 GG.[286] Art. 80 GG ist somit Ausdruck der Tatsache, dass das Parlament faktisch unmöglich in der Lage ist, alle normierungsbedürftigen Bereiche des Staates zu regeln. Die Exekutive kann zudem durch ihre tägliche Gesetzesanwendung auf aktuelle Veränderungen und Gegebenheiten in der Regel schneller reagieren als der Bundestag. Abstrakt kann man sagen, dass der Bundestag die grundsätzlichen Fragen regelt und die Details der Exekutive überlässt. Die möglichen Adressaten einer bundesgesetzlichen Verordnung sind in Art. 80 I 1 GG abschließend genannt.

Bei einer Rechtsverordnung handelt es sich um Rechtsvorschriften im Rang unterhalb des Gesetzes, die von der Exekutive erlassen werden. Um das Rechtsetzungsmonopol des durch Wahlen legitimierten Bundestages zu wahren, sieht Art. 80 I 1 GG jedoch vor, dass eine solche Rechtsverordnung der Exekutive auf einer ausdrücklichen gesetzlichen Grundlage beruhen muss. Nach Art. 80 I 2 GG **muss diese gesetzliche Ermächtigungsgrundlage** nach Inhalt, Zweck und Ausmaß bestimmt sein. Dies soll sicherstellen, dass die Verantwortung für die Rechtsverordnung letztendlich beim Bundestag liegt.

---

[286] Die bekannteste Verordnung ist sicher die auf § 6 I StVG beruhende Straßenverkehrsordnung.

Außerdem soll sich der Bundestag seiner Aufgabe als gesetz-
gebender Körperschaft nicht durch die Erteilung von Generaler-
mächtigungen an die Exekutive entziehen können.[287] An der notwendigen Bestimmtheit im Sinne des Art. 80 I 2 GG fehlt es, wenn
die Ermächtigung so unbestimmt ist, dass nicht mehr voraus-
gesehen werden kann, in welchen Fällen und mit welcher Tendenz
von ihr Gebrauch gemacht wird und welchen Inhalt die auf Grund
der Ermächtigung erlassenen Verordnungen haben können.[288] Die
differenzierte Rechtsprechung des Bundesverfassungsgerichts
wird durch die Literatur regelmäßig durch die folgenden drei
Formeln erfasst:[289]

1.) Nach der **Selbstentscheidungsformel** muss der Gesetzgeber selbst die Entscheidung treffen, welche Fragen
durch die Rechtsverordnung geregelt werden sollen
(Inhalt), er muss die Grenzen einer solchen Regelung
festsetzen (Ausmaß) und angeben, welchem Ziel die
Regelung dienen soll (Zweck).[290]

2.) Nach der **Programmformel** muss sich aus dem Gesetz
ermitteln lassen, welches vom Gesetzgeber gesetzte
Programm durch die Rechtsverordnung erreicht werden
soll.[291]

3.) Nach der **Vorhersehbarkeitsformel** muss der Bürger
aus dem Gesetz ersehen können, in welchen Fällen und
mit welcher Tendenz von der Ermächtigung Gebrauch
gemacht werden wird und welchen Inhalt die auf Grund
der Ermächtigung erlassenen Rechtsverordnungen haben
können[292] bzw. mit welchen Regelungen der Bürger zu
rechnen hat.[293]

---

[287] BVerfGE 58, 257, 277.
[288] BVerfGE 1, 14, 60; 41, 251, 266; 56, 1, 12.
[289] *Pieroth*, in: *Jarass/Pieroth*, GG, 9. Aufl., Art. 80 Rdnr. 11 mit weiteren
Nachweisen.
[290] BVerfGE 2, 307, 334; 23, 62, 72.
[291] BVerfGE 5, 71, 77; 8, 274, 307ff.; 58, 257, 277.
[292] BVerfGE 1, 14, 60; 41, 251, 266; 56, 1, 12.
[293] BVerwG 111, 143, 150.

Neben der hinreichenden Bestimmtheit der Verordnungsermächtigung ist in formeller Hinsicht noch darauf zu achten, dass die maßgebliche Rechtsgrundlage in der Verordnung anzugeben ist, Art. 80 I 3 GG. Dieses **Zitiergebot** dient neben der leichteren Auffindbarkeit der gesetzlichen Ermächtigungsgrundlage auch der Selbstkontrolle des Verordnungsgebers, ob er sich innerhalb der gesetzlichen Ermächtigung bewegt. Im Unterschied zu Gesetzen werden Rechtsverordnungen nicht durch den Bundespräsidenten ausgefertigt und verkündet, denn Art. 80 I 2 GG bestimmt, dass Rechtsverordnungen von der Stelle, die sie erlässt, ausgefertigt und vorbehaltlich anderweitiger gesetzlicher Regelung im Bundesgesetzblatt verkündet werden.

Die Ausfertigung erfolgt bei Rechtsverordnungen der Bundesregierung durch den Bundeskanzler und/oder den zuständigen Bundesminister und bei Rechtsverordnungen eines Bundesministers durch diesen oder seinen Vertreter. Im Hinblick auf die Verkündung sieht § 1 I des Gesetzes über die Verkündung von Rechtsverordnungen (VVerkG) vor, dass diese im Bundesgesetzblatt oder im Bundesanzeiger verkündet werden. Falls eine Rechtsverordnung die erwähnten Rechtmäßigkeitsvoraussetzungen nicht erfüllt, ist sie **nichtig**.

Zusammenfassung der Prüfung einer Rechtsverordnung

Hinsichtlich der Ermächtigungsgrundlage ist folgendes zu prüfen:
1.) Liegt eine ordnungsgemäß zustande gekommene Ermächtigungsgrundlage (z. B. Kompetenz und Verfahren) vor?
2.) Ist die Ermächtigungsgrundlage im Hinblick auf Art. 80 I 2 GG hinreichend bestimmt?
3.) Richtet sich die Verordnungsermächtigung an einen der in Art. 80 I 1 GG genannten Adressaten?

Hinsichtlich der Rechtsverordnung ist folgendes zu prüfen:
1.) Ist der Verordnungsgeber nach der Ermächtigung zuständig?
2.) Liegt eine ordnungsgem. Ausfertigung und Verkündung vor?

3.) Beachtet die Rechtsverordnung das Zitiergebot gemäß Art. 80 I 3 GG?

4.) Ist die Rechtsverordnung materiell mit der Ermächtigungs grundlage vereinbar?

5.) Liegt eventuell ein Verstoß gegen höherrangiges Recht (z. B. Grundrechte) vor?

§ 14 Die Ausführung der Bundesgesetze

Die Ausführung der Gesetze obliegt der Exekutive. Der Begriff der Exekutive kann wiederum in zwei weitere Teilbereiche unterteilt werden, nämlich erstens die Regierung und zweitens die Verwaltung. Die Bundesregierung ist wie bereits gezeigt[294] ein Organ der **politischen Staatsführung**. Einzelne Tätigkeitsbereiche sind z. B. die:

1.) Richtlinienkompetenz gemäß Art. 65 GG

2.) Außenpolitik gemäß Art. 59 II GG

3.) Führung der Bundeswehr gemäß Art. 65a GG

4.) Gesetzesinitiative gemäß Art. 76 I GG

5.) Ausübung des Bundeszwangs gemäß Art. 37 GG

Die Verwaltung als zweiter Teil des Oberbegriffs Exekutive soll vor allem die vom Bundestag erlassenen **Gesetze vollziehen**. Die Verteilung der Verwaltungskompetenzen ist ähnlich geregelt wie die der Gesetzgebungskompetenzen. Die Grundnorm findet sich in Art. 30 GG, wonach die Ausübung der staatlichen Befugnisse und die Erfüllung der staatlichen Aufgaben Sache der Länder ist, soweit dieses Grundgesetz keine andere Regelung trifft oder zulässt. Diese Grundnorm wird durch die Regelungen der Art. 83 ff. GG konkretisiert. Insofern stellt Art. 83 GG fest, dass die Länder die Bundesgesetze als eigene Angelegenheiten ausführen, soweit dieses Grundgesetz nichts anderes bestimmt oder zulässt.

---

[294] Siehe dazu bereits oben § 12.

Während Art. 30 GG allgemein von der Ausübung staatlicher Befugnisse spricht, bezieht sich Art. 83 GG ausdrücklich auf die Ausführung der Bundesgesetze. Im Vergleich zwischen der Regelung der Gesetzgebungskompetenzen und der Verwaltungskompetenzen zeigt sich jedoch bereits ein großer Unterschied, denn die Verwaltungskompetenzen des Bundes entsprechen vom Umfang her nicht seinen Gesetzgebungskompetenzen. Hieraus hat das Bundesverfassungsgericht abgeleitet, dass die Gesetzgebungskompetenzen des Bundes die äußerste Grenze seiner Verwaltungszuständigkeit darstellen.[295]

Die Art. 83 ff. GG unterscheiden für den Vollzug der Bundesgesetze zwischen drei verschiedenen Modellen:

1.) Ausführung der Gesetze durch die Länder als eigene Angelegenheiten gemäß Art. 83, 84 GG (**Regelfall**)
2.) Bundesauftragsverwaltung gemäß Art. 85 GG (z. B. Art. 87c GG in Verbindung mit § 24 I AtG, Art. 90 II GG oder Art. 104a III 2 GG)
3.) Bundeseigene Verwaltung gemäß Art. 86 GG (z. B. Art. 87 I 1, 87b I 1, 87d I 1, 89 II GG)

Soweit die Länder die Bundesgesetze **als eigene Angelegenheiten** ausführen, regeln sie auch die Einrichtung der Behörden und das Verwaltungsverfahren selbst, Art. 84 I 1 GG. Soweit der Bund das Verwaltungsverfahren verbindlich regeln und somit in die Zuständigkeit der Länder eingreifen möchte, bedarf das Gesetz der Zustimmung des Bundesrates, um die Interessen der Länder hinreichend zu wahren, Art. 84 I 5 und 6 GG. Gleiches gilt nach Art. 84 II GG für den Erlass von Verwaltungsvorschriften durch den Bund.

---

[295] BVerfGE 12, 205, 229.

Da es sich für die Länder im Bereich der Art. 83, 84 GG um **originäre Landesverwaltung** handelt, stehen dem Bund auch nur **begrenzte Kontrollrechte** zu. Nach Art. 84 III GG übt die Bundesregierung die Aufsicht darüber aus, dass die Länder die Bundesgesetze dem geltenden Rechte gemäß ausführen. Dem Bund steht somit nur eine **Rechtsaufsicht**, nicht jedoch die Fachaufsicht zu, weil keine Zweckmäßigkeitskontrolle erfolgt, Art. 84 III 1 GG. Eine Weisung des Bundes kommt gemäß Art. 84 V GG nur in Ausnahmefällen in Betracht. Eine solche Weisung ist nach Art. 84 V 2 GG grundsätzlich an die obersten Landesbehörden zu richten.

Beispiel: Der zuständige Bundesminister hält einen geplanten Verwaltungsakt des Landes N für nicht zweckmäßig. Es handelt sich um einen Bereich des Vollzugs der Bundesgesetze durch die Länder als eigene Angelegenheit. Kann der Bundesminister den zuständigen Sachbearbeiter nun anweisen, den Verwaltungsakt nicht zu erlassen?

Lösung: Eine solche Vorgehensweise scheitert bereits aus mehreren Gründen. Zunächst erfolgt gemäß Art. 84 III GG nur eine Rechtsaufsicht. Eine Kontrolle der *Zweckmäßigkeit* des verwaltungsbehördlichen Handelns soll dem Bund im Bereich der Art. 83, 84 GG gerade nicht zustehen. Außerdem müsste der Bundesregierung durch Bundesgesetz, das der Zustimmung des Bundesrates bedarf, zur Ausführung von Bundesgesetzen die Befugnis verliehen werden, für besondere Fälle Einzelweisungen zu erteilen, Art. 84 V 1 GG. Davon ist vorliegend jedoch nichts ersichtlich. Zuletzt müsste eine solche Weisung gemäß Art. 84 V 2 GG grundsätzlich an die obersten Landesbehörden und nicht direkt an den zuständigen Sachbearbeiter gerichtet werden.

Im Bereich der **Bundesauftragsverwaltung** stehen dem Bund weitergehendere Rechte zu, obwohl es sich hierbei ebenfalls um Landesverwaltung handelt.[296] Der wichtigste Unterschied zwischen den Art. 83, 84 GG und der Bundesauftragsverwaltung nach Art. 85 GG besteht darin, dass die Landesbehörden nunmehr nach Art. 85 III 1 GG den **Weisungen** der zuständigen obersten Bundesbehörden unterstehen.

---

[296] BVerfGE 81, 310, 331; BVerwGE 100, 56, 58.

Zudem erstreckt sich die Bundesaufsicht gemäß Art. 85 IV 1 GG nunmehr auf **Gesetzmäßigkeit und Zweckmäßigkeit** der Ausführung, so dass dem Bund die volle Rechts- und Fachaufsicht zusteht. Obwohl die Länder auch im Bereich der Bundesauftragsverwaltung nach außen verbindlich handeln, kann der Bund somit die Entscheidung jederzeit an sich ziehen, indem er dementsprechende Weisungen erteilt. Die **Wahrnehmungskompetenz** verbleibt somit bei den Ländern und die **Sachkompetenz** steht unter dem Vorbehalt der jederzeitigen Inanspruchnahme durch den Bund.[297]

Sollte es zwischen dem Bund und einem Land einmal streitig sein, ob die Voraussetzungen einer Weisung nach Art. 85 GG vorlagen, kann dies in einem Bund – Länder – Streit nach Art. 93 I Nr. 3 GG vor dem Bundesverfassungsgericht geklärt werden. Das Bundesverfassungsgericht hat die wichtigsten Aspekte im Zusammenhang mit einer Weisung nach Art. 85 III in einer Grundsatzentscheidung aus dem Jahr 1990 wie folgt geklärt:[298]

1.) Im Bereich der Auftragsverwaltung nach Art. 85 GG sind die Kompetenzen dergestalt verteilt, dass dem Land unentziehbar die Wahrnehmungskompetenz zusteht, die Sachkompetenz hingegen von vornherein nur unter dem Vorbehalt ihrer Inanspruchnahme durch den Bund.

2.) Das Land kann durch eine Weisung des Bundes nach Art. 85 III GG nur dann in seinen Rechten verletzt sein, wenn

---

[297] Das Auseinanderfallen der Sach- und der Wahrnehmungskompetenz ist bedeutend für den Rechtsschutz des Bürgers gegen den weisungsgebundenen Vollzug des Gesetzes. Der Bürger muss seine Klage gegen das Land richten und gerade nicht gegen den Bund, obwohl dieser im Innenverhältnis die Sachentscheidung getroffen hat. Allerdings sieht Art. 104a II GG vor, dass der Bund die Kosten zu tragen hat, die dem Land aus einer solchen Rechtsstreitigkeit entstehen.
[298] BVerfGE 81, 310 ff.

gerade die Inanspruchnahme der Weisungsbefugnis gegen die **Verfassung** verstößt.[299]

3.) Das Land hat dem Bund gegenüber kein einforderbares Recht, dass dieser seine im Einklang mit der Verfassung in Anspruch genommene Weisungsbefugnis inhaltlich rechtmäßig ausübt oder gar einen Verfassungsverstoß, insbesondere eine Grundrechtsverletzung, unterlässt. Eine **Grenze** ergibt sich in dem äußersten Fall, dass eine zuständige oberste Bundesbehörde unter grober Missachtung der ihr obliegenden Obhutspflicht zu einem Tun oder Unterlassen anweist, welches im Hinblick auf die damit einhergehende allgemeine Gefährdung oder Verletzung bedeutender Rechtsgüter schlechterdings nicht verantwortet werden kann.

4.) Die Weisung unterliegt dem Gebot der Weisungsklarheit: Die angewiesene Behörde muss unter Zuhilfenahme der ihr zu Gebote stehenden Erkenntnismöglichkeiten ihren objektiven Sinn ermitteln können.

5.) Bei Ausübung seiner Weisungskompetenz unterliegt der Bund der Pflicht zu bundesfreundlichem Verhalten. Er muss grundsätzlich – d. h. außer bei Eilbedürftigkeit – vor Weisungserlass dem Land **Gelegenheit zur Stellungnahme** geben, dessen Standpunkt erwägen und dem Land zu erkennen geben, dass der Erlass einer Weisung in Betracht gezogen werde.

6.) Aus dem Rechtsstaatsprinzip abgeleitete Schranken für Einwirkungen des Staates in den Rechtskreis des Einzelnen sind im kompetenzrechtlichen Bund-Länder-Verhältnis nicht anwendbar. Dies gilt insbesondere für den Grundsatz der Verhältnismäßigkeit.

---

[299] Die Frage, ob die Maßnahme, zu der das Land angewiesen wurde, materiell nach einfachem Recht rechtmäßig ist, kann im Rahmen eines Bund – Länder – Streits nach Art. 93 I Nr. 3 GG nicht geprüft werden. Die Beurteilung dieser Frage ist gerade typischerweise Inhalt des Weisungsrechts.

Zusammenfassung zum Rechtsschutz bei einer Weisung nach Art. 85 III GG

1.) Soweit sich der Bürger gegen den weisungsgebundenen Vollzug des Gesetzes richtet, ist das **Land** gemäß § 40 I 1 VwGO auf dem Verwaltungsrechtsweg zu verklagen.

2.) Soweit sich das Land gegen die Weisung wehrt, weil es die Voraussetzungen des Art. 85 III GG als nicht erfüllt ansieht, kommt ein Bund-Länder-Streit gemäß Art. 93 I Nr. 3 GG in Verbindung mit §§ 13 Nr. 7 und 68 ff. BVerfGG in Betracht.

3.) Will der Bund die Befolgung einer Weisung gegenüber dem Land durchsetzen, greift ebenfalls die Möglichkeit des Bund-Länder-Streits.

<u>Achtung:</u> Nur im Fall 1 wird auch die einfachgesetzliche Rechtmäßigkeit der Maßnahme geprüft! In den Fällen 2 und 3 wird nur geprüft, ob die Maßnahme mit den verfassungsrechtlichen Vorgaben des Art. 85 III GG im Einklang steht!

Aufgrund dieser zahlreichen Besonderheiten wird die Bundesauftragsverwaltung im Verhältnis zu den beiden anderen Modellen deutlich häufiger geprüft.

Die dritte Möglichkeit zur Ausführung der Gesetze ist die **bundeseigene Verwaltung**. Art. 87 GG benennt bereits einige Gegenstände bundeseigener Verwaltung. Weitere Regelungen finden sich beispielsweise in Art. 87b I 1, 87d I 1, 89 II GG. Die bundeseigene Verwaltung ist dabei teilweise fakultativ vorgesehen und teilweise obligatorisch. Im Rahmen der bundeseigenen Verwaltung unterscheidet man weiter zwischen der:[300]

1.) Bundeseigenen Verwaltung

2.) Mittelbaren Bundesverwaltung durch bundesunmittelbare Körperschaften und Anstalten des öffentlichen Rechts.

---

[300] Da die Begrifflichkeiten nicht immer gleich verwendet werden, sollte man sich an dieser Stelle angewöhnen, die Formulierungen des Grundgesetzes zu benutzen, um jegliche Verwechslungen auszuschließen. Hinsichtlich der nachfolgenden Definitionen besteht jedoch Einigkeit.

182

Bundeseigene Verwaltung gemäß Art. 86 Satz 1 1. Alt. GG meint die Verwaltungsbehörden und die sonstigen, **rechtlich un-selbstständigen** Verwaltungseinrichtungen des Bundes (soge-nannte unmittelbare Bundesverwaltung[301]). Die Bundesrepublik wird mangels rechtlicher Selbstständigkeit der Verwaltungsbe-hörde in diesem Fall selbst Partei eines etwaigen Rechtsstreits.

Mittelbare Bundesverwaltung durch **bundesunmittelbare Körper-schaften und Anstalten des öffentlichen Rechts** nach Art. 86 Satz 1 2. Alt. GG bedeutet die Verwaltung durch **rechtlich ver-selbständigte** und mit eigener Rechtspersönlichkeit ausgestattete juristische Personen. In diesem Fall wird nicht die Bundesrepublik, sondern die rechtlich selbständige juristische Person Partei eines etwaigen Rechtsstreits. Der Unterschied zwischen der bundes-eigenen Verwaltung und der mittelbaren Bundesverwaltung durch bundesunmittelbare Körperschaften und Anstalten des öffentlichen Rechts liegt somit darin, dass im zweiten Fall eine rechtsfähige Verwaltungseinrichtung – daher auch mittelbare Bundesverwal-tung – zwischengeschaltet ist. Außerdem kann man bei der bundeseigenen Verwaltung noch zwischen der Verwaltung mit und ohne eigenen Verwaltungsunterbau unterscheiden. Bundeseigene Verwaltung ohne Verwaltungsunterbau bedeutet Verwaltung durch Bundesministerien oder Bundesoberbehörden[302] (z. B. das Bundesamt für Justiz, das Statistische Bundesamt oder das Umweltbundesamt). Bundeseigene Verwaltung mit eigenem Verwaltungsunterbau durch Mittel- und Unterbehörden ist in den Fällen des Art. 87 I 1 GG obligatorisch und des Art. 87 III 2 GG fakultativ vorgesehen.

---

[301] Dieser Begriff ist nicht mit der mittelbaren Bundesverwaltung durch **bundesunmittelbare** Körperschaften und Anstalten des öffentlichen Rechts zu verwechseln!
[302] Ministerien sind hingegen **oberste** Bundesbehörden. Eine Bundes-oberbehörde ist einem Ministerium unmittelbar nachgeordnet und bundes-weit tätig. Mit Stand vom 30. September 2007 gibt es genau 60 Bundes-oberbehörden. Eine Aufstellung findet sich auf der Internetseite www.bund.de.

Die soeben dargestellten Möglichkeiten des Gesetzesvollzuges sind als abschließend zu verstehen. Dies gilt insbesondere für das Zusammenwirken des Bundes und der Länder. Weitere Kombinationsmöglichkeiten in Form einer **Mischverwaltung** sind nicht mit dem Grundgesetz vereinbar und insofern unzulässig, weil die Bundesverwaltung und die jeweiligen Landesverwaltungen getrennt voneinander existieren.

Zusammenfassung zum Gesetzesvollzug nach Art. 83 ff. GG

1.) Im Regelfall vollziehen die Länder die Bundesgesetze als eigene Angelegenheiten. Es besteht nur eine **Rechtsaufsicht** und **Weisungen** können **nur im Einzelfall unter bestimmten Voraussetzungen** erteilt werden.

2.) Bei einer Bundesauftragsverwaltung besteht eine volle **Rechts- und Fachaufsicht** und der Bund kann jederzeit Weisungen erteilen.

3.) Bei der bundeseigenen Verwaltung nutzt der Bund seine eigene Verwaltungsstruktur.

4.) Weitere Formen der Zusammenarbeit in Form einer **Mischverwaltung** sind im Grundgesetz nicht vorgesehen und insoweit **unzulässig**!

§ 15 Die Rechtsprechung

Der neunte Abschnitt des Grundgesetzes beschäftigt sich mit der dritten Staatsgewalt, der Judikative.[303] Im Zusammenhang mit den Strukturprinzipien der Verfassung wurde bereits dargestellt, dass effektiver Rechtsschutz ein Bestandteil dieses Rechtsstaatsprinzips gemäß Art. 20 III GG ist.[304] Art. 19 IV GG soll demnach einen umfassenden Rechtsschutz gegen Maßnahmen der Exekutive gewähren, um dem Bürger die Möglichkeit einer gerichtlichen Kontrolle der Verwaltungstätigkeit zuzugestehen. Daher wird die Regelung in Art. 19 IV GG auch als **Schlussstein im Gewölbe des Rechtsstaats bezeichnet.** Damit die Rechtsprechung dieser Aufgabe effektiv nachkommen kann, sieht das Grundgesetz im neunten Abschnitt einige grundlegende Regelungen vor, deren Ausgestaltung dem einfachen Recht überlassen wird. Im Einzelnen sind zu erwähnen:

1.) die Verfassungsgerichtsbarkeit gemäß Art. 93, 94, 99 und 100 GG

2.) die sonstige Gerichtsbarkeit des Bundes gemäß Art. 95, 96 GG

3.) die Rechtsstellung der Richter gemäß Art. 97, 98 GG

4.) die wesentlichen Verfahrensgrundsätze gemäß Art. 103, 104 GG

Für den Begriff der Rechtsprechung enthält das Grundgesetz keine Definition. Üblicherweise wird Rechtsprechung jedoch als verbindliche Entscheidung von Rechtsstreitigkeiten durch eine unabhängige, allein an Gesetz und Recht gebundene staatliche

---

[303] Die Darstellung der Aufgaben des Bundesverfassungsgerichts und der besonders **prüfungsrelevanten** einzelnen Verfahrensarten soll einem eigenen Abschnitt vorbehalten bleiben, um den Blick hier auf die für jede gerichtliche Tätigkeit geltenden Grundzüge lenken zu können.
[304] Siehe dazu bereits oben § 4 V 4.

Instanz in einem mit besonderen Garantien ausgestalteten Verfahren definiert.[305]

Daraus lassen sich weitere Einzelheiten ableiten. Der Begriff des **Rechtsstreits** setzt voraus, dass es erstens um rechtliche Belange geht und zweitens um miteinander streitende Parteien. Kennzeichnend ist daher, dass in einem **kontradiktorischen Verfahren** zwischen Kläger und Beklagtem oder Angeklagtem und Staatsanwalt gestritten wird.

Die **Verbindlichkeit** der Entscheidung bedeutet, dass jeder Rechtsstreit einmal ein definitives Ende finden muss, um eine endgültige Entscheidung herbeizuführen und den Rechtsfrieden wiederherzustellen. Daher erwachsen gerichtliche Urteile in **Rechtskraft**.[306] Soweit ein Urteil nicht mehr durch ein fristgerechtes Rechtsmittel angegriffen werden kann, spricht man von der sogenannten formellen Rechtskraft.[307] Diese ist Voraussetzung der materiellen Rechtskraft.[308] Hierunter versteht man die inhaltliche Bindung der Parteien an das Ergebnis des Rechtsstreits in persönlicher, sachlicher und zeitlicher Hinsicht. Obwohl diese Definitionen auf den ersten Blick recht einfach erscheinen, wirft die Frage der Rechtskraft in der Praxis überaus komplizierte Probleme auf. Insbesondere entbrennt zwischen den Parteien eines Zivilverfahrens oftmals Streit hinsichtlich der Frage, ob einem erneuten Prozess die Rechtskraft des entschiedenen ersten Prozesses

---

[305] *Maurer*, Staatsrecht I, § 19 I 2.

[306] Hierbei ist zu beachten, dass sich die Rechtskraft stets nur auf den Tenor der gerichtlichen Entscheidung erstreckt.

[307] Die formelle Rechtskraft wird beispielsweise von § 705 Satz 1 ZPO geregelt, wonach die Rechtskraft der Urteile nicht vor Ablauf der für die Einlegung des zulässigen Rechtsmittels oder des zulässigen Einspruchs bestimmten Frist eintritt. Der Eintritt der Rechtskraft wird nach § 705 Satz 2 ZPO durch rechtzeitige Einlegung des Rechtsmittels oder des Einspruchs gehemmt.

[308] Eine diesbezügliche Regelung findet sich beispielsweise in § 322 I ZPO, wonach Urteile der Rechtskraft nur insoweit fähig sind, als über den durch die Klage oder durch die Widerklage erhobenen Anspruch entschieden ist.

entgegengehalten werden kann. Zur Beantwortung dieser Frage ist darauf abzustellen, ob die Parteien über den gleichen Streitgegenstand streiten. Dieser ist nach dem **herrschenden zweigliedrigen Streitgegenstandsbegriff** definiert als Kombination von Prozessantrag und zugrunde liegendem Lebenssachverhalt. Ein zweiter Prozess ist wegen entgegenstehender Rechtskraft somit unzulässig, wenn es sich um den gleichen Streitgegenstand handelt. Die Komplexität der Problematik soll das folgende Beispiel verdeutlichen.[309]

Beispiel: In einem Zivilverfahren möchte der Kläger festgestellt wissen, dass zwischen ihm und dem Beklagten kein Kaufvertrag geschlossen worden ist. Die Klage wird (als unbegründet) abgewiesen. Da der Kläger gegen dieses Urteil kein Rechtsmittel einlegt, wird die Entscheidung auch rechtskräftig. Nunmehr klagt der damalige Beklagte in einem weiteren Prozess gegen den damaligen Kläger auf Kaufpreiszahlung gemäß § 433 II BGB. Der damalige Kläger und jetzige Beklagte wendet nun ein, dass der Richter ja erst einmal klären müsse, ob zwischen den Parteien ein Kaufvertrag geschlossen worden sei. Ist diese Auffassung im Hinblick auf die rechtskräftige Entscheidung des ersten Rechtsstreits zutreffend?

Lösung: Die Auffassung des damaligen Klägers und jetzigen Beklagten ist unzutreffend. Mit seiner damaligen Klage wollte er feststellen lassen, dass zwischen ihm und dem damaligen Beklagten kein Kaufvertrag geschlossen worden ist. Diese Klage bezeichnet man als **negative Feststellungsklage**. Wenn diese Klage nunmehr als unbegründet abgewiesen worden ist, steht für einen weiteren Prozess mit bindender Rechtskraftwirkung fest, dass ein solcher Kaufvertrag besteht. Der Richter des Folgeprozesses ist an diese Entscheidung gebunden und darf nicht erneut prüfen, ob ein Kaufvertrag geschlossen worden ist! Wird eine negative Feststellungsklage somit als unbegründet abgewiesen, dann hat diese Entscheidung grundsätzlich dieselbe Rechtskraftwirkung wie ein Urteil, das das Gegenteil dessen, was mit der negativen Feststellungsklage begehrt wird, positiv feststellt.[310]

---

[309] Die Rechtskraftproblematik ist sicherlich **kein Prüfungsgegenstand des Staatsorganisationsrechts**, so dass das folgende Beispiel nur einen Eindruck der praktischen Bedeutung der Problematik geben soll.
[310] BGH NJW 1983, 2032, 2033; 1986, 2508, 2509; 1995, 1757.

Die **Unabhängigkeit** der Rechtsprechung bedeutet, dass die entscheidenden Richter neutral sein müssen, um als unbeteiligte Dritte entscheiden zu können. Dies soll durch Art. 97, 98 GG sichergestellt werden. In diesem Zusammenhang sind auch die Befangenheitsvorschriften zu sehen, die gerade eine objektive Entscheidung gewährleisten sollen.[311]

Zuletzt ist es für die Rechtsprechung typisch, dass immer nur bereits entstandene Rechtsfragen entschieden werden. Die Tätigkeit der Rechtsprechung ist somit **rechtswahrend**, aber nicht rechtsgestaltend. Demgegenüber sind die Maßnahmen der Verwaltung regelmäßig auf die Zukunft ausgerichtet und haben somit rechtsgestaltenden Charakter.

Die rechtsprechende Gewalt ist nach Art. 92 GG den Richtern anvertraut und wird durch das Bundesverfassungsgericht, durch die in diesem Grundgesetze vorgesehenen Bundesgerichte und durch die Gerichte der Länder ausgeübt. Nach dem Grundgesetz gibt es die folgenden Bundesgerichte:

1.) das Bundesverfassungsgericht nach Art. 93, 94 GG

2.) den Bundesgerichtshof, das Bundesverwaltungsgericht, den Bundesfinanzhof, das Bundesarbeitsgericht und das Bundessozialgericht nach Art. 95 I GG[312]

---

[311] Als Beispiel kann auf die §§ 22 ff. StPO hingewiesen werden.

[312] Falls die obersten Gerichtshöfe des Bundes in einer Rechtsfrage unterschiedlicher Meinung sind, ist nach Art. 95 III 1 GG in Verbindung mit dem nach Art. 95 III 2 GG erlassenen Rechtsprechungs-Einheitlichkeitsgesetz (RsprEinhG) der **Gemeinsame Senat** zur Entscheidung berufen, um die Wahrung der Einheitlichkeit der Rechtsprechung sicherzustellen. Dieser entscheidet nach § 2 I RsprEinhG immer dann, wenn ein oberster Gerichtshof in einer Rechtsfrage von der Entscheidung eines anderen obersten Gerichtshofs oder des Gemeinsamen Senats abweichen will. Der Gemeinsame Senat ist nicht mit dem **Großen Senat** zu verwechseln. Ein solcher Großer Senat wird bei jedem obersten Bundesgericht gebildet, um die Rechtsprechung **dieses Gerichts** zu vereinheitlichen. Er entscheidet, wenn ein Senat in einer Rechtsfrage von der Entscheidung eines anderen Senats oder des Großen Senats abweichen will. Die

188

3.) weitere Gerichte für bestimmte Bereiche nach Art. 96 GG, zu erwähnen sind hier insbesondere das Bundespatentgericht[313] und das Bundesdisziplinargericht

Hinsichtlich der Gerichte in den Ländern sieht das Grundgesetz keine Regelung vor, da dies in den Kompetenzbereich der Länder fällt. Allerdings wird die Gerichtsorganisation zwangsläufig durch die nach Art. 95 I GG bestehenden Bundesgerichte vorgegeben, denn um dorthin zu gelangen ist ein dementsprechender Rechtsweg erforderlich. Daraus ergibt sich folgender Aufbau für die Gerichtszweige und die verschiedenen Instanzenzüge:[314]

1.) Ordentliche Gerichtsbarkeit (Zivil- und Strafsachen)
- Amtsgericht/Landgericht
- Oberlandesgericht[315]
- Bundesgerichtshof
2.) Verwaltungsgerichtsbarkeit
- Verwaltungsgericht
- Oberverwaltungsgericht[316]
- Bundesverwaltungsgericht

---

verfahrensrechtlichen Vorschriften finden sich beispielsweise für den BGH in § 132 GVG, für das BVerwG in § 11 VwGO und für den BFH in § 11 FGO.
[313] Dieses beruht auf Art. 96 I GG in Verbindung mit § 65 Patentgesetz (PatentG).
[314] An dieser Stelle sei noch einmal daran erinnert, dass Art. 19 IV GG nicht bedeutet, dass dem Bürger mehrere gerichtliche Instanzen eröffnet sein müssen. Einen Anspruch auf Zugang zu einer zweiten Instanz hat das Bundesverfassungsgericht stets verneint, BVerfGE 54, 277, 291; 107, 395, 401.
[315] In Berlin wird das Oberlandesgericht aus traditionellen Gründen als Kammergericht bezeichnet. Die Spruchkörper werden jedoch wie bei jedem anderen Oberlandesgericht Senate genannt.
[316] In einem Bundesland gibt es grundsätzlich je ein Oberverwaltungsgericht. Einzige Ausnahme hiervon ist das seit 2005 bestehende gemeinsame Oberverwaltungsgericht der Länder Berlin und Brandenburg. Aus traditionellen Gründen wird das Oberverwaltungsgericht in drei Bundesländern als Verwaltungsgerichtshof bezeichnet (Bayern, Baden-Württemberg und Hessen).

3.) Finanzgerichtsbarkeit[317]
- Finanzgericht
- Bundesfinanzhof

4.) Sozialgerichtsbarkeit
- Sozialgericht
- Landessozialgericht
- Bundessozialgericht

5.) Arbeitsgerichtsbarkeit
- Arbeitsgericht
- Landesarbeitsgericht
- Bundesarbeitsgericht

Diese Gerichte sind durch sachlich und persönlich unabhängige Richter besetzt, Art. 97, 98 GG. Unter **sachlicher Unabhängigkeit** gemäß Art. 97 I GG versteht man, dass die Richter nur dem Gesetz unterworfen sind. Dies schließt jegliche Weisungen und sonstige Einflussnahmen auf die richterliche Tätigkeit aus. Zum **Kern der richterlichen Tätigkeit** gehören nicht nur die eigentliche Spruchtätigkeit des Richters, sondern auch alle Tätigkeiten, die mit der Rechtsfindung im unmittelbaren Zusammenhang stehen. Dies sind beispielsweise Maßnahmen der Terminbestimmung, Fristsetzungen und Einzelrichterbestimmungen, sowie Maßnahmen während der Verhandlung wie die Vernehmung von Zeugen und Sachverständigen oder sitzungspolizeiliche Anordnungen. Maßnahmen, die der Entscheidung nachfolgen, wie insbesondere die Abfassung der Entscheidungsgründe oder die Berichtigung der Entscheidung, fallen ebenfalls darunter.

Um ihrer objektiven Tätigkeit nachzugehen, wird die sachliche Unabhängigkeit durch die **persönliche Unabhängigkeit** gemäß Art. 97 II GG ergänzt. Nach Art. 97 II 1 GG können die hauptamtlich und planmäßig endgültig angestellten Richter wider ihren Willen nur kraft richterlicher Entscheidung und nur aus Gründen und

---

[317] Dieser Gerichtszweig besteht als einziger nur aus zwei Instanzen.

unter den Formen, welche die Gesetze bestimmen, vor Ablauf ihrer Amtszeit entlassen oder dauernd oder zeitweise ihres Amtes enthoben oder an eine andere Stelle oder in den Ruhestand versetzt werden. Eine Versetzung oder Entlassung eines Richters ist somit nur unter sehr engen Voraussetzungen möglich, um jegliche Einflussnahmemöglichkeit von vornherein auszuschließen. Die Achtung der sachlichen und persönlichen Unabhängigkeit wird auch anhand des folgenden aktuellen Beispiels aus der Praxis deutlich:[318]

Beispiel: A ist türkische Staatsangehörige und lebt seit 1998 in Deutschland. Sie ist Muslima und trägt aus religiösen Gründen seit ihrer Kindheit in der Öffentlichkeit ein Kopftuch. Am 26. Februar 2004 besuchte sie als Zuschauerin eine strafrechtliche Hauptverhandlung des AG Tiergarten. Diese wurde gegen ihren Sohn geführt. Bekleidet war sie unter anderem mit einem langen Mantel und einem dezenten Kopftuch. Nach ihrem Vorbringen forderte der Jugendrichter sie auf, das Kopftuch abzulegen oder anderenfalls den Gerichtssaal zu verlassen. Zur Begründung führte der Richter aus, dass er das Tragen von Kopfbedeckungen bei seinen Verhandlungen prinzipiell nicht dulde. Nach den Gründen, warum sie ein Kopftuch getragen habe, wurde A nicht gefragt. Unter dem Eindruck der richterlichen Anordnung verließ sie daraufhin den Sitzungssaal. Im Protokoll der Hauptverhandlung findet sich folgender Eintrag: „Die Mutter des Angeklagten wurde darauf hingewiesen, dass im Gerichtssaal Kopfbedeckungen nicht getragen werden". Der Fall erregt aufgrund von Presseveröffentlichungen große Aufmerksamkeit. Der Präsident des AG Tiergarten fragt sich nun, ob er eine dienstrechtliche Überprüfung des Verhaltens des Jugendrichters einleiten kann?

Lösung: Eine dienstrechtliche Überprüfung des Verhaltens des Jugendrichters scheidet vorliegend aus. Diese fand daher auch tatsächlich nicht statt, denn der Präsident des AG Tiergarten hat insofern richtig erkannt, dass sitzungspolizeiliche Befugnisse – um die es sich vorliegend handelte – zum **Kernbereich richterlicher Tätigkeit** gehören und die nachträgliche Bewertung auf Grund dieser Befugnisse getroffener Maßnahmen durch einen Dienstvorgesetzten in die richterliche Unabhängigkeit ein-

---

[318] BVerfG NJW 2007, 56 f.

greift.[319] Was kann A jedoch noch unternehmen? A kann Verfassungsbeschwerde einlegen, weil es gegen die sitzungspolizeiliche Maßnahme
nach § 176 GVG keinen Rechtsbehelf gibt. Diese hatte im vorliegenden
Fall auch Erfolg, weil der Jugendrichter selbstverständlich gegen Art. 4 I,
II GG und gegen Art. 3 I GG in seiner Ausprägung als allgemeines Willkürverbot verstoßen hat.

Die Gewährung der sachlichen und persönlichen Unabhängigkeit
darf jedoch nicht darüber hinwegtäuschen, dass die Grenzziehung
zwischen richterlicher Unabhängigkeit und Dienstaufsicht in der
Praxis oftmals merkwürdige Blüten treibt.[320]

Da die Stellung eines Richters wie gezeigt mit besonderen verfassungsrechtlichen Privilegien einhergeht, ist die **Bestellung**
eines Richters eine besonders verantwortungsvolle Aufgabe. Das
Grundgesetz sieht für die verschiedenen Bundesgerichte jeweils
unterschiedliche Regelungen vor:

1.) Die Richter des Bundesverfassungsgerichts werden nach
Art. 94 I 2 GG je zur Hälfte vom Bundestag und vom
Bundesrat gewählt.[321] Nach Art. 94 I 3 GG dürfen sie
weder dem Bundestag, dem Bundesrat, der Bundesregierung noch entsprechenden Organen eines Landes
angehören.

---

[319] Dies bedeutet jedoch nicht, dass ein Richter nicht disziplinarrechtlich
belangt werden kann. Dieses Verfahren bestimmt sich nach dem
Deutschen Richtergesetz (DRiG). Zum Verhältnis zwischen richterlicher
Unabhängigkeit und Dienstaufsicht sei auf den lesenswerten Aufsatz von
Papier, NJW 2001, 1089 ff. hingewiesen.
[320] An dieser Stelle sei nur auf die kuriosen Beispiele in den Aufsätzen
von *Papier*, NJW 1990, 8 ff.; *Sendler*, NJW 2001, 1256 ff. und *Schneider*,
NJW 2000, 708f. hingewiesen. Letzterer beschäftigt sich mit einem Beschluss des OLG München NJW 2000, 748, wonach eine Terminierung in
einem Unterhaltsrechtsstreit am 11. November um 11.11 Uhr keine
Besorgnis der Befangenheit begründet und Ausdruck der richterlichen
Unabhängigkeit ist.
[321] In diesem Zusammenhang ist auch auf die §§ 5 ff. BVerfGG
hinzuweisen.

2.) Über die Berufung eines Richters für ein oberstes Bundesgericht im Sinne des Art. 95 I GG entscheidet nach Art. 95
II GG der für das jeweilige Sachgebiet zuständige Bundesminister gemeinsam mit einem Richterwahlausschuss, der
aus den für das jeweilige Sachgebiet zuständigen Ministern der Länder und einer gleichen Anzahl von Mitgliedern besteht, die vom Bundestag gewählt werden.[322]

3.) Die Richter an den Gerichten der Länder werden in der
Regel von der jeweiligen Landesregierung oder dem
Landesjustizminister nach den Vorschriften des DRiG und
dem jeweiligen landesrechtlichen Richtergesetz bestellt.

Neben der Rechtsstellung der Richter regeln die Art. 92 ff. GG
auch bestimmte verfahrensrechtliche Grundsätze, die in jedem
Gerichtsverfahren Geltung beanspruchen. Dabei ist zunächst das
in Art. 101 I 2 GG verankerte **Recht auf den gesetzlichen
Richter** zu erwähnen. Dies bedeutet, dass bereits vor Beginn des
Prozesses abstrakt eindeutig bestimmt sein muss, welches Gericht und welcher Richter bzw. welche Kammer oder welcher
Senat zur Entscheidung berufen sein wird. Diese vorherige Feststellung erfolgt durch ein formelles Gesetz, durch das das jeweilige Gericht bestimmt wird. Als nächstes kommt es dann auf
die von jedem Präsidium eines Gerichts jährlich gemäß § 21e
GVG aufgestellten **Geschäftsverteilungspläne** an und zuletzt auf
die nach § 21g GVG vorgenommene Geschäftsverteilung in der
jeweiligen Kammer[323] oder dem jeweiligen Senat[324].

---

[322] Diese Regelung wird einfachgesetzlich durch das Richterwahlgesetz
(RiWG) ergänzt.
[323] Als Zivil-, Strafkammer oder Kammer für Handelssachen werden beispielsweise die Spruchkörper am Landgericht bezeichnet.
[324] Als Senate werden beispielsweise die Spruchkörper an den Ober-
landesgerichten und am Bundesgerichtshof bezeichnet.

In der Regel sehen die Geschäftsverteilungspläne eine Aufteilung der Verfahren nach Sachgebieten, dem Anfangsbuchstaben des Nachnamens einer der Parteien oder örtlichen Gesichtspunkten vor. Das Präsidium des Gerichts ist bemüht, durch diese Aufteilung anhand der Geschäftszahlen des Vorjahres eine relativ gleichmäßige Arbeitsverteilung auf alle Richter zu erreichen. Gleiches gilt natürlich für die Geschäftsverteilung in der jeweiligen Kammer. Eine Verletzung des Rechts auf den gesetzlichen Richter kann nach Art. 93 I Nr. 4a GG im Wege der Verfassungsbeschwerde angegriffen werden.

Beispiel: Art. 234 EG regelt das Vorabentscheidungsverfahren des EuGH. Sollte in einem nationalen Rechtsstreit eine europarechtliche Frage streitentscheidend sein, so wird diese dem Europäischen Gerichtshof vorgelegt, dieser entscheidet und sodann wird das innerstaatliche Verfahren mit der EuGH-Entscheidung als Grundlage fortgesetzt. Nach Art. 234 III EG besteht eine Vorlageverpflichtung, wenn ein letztinstanzliches Gericht mit einer europarechtlichen Frage befasst ist. Dabei kommt es nach **herrschender Meinung** darauf an, ob das jeweilige Gericht im konkreten Instanzenzug das letztinstanzliche Gericht ist. Das letztinstanzliche Gericht weigert sich nun beharrlich, dieser Vorlageverpflichtung nachzukommen und will den Fall ohne vorherige Anrufung des Europäischen Gerichtshofs entscheiden. Was kann der Kläger in einer solchen Situation machen?

Lösung: Ein Rechtsmittel gegen das Urteil des letztinstanzlichen Gerichts scheidet zwangsläufig aus. Dem Kläger steht jedoch die Möglichkeit der Verfassungsbeschwerde nach Art. 93 I Nr. 4a GG zu. Da sich das Gericht weigert, den Fall dem Europäischen Gerichtshof zur Vorabentscheidung vorzulegen, ist er in seinem Recht auf den gesetzlichen Richter – nämlich den Europäischen Gerichtshof[325] – gemäß Art. 101 I 2 GG verletzt. Die Verfassungsbeschwerde hat daher Erfolg. Die gleiche Problematik stellt sich im innerstaatlichen Recht bei Verletzung einer Vorlageverpflichtung nach Art. 100 GG.

---

[325] Es ist unstreitig, dass der Europäischen Gerichtshof gesetzlicher Richter im Sinne des Art. 101 I 2 GG ist, BVerfG NJW 2001, 1267, 1268 mit weiteren Nachweisen.

Art. 103 I GG normiert das **Recht auf Gehör**. Dieser Grundsatz verlangt, dass die Verfahrensbeteiligten Gelegenheit haben müssen, sich zum Gegenstand des Verfahrens in tatsächlicher und rechtlicher Hinsicht äußern zu können. Außerdem darf das Gericht keine Tatsachen oder Beweismittel zugrunde legen, zu denen sich die Beteiligten nicht äußern konnten.

Dieser verfassungsrechtliche Grundsatz findet seine einfachgesetzliche Ausprägung im Verfahrensrecht. § 139 ZPO enthält in den verschiedenen Absätzen weit reichende richterliche Hinweispflichten, um die Parteien auf etwaige von Amts wegen zu berücksichtigende Punkte oder Besonderheiten des Verfahrens aufmerksam zu machen. Da das Bundesverfassungsgericht diesem Grundsatz eine sehr hohe Bedeutung beimisst, sind die Gerichte in der alltäglichen Praxis dazu lieber einmal zu oft als einmal zu wenig auf relevante Punkte hinzuweisen. Dies gilt selbst dann, wenn die Parteien durch einen Anwalt vertreten sind.

§ 16 Das Finanzwesen

Die Art. 104a ff. GG regeln das bundesstaatliche Finanzwesen. Der zehnte Abschnitt des Grundgesetzes wird daher auch als **Finanzverfassung** bezeichnet. Die Finanzverfassung soll durch die Föderalismusreform II grundlegend überarbeitet werden, um das Steueraufkommen und die Gesetzgebungskompetenzen zwischen Bund und Ländern neu zu verteilen.[326] Obwohl diese Vorschriften in der Praxis von enormer Bedeutung sind, kann jedoch bereits vorab erwähnt werden, dass sie keinen klassischen Prüfungsschwerpunkt bilden. Gleichwohl kann auf eine kurze Darstellung nicht verzichtet werden, weil die Grundlagen der Finanzverfassung vorausgesetzt werden. Außerdem hat sich im Zusammenhang mit den Art. 104a ff. GG ein **Prüfungsklassiker** herausgebildet, der nicht unerwähnt bleiben darf.

Die Vorschriften des zehnten Abschnitts beziehen sich insbesondere auf die:

1.) Ausgabenverteilung gemäß Art. 104a GG
2.) Gesetzgebungskompetenz gemäß Art. 105 GG
3.) Verwaltungskompetenz gemäß Art. 108 GG.

Art. 104a GG regelt zunächst die Frage der Ausgabentragung. Nach der Grundregelung in Art. 104a I GG tragen der Bund und die Länder gesondert die Ausgaben, die sich aus der Wahrnehmung ihrer Aufgaben ergeben, soweit dieses Grundgesetz nichts anderes bestimmt. Dies bezeichnet man als den Grundsatz der **Konnexität von Aufgaben- und Ausgabenverantwortung.**

---

[326] Siehe dazu bereits oben § 3 I 9. Mit einem ersten Vorschlag zur Verfassungsänderung ist nach Angaben der Föderalismuskommission II im Februar 2008 zu rechnen, siehe dazu Frankfurter Allgemeine Zeitung vom 15. September 2007, Seite 1.

196

Die wichtigste anderweitige Bestimmung findet sich sodann bereits in Art. 104a II GG, wonach der Bund die Kosten trägt, wenn die Länder im Auftrage des Bundes handeln. Dies erfasst die Fälle des Art. 85 GG. Die Kostentragung des Bundes ist im Falle der Auftragsverwaltung eigentlich logische Konsequenz, denn es wurde bereits dargestellt, dass der Bund in den Fällen des Art. 85 GG die volle Fach- und Rechtsaufsicht ausübt und jederzeit Weisungen erteilen kann.[327] Aufgrund der Weisungsbefugnis wären die Länder zu einer eigenverantwortlichen Steuerung ihres Ausgabeverhaltens gar nicht in der Lage, so dass in diesem Zusammenhang einzig eine Kostentragung durch den Bund sinnvoll ist.

Eine weitere Ausnahme findet sich in Art. 104a III GG, wonach Bundesgesetze, die Geldleistungen gewähren (z. B. Subventionen oder Sozialleistungen) und von den Ländern ausgeführt werden, bestimmen **können**, dass die Geldleistungen ganz oder zum Teil vom Bund getragen werden. Trifft der Bund allerdings keine diesbezügliche Bestimmung, dann bleibt es bei der Kostenlast der Länder nach Art. 104a I GG. Sobald ein solches Gesetz jedoch bestimmt, dass der Bund die Hälfte der Ausgaben oder mehr trägt, wird es nach Art. 104a III 2 GG im Auftrage des Bundes durchgeführt.[328] Die letzte erwähnenswerte Durchbrechung des Konnexitätsgrundsatzes findet sich in Art. 104b GG, denn der Bund kann den Ländern in den dort genannten Fällen **Finanzhilfen** gewähren.

Die besonders praxisrelevanten Fragen der Steuergesetzgebungskompetenzen und der Verteilung des Steueraufkommens sind in den Art. 105 bis 107 GG geregelt. Das Grundgesetz enthält jedoch keine Definition des Begriffs Steuer, so dass zunächst geklärt werden muss, was darunter überhaupt zu verstehen ist.

---

[327] Siehe dazu bereits oben § 14.
[328] Diese Regelung ist im Verhältnis zu Art. 104a II GG spezieller.

Eine verfassungskonforme **Legaldefinition der Steuer** findet sich in § 3 Abgabenordnung (AO). Nach § 3 I AO sind Steuern Geldleistungen, die nicht eine Gegenleistung für eine besondere Leistung darstellen und von einem öffentlich-rechtlichen Gemeinwesen zur Erzielung von Einnahmen allen auferlegt werden, bei denen der Tatbestand zutrifft, an den das Gesetz die Leistungspflicht knüpft; die Erzielung von Einnahmen kann Nebenzweck sein. Eine Steuer dient der öffentlichen Hand somit als Mittel zur allgemeinen Deckung des Finanzbedarfs.

Die Steuer ist insbesondere von der Gebühr und dem Beitrag abzugrenzen. **Gebühren** sind Geldleistungen, die als Gegenleistung für eine besondere Leistung – Amtshandlung oder sonstige Tätigkeit – der Verwaltung (Verwaltungsgebühren) oder für die Inanspruchnahme öffentlicher Einrichtungen und Anlagen (Benutzungsgebühren) erhoben werden.[329]

Beispiele: Eine Verwaltungsgebühr fällt bei der Ausstellung eines Personalausweises an. Eine Benutzungsgebühr fällt bei der Inanspruchnahme des städtischen Schwimmbades an, wenn die Nutzung öffentlich-rechtlich organisiert ist.[330]

---

[329] Diese Legaldefinition entstammt § 4 II Kommunalabgabengesetz NRW (KAG NRW). Die übrigen Bundesländer haben vergleichbare Regelungen erlassen.

[330] Der Zugang (das „Ob") zu einer solchen öffentlichen Einrichtung richtet sich immer nach dem öffentlichen Recht. Die Nutzung (das „Wie") kann jedoch sowohl öffentlich-rechtlich als auch privatrechtlich ausgestaltet sein. Im ersten Fall wird eine Benutzungsgebühr fällig und im zweiten Fall ein privatrechtliches Entgelt. Ob eine öffentlich-rechtliche oder eine privatrechtliche Ausgestaltung der Nutzung vorliegt, ist in der Regel gut anhand bestimmter Indizien auszumachen. Eine Benutzungssatzung und die Erhebung einer Gebühr sprechen für eine öffentlich-rechtliche Ausgestaltung. Sollte die Nutzung hingegen durch AGB ausgestaltet sein und ein Eintrittsentgelt fällig werden, spricht dies für eine privatrechtliche Ausgestaltung. Insofern lautet § 6 I 1 KAG NRW konsequenterweise: „Benutzungsgebühren sind zu erheben, wenn eine Einrichtung oder Anlage überwiegend dem Vorteil einzelner Personen oder Personengruppen dient, insofern nicht ein privatrechtliches Entgelt gefordert wird."

198

Ein **Beitrag** unterscheidet sich von einer Gebühr dadurch, dass er nicht für eine tatsächliche Gegenleistung, sondern für einen möglichen Vorteil erhoben wird. Ob von der Nutzungsmöglichkeit Gebrauch gemacht wird, ist für die Beitragspflicht unerheblich.[331]

Beispiele: Erschließungsbeitrag, Studienbeitrag (fälschlicherweise oft als Studiengebühr bezeichnet), Kurtaxe.

Zusammenfassung zur Abgrenzung, Steuer, Gebühr, Beitrag

1.) Eine Steuer wird durch folgende Merkmale charakterisiert:
   a) Geldleistung, keine Sachleistung
   b) ohne Gegenleistung
   c) hoheitlich auferlegt
   d) zur Einnahmeerzielung
2.) Demgegenüber wird die Gebühr als Gegenleistung bei der tatsächlichen Inanspruchnahme einer Leistung fällig.
3.) Ein Beitrag wird als Gegenleistung für die bloße Möglichkeit der Inanspruchnahme fällig.

Die **Steuergesetzgebungskompetenz** bestimmt sich nach Art. 105 GG. Danach hat der Bund zunächst die **ausschließliche Gesetzgebungskompetenz** für Zölle und Finanzmonopole, Art. 105 I GG. **Zölle** sind Abgaben, die nach Maßgabe des Zolltarifs von der Warenbewegung über die Zollgrenze erhoben werden.[332] Nach Art. 106 I Nr. 1 GG sind sie ein Unterfall der Steuer. Die Vorschrift läuft jedoch mittlerweile praktisch leer, weil die EU eine umfassende Kompetenz für Zölle an den EU-Außengrenzen hat. Dadurch soll gegenüber Nicht-EU-Ländern eine gemeinsame Handelspolitik sichergestellt werden. Da es sich bei der EU um eine Zollunion handelt (Art. 25 ff. EG), sind nach Art. 25 Satz 1 EG Ein- und

---

[331] Insofern lautet beispielsweise § 8 II 2 KAG NRW, dass Beiträge von den Grundstückseigentümern als Gegenleistung dafür erhoben werden, dass ihnen durch die **Möglichkeit der Inanspruchnahme** der Einrichtungen und Anlagen wirtschaftliche Vorteile geboten werden.
[332] BVerfGE 8, 260, 269.

199

Ausfuhrzölle oder Abgaben gleicher Wirkung zwischen den Mitgliedstaaten **verboten**. **Finanzmonopole** sind Einrichtungen, nach denen eine bestimmte wirtschaftliche Tätigkeit zum vorrangigen Zweck der Erzielung von Einnahmen ausschließlich einem Träger öffentlicher Gewalt zugewiesen ist.[333] Gegenwärtig existiert insoweit nur noch das **Branntweinmonopol**.

Für alle übrigen Steuern hat der Bund gemäß Art. 105 II GG insoweit die **konkurrierende Gesetzgebungskompetenz**, wenn ihm das Aufkommen dieser Steuern ganz oder zum Teil zusteht oder die Voraussetzungen des Art. 72 II GG vorliegen. Wann dem Bund eine Steuer ganz oder zum Teil zusteht, ergibt sich aus Art. 106 GG, der insoweit zur Bestimmung herangezogen werden muss.

Den Ländern stehen insoweit kaum Gesetzgebungskompetenzen zu. Ihnen verbleibt die ausschließliche Gesetzgebungskompetenz gemäß Art. 105 IIa 1 GG über die **örtlichen Verbrauch- und Aufwandsteuern**, solange und soweit sie nicht bundesgesetzlich geregelten Steuern gleichartig sind. Verbrauchsteuern knüpfen die Belastung an den Verbrauch von konsumierbaren Gütern.[334] Sie werden regelmäßig nicht vom eigentlichen Steuerschuldner gezahlt, sondern an den Endverbraucher abgewälzt.[335] Aufwandsteuern belasten die Aufwendungen für das Halten bzw. den Gebrauch von Gütern.[336] Solche Steuern sind **örtlich**, wenn sie an die örtlichen Gegebenheiten, vor allem an die Belegenheit einer Sache anknüpfen und wegen der Begrenzung ihrer unmittelbaren Wirkungen auf das Gemeindegebiet nicht zu einem die Wirtschaftseinheit berührenden Steuergefälle führen können.[337]

---

[333] BVerwGE 114, 92, 99.
[334] BVerfGE 98, 106, 123f.
[335] BVerfGE 27, 375, 384; 98, 106, 124; 110, 274, 295.
[336] BVerwG NVwZ 2001, 440ff.
[337] BVerfGE 65, 325, 349; 98, 106, 124; BVerwGE 45, 264, 274; 58, 230, 237.

Da der Ertrag nach Art. 106 VI GG immer den Gemeinden zusteht, haben die Länder die Gesetzgebungskompetenz weitgehend an diese delegiert. Die Gemeinden machen davon regelmäßig durch den Erlass von Satzungen Gebrauch.

Beispiele: Vergnügungssteuer (diese bezieht sich beispielsweise in der Stadt Köln nicht nur auf Tanzveranstaltungen und Spielautomaten, sondern auch auf Bordelle und Sex- und Erotikmessen), Getränkesteuer, Hundesteuer, Jagdsteuer, Speiseeissteuer.

Außerdem haben die Länder gemäß Art. 105 IIa 2 GG die Befugnis zur Bestimmung des Steuersatzes bei der Grunderwerbsteuer.

Die insgesamt schwache Stellung der Länder hinsichtlich der Steuergesetzgebungskompetenzen gleicht Art. 105 III GG wiederum dadurch ein wenig aus, dass Bundesgesetze über Steuern, deren Aufkommen den Ländern oder den Gemeinden (Gemeindeverbänden) ganz oder zum Teil zufließt, der Zustimmung des Bundesrates bedürfen.

Zum Schutz des Bürgers sollen die soeben dargestellten Steuergesetzgebungskompetenzen grundsätzlich abschließend sein. Neben Steuern, Gebühren und Beiträgen soll der Bürger somit keinen weiteren finanziellen Belastungen ausgesetzt sein. Hiervon macht das Bundesverfassungsgericht jedoch unter strengen Voraussetzungen eine Ausnahme in Form der sogenannten **Sonderabgaben**, die bereits Gegenstand zahlreicher Entscheidungen waren und somit auch einen **Prüfungsklassiker** auf dem Gebiet der Finanzverfassung darstellen.[338] Sonderabgaben sind hoheitlich auferlegte Geldleistungspflichten, denen keine unmittelbare Gegenleistung gegenübersteht.[339]

---

[338] Ein aktueller Überblick über die Problematik der Sonderabgabe findet sich bei *Elsner/Kaltenborn*, JA 2005, 823 ff.

[339] BVerfGE 81, 156, 186f.; 78, 249, 267; 75, 108, 147.

Obwohl die Sonderabgabe insoweit noch mit einer Steuer vergleichbar ist, unterscheidet sie sich von der Steuer dadurch, dass sie nicht nach allgemeinen Merkmalen von allen Bürgern erhoben wird, sondern jeweils nur eine bestimmte Gruppe betrifft und auch nicht in den allgemeinen Haushalt fließt, sondern in einen Sonderfonds.[340]

Weil der Sonderabgabe keine unmittelbare Gegenleistung gegenübersteht, kann sie auch nicht in den klassischen Kategorien der Gebühr oder des Beitrags eingeordnet werden. Nach der Rechtsprechung des Bundesverfassungsgerichts sind solche Sonderabgaben somit doppelt rechtfertigungsbedürftig, weil sie in Konkurrenz zur Steuer stehen und ihr Aufkommen nicht in den allgemeinen Haushalt fließt.[341] Nach den mittlerweile in zahlreichen Entscheidungen des Bundesverfassungsgerichts herausgearbeiteten vier Kriterien ist eine Sonderabgabe nur zulässig, wenn:

1.) eine **homogene Gruppe** betroffen ist, die aufgrund einer gemeinsamen Interessenlage oder eines besonderen Sachzwecks deutlich von der Allgemeinheit abgrenzbar ist

2.) keine Finanzierung allgemeiner Staatsaufgaben vorliegt, so dass der Sachzweck über die bloße Mittelbeschaffung hinausgeht (**besondere Finanzierungsaufgabe**)

3.) eine spezifische **Sachnähe** zwischen dem Zweck der Abgabeerhebung und der homogenen Gruppe besteht (**Finanzierungsverantwortung**)

4.) die Sonderabgabe zugunsten der belasteten Gruppe verwendet wird (**gruppennützige Verwendung**).

Diese vier Kriterien sind stets zu prüfen, um sicherzustellen, dass eine verfassungsmäßige Sonderabgabe vorliegt. Scheitert die Prüfung an einem Merkmal, dann liegt eine unzulässige Sonderabgabe vor.

---

[340] BVerfGE 101, 141, 148.
[341] BVerfGE 55, 274, 310; 81, 156, 186 f; 93, 319, 344.

Beispiel 1: Im Bundesland Bayern gibt es Berufsfeuerwehren und Freiwillige Feuerwehren. In Bayern ist gesetzlich eine auf männliche Gemeindeeinwohner beschränkte Feuerwehrdienstpflicht vorgesehen. In der Praxis wird jedoch bereits seit Jahrzehnten niemand mehr zum Feuerwehrdienst verpflichtet, weil die Berufs- und Freiwilligen Feuerwehren stets eine ausreichende Zahl von Mitgliedern hatten. In Bayern wird jedoch von den männlichen Gemeindeeinwohnern eine sogenannte **Feuerwehrabgabe** erhoben. Diese Abgabe knüpft an das Bestehen der Dienstpflicht an und wird von denjenigen Pflichtigen eingefordert, die nicht in Feuerwehren oder bestimmten anderen gemeinnützigen Einrichtungen dienen. Stellt diese Regelung eine zulässige Sonderabgabe dar?

Lösung: Das Bundesverfassungsgericht hat dazu ausgeführt, dass die Regelung nicht den Grundsätzen über die finanzverfassungsrechtliche Zulässigkeit von Sonderabgaben genügt und damit Art. 2 I GG verletzt, weil sie nicht zur verfassungsmäßigen Ordnung (Art. 105 II und IIa GG) gehört und zugleich einen Verstoß gegen Art. 3 I GG darstellt.[342] Die Feuerwehrabgabe kann den Hauptzweck, der ihr nach der gesetzlichen Regelung zukommen soll – die Herstellung einer Gleichheit in der Last wegen Nichterfüllung der Feuerwehrdienstpflicht –, nicht erreichen, denn die auszugleichende Naturallast hat sich in der Rechtswirklichkeit seit Jahrzehnten für niemanden mehr als reale Belastung aktualisiert.

Dieser tatsächliche Befund steht im Gegensatz zur gesetzlichen Konzeption und Legitimation der Feuerwehrabgabe. Ihr besonderer Legitimationsgrund, der es rechtfertigen soll, eine Gruppe von Bürgern im Vergleich zu anderen besonders zu belasten, liegt gerade darin, dass sie das Pendant zur Feuerwehrdienstpflicht bildet und als finanzielle Sonderlast einen Ausgleich im Lastengefälle schaffen soll zwischen denjenigen, die ihrer Feuerwehrdienstpflicht nachkommen müssen, und denjenigen, die von dieser Naturallast verschont bleiben. Eine nur potentiell bestehende Dienstpflicht wirkt sich allerdings – auch für diejenigen, die freiwillig Dienst leisten – nicht als öffentliche Last aus und kann deshalb die Erhebung eines Ersatzgeldes nicht rechtfertigen. Die Feuerwehrmitglieder leisten nicht deswegen Dienst, weil sie hierzu konkret verpflichtet worden wären, sondern aufgrund freiwilliger Meldung, aufgrund eigenen Willensentschlusses – sei es, weil sie eine gemeinschaftsdienliche Einstellung

---

[342] BVerfGE 92, 91, 113 ff.

haben oder auf diese Weise ihre Befreiung von der Wehrpflicht[343] anstreben. Die Dienstpflicht hat sich bei ihnen also nicht als solche ver-
wirklicht. Die Naturallast, Feuerwehrdienst leisten zu müssen, tritt deshalb
in der Rechtswirklichkeit nur in ihrem Surrogat, der Geldlast Feuerwehrabgabe, in Erscheinung.

Außerdem fehlt es an der erforderlichen **Homogenität** der in Anspruch
genommenen Gruppe und deren besonderen Sachnähe für das Feuerwehrwesen. Die zu einer Sonderabgabe herangezogene Gruppe muss
durch eine gemeinsame, in der Rechtsordnung oder gesellschaftlichen
Wirklichkeit vorgegebene Interessenlage oder durch besondere gemeinsame Gegebenheiten von der Allgemeinheit abgrenzbar sein.[344] Die
Gruppe der feuerwehrpflichtigen männlichen Gemeindeeinwohner hat
keine besondere Sachnähe (**Finanzierungsverantwortlichkeit**) zum
Feuerwehrwesen. Es ist offensichtlich, dass nicht gerade die feuerwehr-
dienstpflichtigen Männer ein irgendwie geartetes besonderes Interesse
am Brandschutz haben.[345]

Beispiel 2: Der Bundestag will aufgrund der zunehmenden weltweiten
Rohstoffknappheit die heimische Steinkohle zur Stromgewinnung fördern.
Allerdings ist die Steinkohleförderung in Deutschland mit erheblichen
Kosten verbunden, so dass der Preis einheimischer Kohle weit über den
derzeit üblichen Weltmarktpreisen liegt. Daher wird ein Gesetz erlassen,
durch das eine Ausgleichsabgabe zur Steinkohleförderung in Deutschland
eingeführt wird. Nach diesem Gesetz soll die Abgabe von den Strom-
produzenten gezahlt werden, die jedoch wiederum berechtigt sind, diese
Abgabe an den Endverbraucher abzuwälzen. Liegt insoweit eine zulässige Sonderabgabe vor?

Lösung: Das Bundesverfassungsgericht hat die Erhebung dieses **Kohle-
pfennigs** als unzulässige Sonderabgabe eingestuft, denn die Ausgleichsabgabe belastet eine Allgemeinheit von Stromverbrauchern, die als solche keine besondere Finanzierungsverantwortlichkeit für die Aufgabe trifft,
den Steinkohleeinsatz bei der Stromerzeugung zu sichern.[346] Die Ausgleichsabgabe belastet private Haushalte ebenso wie gewerbliche Ver-

---

[343] Siehe hierzu § 13a Wehrpflichtgesetz (WPflG).
[344] BVerfGE 55, 274, 305f.; 82, 159, 180.
[345] BVerfGE 9, 291, 299.
[346] BVerfGE 91, 186, 203 ff.

braucher, die private ebenso wie die öffentliche Hand. Gemeinsam ist den Abgabeträgern nur der Stromverbrauch. Die bloße Nachfrage nach dem gleichen Wirtschaftsgut aber formt die Verbraucher nicht zu einer Gruppe, die eine Finanzierungsverantwortlichkeit für eine bestimmte Aufgabe träfe. Die Nachfrage mag Anknüpfungspunkt für eine Verbrauchsteuer sein, taugt aber nicht als Grundlage für eine besondere Finanzierungsverantwortlichkeit, die den Nachfrager für eine bestimmte struktur-, arbeitsmarkt- und energiepolitische Sicherung in Pflicht nimmt. Der Kreis der Stromverbraucher ist somit nahezu konturenlos und geht in der Allgemeinheit der Steuerzahler auf.

Die mit einer Sonderabgabe eingeforderte Finanzverantwortung findet keine homogene Gruppe vor, deren gemeinsame Interessenlage eine besondere Sachnähe zur Kohleverstromung begründete. Die Art der Stromproduktion ist für die Stromverbraucher unerheblich; ihr paralleles Interesse zielt eher auf die Sicherheit der jeweils individuellen Versorgung als Reflex der allgemeinen Versorgungssicherheit. Die Sicherstellung der Strom- oder Energieversorgung aber ist ein Interesse der Allgemeinheit, das deshalb als Gemeinlast – durch Steuer – finanziert werden muss. Die Abgabe ist deshalb nicht als Sonderabgabe zu rechtfertigen.

Die **Verwaltung der Finanzen** ist in Art. 108 GG geregelt. Danach werden nach Art. 108 I 1 GG Zölle, Finanzmonopole, die bundesgesetzlich geregelten Verbrauchsteuern einschließlich der Einfuhrumsatzsteuer und die Abgaben im Rahmen der Europäischen Gemeinschaften durch die Bundesfinanzbehörden verwaltet. Gemäß Art. 108 I 2 GG wird der Aufbau dieser Behörden durch Bundesgesetz[347] geregelt. Alle übrigen Steuern werden nach Art. 108 II 1 GG durch die Landesfinanzbehörden verwaltet, deren Aufbau gemäß Art. 108 II 2 GG durch Bundesgesetz mit Zustimmung des Bundesrates geregelt werden kann.

---

[347] Einschlägig ist das Gesetz über die Finanzverwaltung (FVG).

Die Finanzverwaltung weist jedoch im Vergleich zu den allgemeinen Regelungen zur Ausführung der Gesetze in den Art. 83 ff.
GG eine erwähnenswerte Besonderheit auf. Im Rahmen der
Art. 83 ff. GG wurde dargestellt, dass die Bundesverwaltung und
die jeweiligen Landesverwaltungen getrennt voneinander existieren. Jegliche Form der **Mischverwaltung** ist in diesem Bereich
verboten.[348]

Dies ist im Rahmen der Finanzverwaltung anders, weil Art. 108 IV
1 GG bestimmt, dass durch Bundesgesetz, das der Zustimmung
des Bundesrates bedarf, bei der Verwaltung von Steuern ein **Zusammenwirken von Bundes- und Landesfinanzbehörden** sowie für Steuern, die unter Absatz 1 fallen, die Verwaltung durch
Landesfinanzbehörden und für andere Steuern die Verwaltung
durch Bundesfinanzbehörden vorgesehen werden **kann**, wenn
und soweit dadurch der Vollzug der Steuergesetze erheblich verbessert oder erleichtert wird. Im Rahmen der Finanzverwaltung
besteht somit eine **Ausnahme vom Verbot der Mischverwaltung**.

Eine Verpflichtung zu einem derartigen Zusammenwirken besteht
allerdings nicht.[349] Die von Art. 108 IV 1 GG erlaubte Zusammenarbeit von Bundes- und Landesfinanzbehörden erfolgt in der
Praxis durch die **Oberfinanzdirektionen**. Bei den Oberfinanzdirektionen handelt es sich um **gemeinsame Mittelbehörden von
Bund und Ländern**, §§ 7ff. FVG. Nach § 8 I 1 FVG leitet die
Oberfinanzdirektion die Finanzverwaltung des Bundes mit Ausnahme des Zollfahndungsdienstes und die Finanzverwaltung des
Landes in ihrem Bezirk. Diese Besonderheit bei der Finanzverwaltung durch Bund und Länder soll durch das nachfolgende
Schaubild verdeutlicht werden:

---

[348] Siehe dazu bereits oben § 14 am Ende.
[349] BVerfGE 106, 1, 20ff.

206

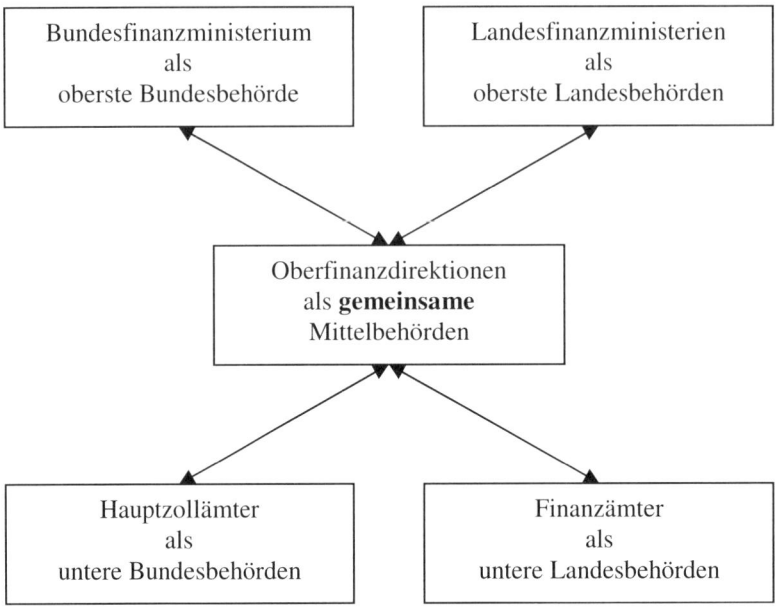

Seit einigen Jahren stellen jedoch nicht mehr alle, sondern nur
noch bestimmte Oberfinanzdirektionen eine gemeinsame Mittel-
behörde von Bund und Land dar, weil § 8 III 1 FVG insofern vorsieht, dass durch Rechtsverordnung Aufgaben der Oberfinanzdirektion für den ganzen Bezirk oder einen Teil davon auf andere
Oberfinanzdirektionen übertragen werden können, wenn dadurch
der Vollzug der Aufgaben verbessert oder erleichtert wird.

Die **Verteilung des Steueraufkommens** ist in Art. 106 GG geregelt. Da diese Thematik jedoch keine Prüfungsrelevanz besitzt,
kann eine Darstellung dahinstehen, wenngleich die Norm zumindest einmal gelesen werden sollte.

§ 17 Die völkerrechtliche Vertretung des Bundes

Im Zusammenhang mit den auswärtigen Beziehungen sind insbesondere Art. 32 und 59 GG relevant. Daneben ist aus europarechtlicher Sicht Art. 23 GG zu nennen.[350]

Um das Zusammenwirken der einzelnen Vorschriften zu verstehen, ist zunächst eine gegenseitige Abgrenzung der Regelungsbereiche erforderlich.[351] Die Vorschrift des Art. 32 GG regelt die **Kompetenzverteilung** zwischen Bund und Ländern im Bereich der Beziehungen zu auswärtigen Staaten.[352] Dies bezeichnet man auch als Regelung der **Verbandskompetenz** bzw. **vertikalen Gewaltenteilung**. Innerhalb des Art. 32 GG enthält Absatz 1 eine allgemeine Regelung, während die Absätze 2 und 3 Sondervorschriften für den Abschluss völkerrechtlicher Verträge enthalten. Die gesamte Regelung in Art. 32 geht als Sonderregelung der Vorschrift des Art. 30 GG vor. Demgegenüber genießt die Regelung des Art. 23 GG Vorrang vor der des Art. 32 GG.

Da neben der Organkompetenz auch geregelt werden muss, welches staatliche Organ zum Vertragsschluss berechtigt ist (sogenannte **horizontale Gewaltenteilung**), tritt Art. 59 GG neben Art. 32 GG. Nach Art. 59 I GG kommt dem Bundespräsidenten die sogenannte **Organkompetenz** zu, denn er ist zum Vertragsschluss befugt. Allerdings bedürfen nach Art. 59 II 1 GG Verträge, welche die politischen Beziehungen des Bundes regeln oder sich auf Gegenstände der Bundesgesetzgebung beziehen, der Zustimmung oder der Mitwirkung der jeweils für die Bundesgesetzgebung zuständigen Körperschaften in der Form eines Bundesgesetzes.

---

[350] Ein Überblick über den Abschluss völkerrechtlicher Verträge findet sich bei *Papier*, DÖV 2003, 265 ff.
[351] *Jarass*, in: *Jarass/Pieroth*, GG, 9. Aufl., Art. 32 Rdnr. 1f.
[352] BVerfGE 1, 351, 369.

Gemäß Art. 32 I GG ist die Pflege der Beziehungen zu auswärtigen Staaten Sache des Bundes. Dazu zählt auch der Abschluss völkerrechtlicher Verträge. Soweit ein Bereich betroffen
ist, für den der Bund nach Art. 72 ff. GG die Gesetzgebungskompetenz besitzt, steht diesem unstreitig auch die Kompetenz
zur Gestaltung der auswärtigen Beziehungen zu.[353]

Nach Art. 32 II GG ist vor dem Abschluss eines Vertrages, der die
besonderen Verhältnisse eines Landes berührt, das Land recht-
zeitig zu hören. Auf diese Weise sollen die besonderen Interessen
des betroffenen Landes gewahrt bleiben. Die Fallgruppe des Art.
32 II GG ist insbesondere eröffnet, wenn es sich um die Regelung
regionaler und örtlicher Fragen handelt. Wenn alle Bundesländer
in der gleichen Weise betroffen sind, scheidet eine Anwendung
des Art. 32 II GG demnach aus.

Art. 32 III GG bestimmt, dass die Länder mit Zustimmung der
Bundesregierung mit auswärtigen Staaten Verträge abschließen
können, soweit die Länder für die Gesetzgebung zuständig sind.

Das Zusammenspiel von Art. 32 I und III GG ist mangels einer
bisherigen Entscheidung des Bundesverfassungsgerichts häufig
Prüfungsgegenstand, weil die Bearbeiter eine umfassende Auslegung der Verfassung vornehmen müssen, um zu einem Ergebnis zu gelangen. Liest man Art. 32 I GG unbefangen, könnte
dieser so verstanden werden, als ob die Vertragsschlusskompetenz des Bundes allumfassend ist, weil die Norm keine
Beschränkung auf die dem Bund zugewiesenen Gesetzgebungskompetenzen gemäß Art. 72 ff. GG enthält. Dass Art. 32 I GG
nicht in diesem Sinne verstanden werden kann, wird jedoch durch
die sonst überflüssige Regelung des Art. 32 III GG deutlich. Das
Problem der beiden Absätze besteht nunmehr darin, dass weder
Absatz 1 noch Absatz 3 regeln, ob die Abschlusskompetenz der

---

[353] Zu der weithin umstrittenen Problematik des Zusammenspiels zwisch-
en Art. 32 I und III GG siehe sogleich im nächsten Absatz.

Länder konkurrierend neben eine solche des Bundes tritt oder exklusiv ist. Im Zusammenhang mit dieser Problematik haben sich in unterschiedlichen Spielarten mittlerweile zwei Hauptmeinungen herausgebildet, die in einer **Prüfung** zur Bewältigung des Problems bekannt sein sollten. In der Regel wird der Klausurfall mit einem Vertragschluss auf kulturellem Gebiet gebildet, weil die Länder z. B. auf dem Gebiet des Schul- und Rundfunkrechts über ausschließliche Gesetzgebungskompetenzen verfügen.

Nach der sogenannten **föderalistischen Meinung** ist die Zuständigkeit des Bundes hinsichtlich des Vertragsschlusses mit auswärtigen Staaten insofern beschränkt, als er dort keine Verträge abschließen darf, wo die Länder die ausschließliche Gesetzgebungskompetenz besitzen. Soweit den Ländern demnach eine ausschließliche Gesetzgebungskompetenz zukommt, steht ihnen eine exklusive Vertragsschlusskompetenz zu. Der Bund ist insoweit ausgeschlossen.

Begründet wird dies mit einer sonst drohenden Gefahr der Aushöhlung der Landeskompetenzen. Da Art. 32 III GG auf die Gesetzgebungskompetenzen der Länder verweise, sei die dortige Verteilung auch für den Abschluss von Verträgen mit auswärtigen Staaten maßgeblich. Anderenfalls würde dies zu einem Auseinanderfallen von **Vertragsschluß- und Transformationskompetenz** führen, weil der Bund zwar nach außen den Vertrag schließen, die innerstaatliche Regelung jedoch aufgrund der ausschließlichen Landesgesetzgebungskompetenz nicht umsetzen könne. Der Bund wäre dann im Ergebnis völkerrechtlich verpflichtet und könnte dieser Verpflichtung nach innen jedoch nicht nachkommen. Ein solches geradezu widersinniges Ergebnis könne das Grundgesetz nicht bezweckt haben.

Die traditionell vom Bund vertretene **zentralistische Meinung** geht davon aus, dass die Vertragsschlusszuständigkeit des Bundes nach dem klaren Wortlaut des Art. 32 I GG unbeschränkt ist. Zudem stünde das Wort „können" in Art. 32 III GG einer exklusiven Vertragsschlußkompetenz der Länder im Sinne der föderalistischen Meinung entgegen. Wenn das Grundgesetz eine exklusive Zuständigkeit der Länder beabsichtigt hätte, wäre in Art. 32 III GG klargestellt worden, dass **nur** die Länder solche Verträge mit auswärtigen Staaten abschließen könnten.

Um ein von der föderalistischen Meinung befürchtetes Auseinanderfallen der Vertragsschluss- und der Transformationskompetenz zu verhindern, besitzt der Bund nach der zentralistischen Auffassung auch die Transformationskompetenz auf Gebieten, wo eigentlich den Ländern innerstaatlich die Gesetzgebungskompetenz zusteht. Wenn der Bund für die Erfüllung des Vertrages völkerrechtlich verantwortlich sei, könne er die innerstaatliche Umsetzung nicht den Ländern überlassen. Nach dieser Auffassung steht den Ländern somit keine exklusive, sondern nur eine konkurrierende Vertragsschlusszuständigkeit neben dem Bund zu.

Die föderalistische Meinung erwidert hierauf, dass das Wort „können" in Art. 32 III GG nur das Handlungsermessen der Länder ausdrücke und der von der zentralistischen Meinung bewirkte Gleichlauf zwischen Vertragsschluss- und Transformationskompetenz die gesamte Kompetenzaufteilung im Grundgesetz beseitige, weil der Bund demnach auch innerstaatlich immer zuständig sei, wenn er zuvor einen völkerrechtlichen Vertrag abgeschlossen habe.

In einer **Prüfung** sind natürlich beide Meinungen gut vertretbar, da es bislang – wie bereits erwähnt – an einer klärenden Entscheidung des Bundesverfassungsgerichts fehlt. In der Praxis wird die schwierige Problematik jedoch durch das sogenannte **Lindauer Abkommen** vom 14. November 1957 abgemildert. Hierbei ist jedoch zu bedenken, dass das Lindauer Abkommen die verfassungsrechtliche Lage nicht abändern kann, weil das Abkommen nach **herrschender Auffassung** lediglich eine Bestätigung der Rechtslage darstellt. Das Lindauer Abkommen sieht für den Abschluss von Staatsverträgen, die nach Auffassung der Länder deren ausschließliche Kompetenz berühren, also insbesondere bei Kulturabkommen, vor, dass dem Bund auch dafür die Abschlusskompetenz zusteht. Allerdings soll der Bund vor dem Vertragsschluss das Einverständnis der Länder herbeiführen. Aufgrund dieser Regelung zwischen Bund und Ländern ist demnach auch nicht damit zu rechnen, dass die Thematik in Zukunft zum Gegenstand eines Rechtsstreits vor dem Bundesverfassungsgericht werden wird.

§ 18 Die Verwirklichung der Europäischen Union

Hinsichtlich des Rechtscharakters der Europäischen Union wurde bereits auf die Besonderheit des „Drei-Säulen-Modells" hingewiesen.[354] Hieraus wird nach herrschender Meinung geschlussfolgert, dass es sich bei der EU um einen Staatenverbund und somit eine Organisation sui generis handelt. Die zentrale Norm im Grundgesetz im Zusammenhang mit der Verwirklichung der Europäischen Union findet sich in Art. 23 GG. Dieser geht als Spezialvorschrift Art. 32 GG vor, da er wesentlich detailliertere Regelungen enthält. Insbesondere soll Art. 23 GG eine weitreichende Beteiligung der Länder über den Bundesrat sicherstellen.

Zudem wurde bereits erwähnt, dass die wesentlichen Strukturprinzipien der Verfassung nicht nur innerstaatliche Geltung beanspruchen, sondern auch für eine Beteiligung Deutschlands an der Europäischen Union relevant werden.[355] Insofern fordert Art. 23 I 1 GG, dass die Europäische Union demokratischen, rechtsstaatlichen, sozialen und föderativen Grundsätzen verpflichtet ist. Zur Verwirklichung eines vereinten Europas kann der Bund zudem

---

[354] Siehe dazu bereits oben § 2 III.
[355] Siehe dazu bereits oben § 4 am Anfang.

nach Art. 23 I 2 GG durch Gesetz mit Zustimmung des Bundesrates Hoheitsrechte übertragen. Die angestrebte effektive Verwirklichung der europäischen Union wird dabei in vielen Bereichen
durch eine Rechtsvereinheitlichung bzw. Rechtsanpassung herbeigeführt, um europaweit verbindliche Regelungen vorzufinden und
den Rechtsverkehr zu vereinfachen. Die zunehmende Verflech-
tung des europäischen Rechts mit dem innerstaatlichen Recht
wirft daher eine Reihe komplizierter Fragen hinsichtlich des
Zusammenspiels der beiden Rechtsordnungen auf.

Diesbezüglich wurde bereits abstrakt erwähnt, dass das gesamte
europäische Recht **Anwendungsvorrang**, jedoch **keinen Gel-
tungsvorrang**, vor jeglichem innerstaatlichen Recht genießt.[356]
Die nationale Vorschrift ist demnach bei einer Kollision mit europäischem Recht nicht nichtig, sondern lediglich ohne weiteres unanwendbar. Sollte das Gemeinschaftsrecht einmal Außerkraft-
treten, würde die innerstaatliche Norm demnach automatisch
wieder aufleben. Da das Zusammenspiel des europäischen
Rechts mit dem innerstaatlichen Recht jedoch Inhalt zahlreicher
Entscheidungen des Europäischen Gerichtshofs und des Bundesverfassungsgerichts war, soll der folgende Abschnitt einen
vertieften Einblick in die Begründung dieses Anwendungsvorrangs
geben.

Zunächst sind bei einer Kollision von europäischem Recht und
nationalem Recht zwei Grundkonstellationen zu unterscheiden:

1.) Kollision von Gemeinschaftsrecht mit einfachem inner-
staatlichem Gesetzesrecht
2.) Kollision von Gemeinschaftsrecht mit nationalem Verfassungsrecht, insbesondere den Grundrechten.

---

[356] Siehe dazu bereits oben § 4 V 3 am Anfang im Rahmen des Exkurses
zur Normenhierarchie.

Hinsichtlich der **ersten Fallkonstellation** hat das Bundesverfassungsgericht bereits recht früh anerkannt, dass das Europarecht einen Anwendungsvorrang vor dem einfachen nationalen
Recht genießt. Begründet wird dies damit, dass durch die Ratifizierung des EWG-Vertrages in Übereinstimmung mit Art. 24 I GG
a. F. (jetzt Art. 23 I GG) eine eigenständige Rechtsordnung der
Europäischen Wirtschaftsgemeinschaft entstanden sei, die in die
innerstaatliche Rechtsordnung hineinwirke und von den deutschen
Gerichten anzuwenden sei.[357]

Art. 24 I GG a. F. besage demnach bei sachgerechter Auslegung
nicht nur, dass die Übertragung von Hoheitsrechten auf zwischen-
staatliche Einrichtungen überhaupt zulässig sei, sondern auch,
dass die Hoheitsakte ihrer Organe vom ursprünglich ausschließlichen Hoheitsträger anzuerkennen seien. Der Anwendungsvorrang des Europarechts gegenüber späterem wie früherem
nationalem Gesetzesrecht beruhe auf einer **ungeschriebenen
Norm des primären Gemeinschaftsrechts,** der durch die Zustimmungsgesetze zu den Gemeinschaftsverträgen in Verbindung
mit Art. 24 I GG a. F. der innerstaatliche Rechtsanwendungsbefehl
erteilt worden sei. Art. 24 I GG a. F. enthalte die verfassungsrechtliche Ermächtigung für die Billigung dieser Vorrangregel
durch den Gesetzgeber und ihre Anwendung im Einzelfall.[358]

Die **zweite Fallkonstellation** war dagegen Gegenstand zahlreicher Entscheidungen des Europäischen Gerichtshofs und des
Bundesverfassungsgerichts, wobei insbesondere die Rechtsprechung des Bundesverfassungsgerichts interessant ist. Der
Europäische Gerichtshof leitete den Vorrang des Gemeinschaftsrechts aus der Gemeinschaftsrechtsordnung selbst her. In
der grundlegenden Entscheidung *Costa/E.N.E.L*[359] führt der Europäische Gerichtshof aus, dass dem vom Vertrag geschaffenen,

---

[357] BVerfGE 31, 145, 173f.; 75, 223 ff.
[358] BVerfGE 73, 339, 375.
[359] EuGHE I 1964, 1251, 1269 ff.

214

somit aus einer autonomen Rechtsquelle fließenden Recht wegen seiner Eigenständigkeit **keine wie immer gearteten innerstaatlichen Rechtsvorschriften** vorgehen können, wenn ihm nicht sein Charakter als Gemeinschaftsrecht aberkannt und wenn nicht die Rechtsgrundlage der Gemeinschaft selbst in Frage gestellt werden soll. Die Formulierung „keine wie immer gearteten innerstaatlichen Rechtsvorschriften" macht deutlich, dass dieser Vorrang des europäischen Rechts auch im Hinblick auf das deutsche Verfassungsrecht gelten soll.

Diese grundlegende Entscheidung bestätigte der Europäische Gerichtshof in zahlreichen Folgeentscheidungen. In der *Simmenthal-II*[360] Entscheidung formuliert der EuGH, dass jeder im Rahmen seiner Zuständigkeit angerufene staatliche Richter verpflichtet sei, das Gemeinschaftsrecht uneingeschränkt anzuwenden und die Rechte, die es den Einzelnen verleihe, zu schützen, indem er jede möglicherweise entgegenstehende Bestimmung des nationalen Rechts, gleichgültig, ob sie früher oder später als die Gemeinschaftsnorm ergangen sei, unangewendet lasse. Sonach wäre jede Bestimmung einer nationalen Rechtsordnung oder jede Gesetzgebungs-, Verwaltungs- oder Gerichtspraxis mit den in der Natur des Gemeinschaftsrechts liegenden Erfordernissen unvereinbar, die dadurch zu einer Abschwächung der Wirksamkeit des Gemeinschaftsrechts führen würde, dass dem für die Anwendung dieses Rechts zuständigen Gericht die Befugnis abgesprochen wird, bereits zum Zeitpunkt dieser Anwendung alles erforderliche zu tun, um diejenigen innerstaatlichen Rechtsvorschriften auszuschalten, die unter Umständen ein Hindernis für die volle Wirksamkeit der Gemeinschaftsnormen bilden. Das staatliche Gericht, das im Rahmen seiner Zuständigkeit die Bestimmungen des Gemeinschaftsrechts anzuwenden hat, ist demnach gehalten, für die volle Wirksamkeit dieser Normen Sorge zu tragen, indem es erforderlichenfalls jede – auch spätere – entgegenstehende Bestimmung des nationalen Rechts aus eigener Entscheidungsbefugnis

---

[360] EuGHE I 1978, 629 ff.

unangewendet lässt, ohne dass es die vorherige Beseitigung dieser Bestimmungen auf gesetzgeberischem Wege oder durch irgendein anderes verfassungsgerichtliches Verfahren beantragen oder abwarten müsste.

Das **Bundesverfassungsgericht** äußerte sich zu dem Verhältnis des Europarechts zum nationalen Verfassungsrecht im Rahmen der *Solange-Rechtsprechung*. Im Kern drehten sich die jeweiligen Entscheidungen jeweils um die Anwendbarkeit der Grundrechte im Zusammenhang mit dem Europarecht. In der Entscheidung *Solange I*[361] äußerte sich das Bundesverfassungsgericht folgendermaßen:

„**Solange**[362] der Integrationsprozess der Gemeinschaft nicht so weit fortgeschritten ist, dass das Gemeinschaftsrecht auch einen von einem Parlament beschlossenen und in Geltung stehenden formulierten Katalog von Grundrechten enthält, **der dem Grundrechtskatalog des Grundgesetzes adäquat ist**, ist (...) die Vorlage eines Gerichts der Bundesrepublik Deutschland an das Bundesverfassungsgericht im **Normenkontrollverfahren zulässig** und geboten, wenn das Gericht die für es entscheidungserhebliche Vorschrift des Gemeinschaftsrechts in der vom Europäischen Gerichtshof gegebenen Auslegung für unanwendbar hält, weil und soweit sie mit einem der Grundrechte des Grundgesetzes kollidiert."

Demnach sah sich das Bundesverfassungsgericht weiterhin als befugt an, um sekundäres Gemeinschaftsrecht unmittelbar am Maßstab der deutschen Grundrechte zu überprüfen und gegebenenfalls für unanwendbar im deutschen Rechtsraum zu erklären. Diese Auffassung schwächte das Bundesverfassungsgericht jedoch in der Entscheidung *Solange II*[363] wieder ab, denn es führte diesbezüglich aus:

---

[361] BVerfGE 37, 271 ff.
[362] Hervorhebungen vom Verfasser.
[363] BVerfGE 73, 339 ff.

„**Solange** die Europäischen Gemeinschaften, insbesondere die Rechtsprechung des Gerichtshofs der Gemeinschaften einen wirksamen Schutz der Grundrechte gegenüber der Hoheitsgewalt der Gemeinschaften generell gewährleisten, der dem vom Grundgesetz als unabdingbar gebotenen Grundrechtsschutz **im Wesentlichen gleich zu achten ist**, zumal den Wesensgehalt der Grundrechte generell verbürgt, wird das Bundesverfassungsgericht seine Gerichtsbarkeit über die Anwendbarkeit von abgeleitetem Gemeinschaftsrecht, das als Rechtsgrundlage für ein Verhalten deutscher Gerichte oder Behörden im Hoheitsbereich der Bundesrepublik Deutschland in Anspruch genommen wird, **nicht mehr ausüben** und dieses Recht mithin nicht mehr am Maßstab der Grundrechte des Grundgesetzes überprüfen; **entsprechende Vorlagen nach Art. 100 I GG sind somit unzulässig.**"

Das Bundesverfassungsgericht verzichtete nunmehr auf eine eigene Überprüfung des Sekundärrechts am Maßstab der deutschen Grundrechte, solange ein angemessener Grundrechtsschutz auf Gemeinschaftsebene gewährleistet ist. In der folgenden *Maastricht-Entscheidung*[364] begründete das Bundesverfassungsgericht sein **Kooperationsverhältnis** mit dem Europäischen Gerichtshof zum Schutz der Grundrechte:

„Das Bundesverfassungsgericht gewährleistet durch seine Zuständigkeit, dass ein wirksamer Schutz der Grundrechte für die Einwohner Deutschlands auch gegenüber der Hoheitsgewalt der Gemeinschaften generell sichergestellt und dieser dem vom Grundgesetz als unabdingbar gebotenen Grundrechtsschutz **im Wesentlichen gleich zu achten ist**, zumal den Wesensgehalt der Grundrechte generell verbürgt. Das Bundesverfassungsgericht sichert so diesen Wesensgehalt auch gegenüber der Hoheitsgewalt der Gemeinschaft.[365] Auch Akte einer besonderen, von der

---

[364] BVerfGE 89, 155 ff.

[365] An dieser Stelle nimmt das Bundesverfassungsgericht Bezug auf seine Ausführungen in der Entscheidung *Solange II*, BVerfGE 73, 339, 386.

Staatsgewalt der Mitgliedstaaten geschiedenen öffentlichen Gewalt einer supranationalen Organisation betreffen die Grundrechts-
berechtigten in Deutschland. Sie berühren damit die Gewähr-
leistungen des Grundgesetzes und die Aufgaben des Bundesverfassungsgerichts, die den Grundrechtsschutz in Deutschland und
insoweit nicht nur gegenüber deutschen Staatsorganen zum
Gegenstand haben. Allerdings übt das Bundesverfassungsgericht
seine Gerichtsbarkeit über die Anwendbarkeit von abgeleitetem
Gemeinschaftsrecht in Deutschland in einem „**Kooperationsverhältnis**" zum **Europäischen Gerichtshof** aus, in dem der Europäische Gerichtshof den Grundrechtsschutz in jedem Einzelfall für
das gesamte Gebiet der Europäischen Gemeinschaften garantiert,
das Bundesverfassungsgericht sich deshalb auf eine generelle
Gewährleistung der unabdingbaren Grundrechtsstandards beschränken kann."

Die *Maastricht-Entscheidung* stellt somit eine Fortführung der
Solange II-Entscheidung dar, denn im Ergebnis bleiben Normen-
kontrollen bzw. Verfassungsbeschwerden damit auch weiterhin
grundsätzlich unzulässig, wenn nicht nachgewiesen werden kann,
dass der Europäische Gerichtshof generell den unabdingbaren
Grundrechtsschutz nicht mehr gewährleistet. Dass eine solche
Gefahr der generellen Vernachlässigung des Grundrechtsschutzes
durch den EuGH nach dem derzeitigen Stand des Gemeinschaftsrechts kaum droht, ist Gegenstand der *Bananenmarkt-Entscheidung*[366], denn das Bundesverfassungsgericht führt aus:

„Verfassungsbeschwerden und Vorlagen von Gerichten, die eine
Verletzung in Grundrechten des Grundgesetzes durch sekundäres
Gemeinschaftsrecht geltend machen, **sind von vornherein unzu-
lässig, wenn ihre Begründung nicht darlegt**, dass die euro-
päische Rechtsentwicklung einschließlich der Rechtsprechung des
Europäischen Gerichtshofs nach Ergehen der *Solange II-Entschei-*

---

[366] BVerfGE 102, 147

218

dung[367] **unter den erforderlichen Grundrechtsstandard abge-**
sunken sei. Deshalb muss die Begründung der Vorlage oder
einer Verfassungsbeschwerde im Einzelnen darlegen, dass der
jeweils **als unabdingbar gebotene Grundrechtsschutz generell**
nicht gewährleistet ist. Dies erfordert eine Gegenüberstellung
des Grundrechtsschutzes auf nationaler und auf Gemeinschaftsebene in der Art und Weise, wie das Bundesverfassungsgericht
sie in der Solange-II-Entscheidung auf den Seiten 378 bis 381 ge-
leistet hat.

Die Darlegung dieser Anforderungen wird vor dem Hintergrund der
momentanen Rechtsprechung des Europäischen Gerichtshofs
nahezu unmöglich sein, so dass eine diesbezügliche Entscheidung des Bundesverfassungsgerichts äußert unwahrscheinlich ist.
Zudem ist zu bedenken, dass der angestrebte Vertrag über eine
Verfassung für Europa (EU-Verfassungsvertrag) in Teil II eine
verbindliche Charta der Grundrechte enthalten wird, so dass
tatsächlich von einer Verstärkung des grundrechtlichen Schutzes
auf der Ebene der Europäischen Union auszugehen sein wird.

Zusammenfassung zum Verhältnis Europarecht – nationales
Recht

1.) Im Verhältnis Europarecht – einfaches nationales Recht besteht unstreitig ein Anwendungsvorrang des Europarechts.

2.) Im Verhältnis Europarecht – nationales Verfassungsrecht geht
der Europäische Gerichtshof ebenfalls ohne weiteres von einem
Anwendungsvorrang des Europarechts aus. Das Bundesverfas-
ungsgericht hat nach einer Kette von Entscheidungen mittlerweile
die gleiche Position eingenommen, behält sich unter den sehr
hohen Voraussetzungen der *Bananenmarkt-Entscheidung* allerdings noch ein Prüfungsrecht vor.

---

[367] BVerfGE 73, 339, 378 ff.

§ 19 Das Bundesverfassungsgericht

Im Unterschied zu den anderen obersten Bundesgerichten handelt es sich beim Bundesverfassungsgericht um ein **Verfassungsorgan**. Das Bundesverfassungsgericht steht somit auf einer Stufe neben den übrigen Verfassungsorganen des Bundes. Dies wird durch § 1 I BVerfGG klargestellt, wonach das Bundesverfassungsgericht ein allen übrigen Verfassungsorganen gegenüber selbstständiger und unabhängiger Gerichtshof des Bundes ist. Aus der besonderen Stellung des Bundesverfassungsgerichts folgt, dass seine Entscheidungen unanfechtbar sind und nach § 31 I BVerfGG die Verfassungsorgane des Bundes und der Länder sowie alle Gerichte und Behörden daran gebunden sind.

In den Fällen des § 31 II BVerfGG hat die Entscheidung des Bundesverfassungsgerichts sogar Gesetzeskraft. Um seiner Aufgabe effektiv gerecht werden zu können, wurde dem Bundesverfassungsgericht laut Bundeshaushaltsplan im Jahr 2007 ein Haushalt von circa 20 Millionen Euro zugesprochen. Wie alle anderen Gerichte auch, entscheidet das Bundesverfassungsgericht ebenfalls nur auf Antrag, in richterlicher Unabhängigkeit und in einem kontradiktorischen Verfahren.

Nach § 2 I BVerfGG besteht das Bundesverfassungsgericht aus zwei Senaten, die nach § 2 II BVerfGG mit je acht Richtern besetzt sind. Nach Art. 94 I 2 GG in Verbindung mit §§ 5ff. BVerfGG werden die Richter je zur Hälfte vom Bundestage und vom Bundesrate gewählt und dürfen nach Art. 94 I 3 BVerfGG weder dem Bundestage, dem Bundesrate, der Bundesregierung noch entsprechenden Organen eines Landes angehören. Dadurch soll eine Interessenkollision von vornherein vermieden werden. Zudem müssen die Richter nach § 3 I BVerfGG das 40. Lebensjahr vollendet haben, zum Bundestag wählbar sein und sich schriftlich bereits erklärt haben, Mitglied des Bundesverfassungsgerichts zu werden. Die erste Alternative soll vor allem sicherstellen, dass nur

Richter mit der nötigen Erfahrung und beruflichen Reife zu Verfassungsrichtern berufen werden. Die Amtszeit der Richter dauert nach § 4 I BVerfGG zwölf Jahre, längstens bis zur Altersgrenze, die gemäß § 4 III BVerfGG auf das Ende des Monats festgelegt ist, in dem der Richter das 68. Lebensjahr vollendet. Eine anschließende oder spätere Wiederwahl ist gemäß § 4 II BVerfGG ausgeschlossen.

Da das Bundesverfassungsgericht aus zwei Senaten besteht, droht auch hier wieder die **Gefahr divergierender Entscheidungen.**[368] Da die Entscheidungen des Bundesverfassungsgerichts aufgrund ihrer großen Tragweite in der Regel elementare Bedeutung für die Rechtspraxis haben, sieht § 16 I BVerfGG in diesen Fällen eine Entscheidung des Plenums vor. Dieses besteht aus allen Richtern des Bundesverfassungsgerichts und muß nach § 16 I BVerfGG entscheiden, wenn ein Senat in einer Rechtsfrage von der in einer Entscheidung des anderen Senats enthaltenen Rechtsauffassung abweichen will.

Die Zuständigkeit des Bundesverfassungsgerichts ergibt sich aus dem Katalog des Art. 93 GG. Demnach besteht anders als im Verwaltungsrecht mit § 40 VwGO keine Generalklausel, sondern eine enumerative Auflistung. Die Regelung in Art. 93 GG ist abschließend[369], so dass eine Erweiterung der Zuständigkeiten nur durch den Gesetzgeber erfolgen könnte.

Die einzelnen Verfahren vor dem Bundesverfassungsgericht sind dabei in steter Regelmäßigkeit **äußerst prüfungsrelevant,** da in einer staatsorganisationsrechtlichen Aufgabenstellung normalerweise Zulässigkeit und Begründetheit zu prüfen sind. Die nachfolgende Darstellung der einschlägigen Verfahren richtet sich nur

---

[368] Siehe dazu bereits oben Fußnote 312 hinsichtlich der Sicherung einer einheitlichen Rechtsprechung der verschiedenen Senate eines Bundesobergerichts und der verschiedenen Bundesobergerichte untereinander.
[369] BVerfGE 13, 174, 176f.; 63, 73, 76.

insoweit nach der durch das Grundgesetz vorgegebenen Reihen-
folge in Art. 93 I GG als didaktische Gründe nicht eine andere
Reihenfolge gebieten. Ein Schwerpunkt liegt dabei auf den immer
wiederkehrenden **Prüfungsklassikern** im Rahmen der Zulässigkeit, denn diese Fragen kann man im Gegensatz zur Begründetheitsprüfung[370] einüben.

I. Das Organstreitverfahren

Nach Art. 93 I Nr. 1 GG in Verbindung mit §§ 13 Nr. 5 und 63 bis
67 BVerfGG entscheidet das Bundesverfassungsgericht über die
Auslegung dieses Grundgesetzes aus Anlass von Streitigkeiten
über den Umfang der Rechte und Pflichten eines obersten
Bundesorgans oder anderer Beteiligter, die durch dieses Grundgesetz oder in der Geschäftsordnung eines obersten Bundesorgans mit eigenen Rechten ausgestattet sind. Im Rahmen dieses
Verfahrens entscheidet das Bundesverfassungsgericht somit über
Streitigkeiten zwischen Verfassungsorganen des Bundes oder
innerhalb von Verfassungsorganen des Bundes. **Streitgegenstand** bilden dabei die den jeweiligen Organen durch die Verfassung zugewiesenen Kompetenzen.

Als **Antragsteller**[371] kommen nach § 63 BVerfGG der Bundespräsident, der Bundestag, der Bundesrat, die Bundesregierung
und die im Grundgesetz oder in den Geschäftsordnungen des
Bundestages und des Bundesrates mit eigenen Rechten aus-
gestatteten Teile dieser Organe in Betracht. Als Organteile in
diesem Sinne kommen beispielsweise in Betracht:

1.) Bundestagspräsident (Art. 40 GG)
2.) Bundesratspräsident (Art. 52 GG)

---

[370] Siehe dazu bereits oben § 1.
[371] Dieser Prüfungspunkt wird zum Teil auch mit Parteifähigkeit
überschrieben.

3.) Bundesminister (soweit ihnen eigene verfassungsrechtliche Rechte eingeräumt sind, z. B. nach Art. 53 oder
112 GG)

4.) Bundestagsfraktionen (§§ 10 ff. GO BT in Verbindung mit
§§ 45 ff. AbgG)

5.) Bundestagsgruppen (§ 10 IV GO BT)

6.) Einzelne Abgeordnete (Art. 38 I GG)

Einen besonderen Problemfall wirft die Parteifähigkeit **politischer
Parteien** auf. Insofern besteht die Besonderheit, dass Art. 93 I Nr.
1 GG die weite Formulierung „anderer Beteiligter" enthält und die
einfachgesetzliche Norm des § 63 BVerfGG enger gefasst ist.

Allerdings ist in einem solchen Fall aufgrund der Normenhierarchie
die weitere Norm des Grundgesetzes maßgeblich, so dass nach
ständiger Rechtsprechung des Bundesverfassungsgerichts auch
Parteien im Organstreit parteifähig sind, solange sie ihre Rechte
aus Art. 21 GG verfolgen.[372] Diese Auffassung wird von der Literatur zum Teil bekämpft, weil Parteien keine Staatsorgane seien und
der klare Wortlaut des § 63 BVerfGG der Auffassung des Bundesverfassungsgerichts entgegenstehe.[373] In einer **Prüfung** sollte
man sich jedoch der Rechtsprechung des Bundesverfassungsgerichts anschließen, um an dieser Stelle nicht zur Unzulässigkeit
des Organstreitverfahrens zu gelangen und die Begründetheit in
einem Hilfsgutachten prüfen zu müssen.

Hinsichtlich des **Antragsgegners** gelten die zum Antragsteller
gemachten Ausführungen entsprechend.

Der **Verfahrens- oder Antragsgegenstand** ist in § 64 I BVerfGG
festgelegt. Demnach muss geprüft werden, ob eine **Maßnahme
oder Unterlassung** des Antragsgegners den Antragsteller in
seinen ihm durch das Grundgesetz übertragenen Rechten und

---

[372] BVerfGE 4, 27, 30f.; 82, 322, 335; 85, 264, 284; 110, 403, 405.
[373] *Ipsen*, Staatsrecht I, Rdnr. 886.

Pflichten verletzt oder unmittelbar gefährdet. Dabei sind nach der Rechtsprechung des Bundesverfassungsgerichts jedoch nur **rechtserhebliche** Maßnahmen relevant.[374] Handlungen, die demnach nur vorbereitenden oder vollziehenden Charakter haben, scheiden als Angriffsgegenstand im Organstreit aus.[375]

Beispiel: Im Rahmen einer Bundestagsdebatte nahm der Abgeordnete A zur Außenpolitik der Bundesregierung Stellung. Seine kritischen Äußerungen brachten den Abgeordneten B dazu, den Abgeordneten A durch einen Zwischenruf als „Dreckschleuder" zu bezeichnen. Der Abgeordnete B wurde daraufhin vom Bundestagspräsidenten wegen Verwendung eines nichtparlamentarischen Ausdrucks **gerügt**. Der Abgeordnete B ist mit dieser Rüge nicht einverstanden und will nun im Wege des Organstreitverfahrens klären lassen, ob der Bundestagspräsident seinen verfassungsrechtlichen Status verletzt hat. Wäre ein Organstreitverfahren zulässig?

Lösung: Das Bundesverfassungsgericht hat die Zulässigkeit eines Organstreitverfahrens **mangels Rechterheblichkeit der Rüge** verneint.[376] Maßgeblich ist insofern, dass es sich bei der vom Antragsteller beanstandeten Maßnahme nicht um einen Ordnungsruf im Sinne von § 36 Satz 2 GO BT handelt. Rügen dieser Art, die im parlamentarischen Schrifttum teilweise dem parlamentarischen Gewohnheitsrecht, teilweise dem Parlamentsbrauch zugeordnet werden, sind eigenständige Ordnungsmaßnahmen des Bundestagspräsidenten gegenüber den Mitgliedern des Bundestages. Die *Rüge* im vorstehend beschriebenen Sinn ist das mildeste Mittel zur Aufrechterhaltung der parlamentarischen Ordnung gegenüber einem Bundestagsabgeordneten. Der Bundestagspräsident kann sie bei solchen Verstößen gegen die parlamentarische Ordnung anwenden, die er als so leicht bewertet, dass selbst ein Ordnungsruf als schwächstes der förmlichen Disziplinarmittel der Geschäftsordnung noch nicht angezeigt erscheint. Die Rüge, die zum Teil auch als Mahnung bezeichnet wird, **ist an keine bestimmte Form gebunden** und kann auch als Erinnerung, Ermahnung, Missbilligung, Aufforderung zu ordnungsgemäßem Verhalten, Hinweis auf die Unzulässigkeit eines

---

[374] BVerfGE 97, 408, 414.
[375] BVerfGE 68, 1, 74f.; 103, 81, 86.
[376] BVerfGE 60, 374, 381 f.

Ausdrucks oder das Unparlamentarische des Verhaltens erteilt werden. **Kennzeichnend für die Ordnungsmaßnahme „Rüge" ist ihr präventiver, hinweisender Charakter**; sie ist als Maßnahme unterhalb der Sanktion für die Verletzung der parlamentarischen Form ein Hinweis, die parlamentarischen Gepflogenheiten zu beachten. **Dementsprechend gibt es gegen die Rüge auch keinen Einspruch an den Bundestag, wie er in § 39 GO BT für die Fälle des Ordnungsrufes und des Ausschlusses vorgesehen ist.** Ein Ordnungsruf im Sinne des § 36 Satz 2 GO BT liegt allerdings nur dann vor, wenn er vom Präsidenten des Bundestages auch nach außen hin ausdrücklich als solcher kenntlich gemacht worden ist, d. h. mindestens den Begriff „Ordnung" enthält.

Durch dieses strenge Formerfordernis soll gerade sichergestellt werden, dass der Ordnungsruf, gegen den der betroffene Abgeordnete Einspruch einlegen kann (§ 39 GO BT) und der bei zweimaliger Wiederholung zur Entziehung des Wortes führt (§ 37 GO BT), eindeutig von der Rüge im engeren Sinn zu unterscheiden ist. Aus dem vorwiegend **mahnenden Charakter der parlamentarischen Rüge** folgt, dass dieses Ordnungsmittel in der Regel nicht die verfassungsmäßigen Rechte des Abgeordneten, gegen den sie sich richtet, beeinträchtigen kann. **Eine Rüge durch den Präsidenten bringt zwar auch eine Missbilligung der Äußerung oder des Verhaltens eines Abgeordneten zum Ausdruck, hat jedoch weder unmittelbar noch mittelbar einen Rechtsnachteil zur Folge.** Eine rechtserhebliche Wirkung der hier beanstandeten Rüge lässt sich auch nicht im Blick auf mögliche künftige Reden des Antragstellers im Bundestag mit der Erwägung rechtfertigen, eine gleiche Äußerung könne mit einem Ordnungsruf sanktioniert werden und nach zwei weiteren Ordnungsrufen während derselben Rede zur Entziehung des Wortes führen (§ 37 GO BT). Denn diese Erwägung beträfe nicht mehr die Verfassungswidrigkeit der Rüge selbst.

Ein **Unterlassen** im Sinne des § 64 I BVerfGG kommt ebenfalls nur dann als Verfahrensgegenstand in Betracht, wenn es rechtserheblich ist. Ein solches rechtserhebliches Unterlassen liegt demnach nur dann vor, wenn eine verfassungsrechtliche Verpflichtung zur Vornahme der unterlassenen Maßnahme nicht ausge-

schlossen werden kann.[377] Fehlt es somit hieran, ist der Organstreit mangels eines zulässigen Angriffsgegenstandes unzulässig.

Beispiel: Die Weigerung des Bundespräsidenten ein Gesetz auszufertigen würde ein solches rechtserhebliches Unterlassen darstellen, weil
eine verfassungsrechtliche Verpflichtung zur Vornahme der unterlassenen
Maßnahme (Art. 82 I 1 GG) nicht ausgeschlossen werden kann.

Im Rahmen der **Antragsbefugnis** ist nach § 64 BVerfGG zu
prüfen, ob der Antragsteller oder das Organ, dem er angehört,
durch das Verhalten des Antragsgegners in seinen ihm durch das
Grundgesetz[378] übertragenen Rechten oder Pflichten **verletzt
oder unmittelbar gefährdet ist**. Für die Zulässigkeitsprüfung
reicht insofern eine **schlüssige** Behauptung aus. Schlüssig ist die
Behauptung, wenn die Rechtsverletzung nach dem vorgetragenen
Sachverhalt **möglich** erscheint.[379] Ob eine solche Verletzung
tatsächlich eingetreten ist, ist nicht Frage der Zulässigkeit, sondern
der Begründetheit des Organstreitverfahrens.

Aufgrund der eindeutigen Formulierung des § 64 BVerfGG ist
jedoch auch eine sonst im Prozeßrecht grundsätzlich ausge-
schlossene Prozeßstandschaft[380] möglich, d. h. ein Teil eines
Organs kann im eigenen Namen die Rechte des Gesamtorgans
als verletzt rügen. Insofern kann man diese Möglichkeit in § 64
BVerfGG als Ausdruck des Minderheitenschutzes ansehen.

Im Übrigen erfordert ein Organstreitverfahren einen **form- und
fristgerechten Antrag** beim Bundesverfassungsgericht. Die notwendige Schriftform ergibt sich dabei aus § 23 I 1 BVerfGG.

---

[377] BVerfGE 96, 264, 277; 103, 81, 86.
[378] Die Verletzung einer Vorschrift der Geschäftsordnung oder sonstigen
Rechts unterhalb der Verfassung kann somit **nicht** im Organstreitverfahren gerügt werden. Eine Ausnahme hiervon besteht nur dann, wenn
die einfachgesetzliche Norm eine **Konkretisierung** einer verfassungsrechtlichen Rechtsposition ist.
[379] BVerfGE 93, 195, 204.
[380] Hierbei wird ein fremdes Recht im eigenen Namen geltend gemacht.

226

Zudem muss der Antrag nach § 64 II BVerfGG begründet werden und die Angabe der Bestimmung des Grundgesetzes enthalten, gegen die durch die beanstandete Maßnahme oder Unterlassung des Antragsgegners verstoßen wird. Die **Frist** beträgt gemäß § 64 III BVerfGG sechs Monate, nachdem die beanstandete Maßnahme oder Unterlassung dem Antragsteller bekannt geworden ist. Der Sinn einer solchen Frist liegt – wie immer – in der Herbeiführung von Rechtssicherheit und Rechtsfrieden nach Ablauf einer bestimmten Zeit. Allerdings versteht das Bundesverfassungsgericht die vorliegende Frist in einem besonders strengen Sinne als **Ausschlussfrist**, so dass eine Wiedereinsetzung in den vorigen Stand bei Fristversäumnis ausgeschlossen ist.[381]

Die **Entscheidung** des Bundesverfassungsgerichts ergibt sich aus § 67 BVerfGG. Demnach stellt das Bundesverfassungsgericht in seiner Entscheidung fest, ob die beanstandete Maßnahme oder Unterlassung des Antragsgegners gegen eine zu bezeichnende Bestimmung des Antragsgegners verstößt. Eine Aufhebung der Maßnahme durch das Bundesverfassungsgericht erfolgt somit nicht, allerdings tritt eine Bindungswirkung gemäß § 31 I BVerfGG ein. Der **Obersatz der Begründetheitsprüfung** sollte sich daher an der Formulierung des § 67 Satz 1 BVerfGG orientieren, um als Endergebnis in Übereinstimmung mit der Tenorierung des Bundesverfassungsgerichts eine solche Verletzung feststellen oder eben verneinen zu können.

Zusammenfassung zur Zulässigkeit des Organstreits

1.) Antragsteller, Antragsgegner (nach der Rechtsprechung des Bundesverfassungsgerichts sind auch Parteien parteifähig)

2.) Antragsgegenstand: rechtserhebliche Maßnahme oder Unterlassung

3.) Antragsbefugnis: mögliche Verletzung oder Gefährdung eigener Rechte, Prozeßstandschaft ist möglich

4.) Form und Frist

---

[381] BVerfGG 114, 107 ff.

II. Die abstrakte Normenkontrolle

Unter einer Normenkontrolle versteht man die Überprüfung von Rechtsnormen auf ihre Vereinbarkeit mit höherrangigem Recht. In einer staatsorganisationsrechtlichen Prüfung wird dabei regelmäßig die Vereinbarkeit mit dem Grundgesetz im Vordergrund stehen. Hierbei unterscheidet man zwischen der **konkreten** und der **abstrakten Normenkontrolle**. Die *konkrete* Normenkontrolle erfolgt nach Art. 100 I GG immer dann, wenn in einem konkreten Rechtsstreit die Frage relevant wird, ob eine entscheidungserhebliche Norm mit dem Grundgesetz vereinbar ist oder nicht.

Die *abstrakte* Normenkontrolle erfolgt hingegen unabhängig von einem konkreten Rechtsstreit. Das Bundesverfassungsgericht sieht hierin ein von subjektiven Berechtigungen unabhängiges objektives Verfahren zum Schutze der Verfassung, das der Prüfung von Rechtsnormen am Maßstab des Grundgesetzes dient.[382]

Aus dem objektiven Charakter des Verfahrens ergibt sich auch, dass es bei der abstrakten Normenkontrolle **keinen Antragsgegner** gibt. Nach Art. 93 I Nr. 2 GG in Verbindung mit § 13 Nr. 6 und §§ 76 bis 79 BVerfGG entscheidet das Bundesverfassungsgericht somit bei Meinungsverschiedenheiten oder Zweifeln über die förmliche und sachliche Vereinbarkeit von Bundesrecht oder Landesrecht mit diesem Grundgesetze oder die Vereinbarkeit von Landesrecht mit sonstigem Bundesrechte auf Antrag der Bundesregierung, einer Landesregierung oder eines Drittels der Mitglieder der Bundestages. Da es im Rahmen einer solchen abstrakten Normenkontrolle demnach nur um die Verfassungsmäßigkeit eines Gesetzes geht, wird dieses Verfahren auch als **prinzipale Normenkontrolle**[383] bezeichnet.

---

[382] BVerfGE 1, 396, 407; 2, 213, 217; 20, 56, 95; 20, 350, 351, 67, 26, 37.
[383] Im Gegensatz zur prinzipalen Normenkontrolle spricht man von einer inzidenten Normenkontrolle, wenn die Rechtmäßigkeit einer Norm nur mittelbar als Vorfrage für die Entscheidung in einem Verfahren über eine

Gemäß Art. 93 I Nr. 2 GG in Verbindung mit § 76 I BVerfGG kommen als **Antragsteller** im abstrakten Normenkontrollverfahren die Bundesregierung, eine Landesregierung oder ein Drittel der Mitglieder des Bundestages in Betracht. Der Kreis der Antragsteller ist im Vergleich zum Organstreitverfahren somit deutlich beschränkt und auch nicht durch Auslegung oder Analogie – etwa auf politische Parteien oder Bundestagsfraktionen – erweiterbar.[384] Insbesondere ist der Bundesrat im abstrakten Normenkontrollverfahren nicht antragsberechtigt. Dies wirkt sich in der Praxis jedoch nicht aus, weil sowieso jede Landesregierung möglicher Antragsteller sein kann.

Ein **Antragsgegner** entfällt aufgrund des objektiven Charakters der abstrakten Normenkontrolle.

Als **tauglicher Prüfungsgegenstand** der abstrakten Normenkontrolle kommen alle Rechtssätze des Bundes- und Landes**rechts** in Betracht. Aufgrund der eindeutigen Formulierung des Art. 93 I Nr. 2 GG sind somit nicht nur Gesetze erfasst, sondern tatsächlich alle Rechtsnormen unabhängig von ihrem jeweiligen Rang. Damit kommen als Prüfungsgegenstand insbesondere folgende Rechtsnormen in Frage:

1.) Bundes[385]- und Landesverfassungsrecht
2.) Förmliche Bundes- und Landesgesetze[386]

---

andere Rechtsfrage überprüft wird. Aus den bisherigen Definitionen ergeben sich **Schnittmengen**, so dass eine abstrakte Normenkontrolle stets auch eine prinzipale Normenkontrolle und eine konkrete Normenkontrolle auch eine inzidente Normenkontrolle ist.
[384] BVerfGE 21, 52, 53; 68, 346, 349.
[385] Dies führt nach der Rechtsprechung des Bundesverfassungsgerichts dazu, dass verfassungswidrige Verfassungsnormen denkbar sind, BVerfGE 3, 225, 233. In der Literatur wird diese Auffassung daher zum Teil als irrige These bezeichnet, *Hillgruber/Goos*, Verfassungsprozeßrecht, Rdnr. 504.

3.) Zustimmungsgesetze zu völkerrechtlichen Verträgen[387]

4.) Rechtsverordnung auf Bundes- und Landesebene

5.) Satzungen auf Bundes- und Landesebene

6.) Satzungen kommunaler Gebietskörperschaften

Des Weiteren ist erforderlich, dass die jeweilige Rechtsnorm auch bereits **existent** ist. Dies setzt beispielsweise bei einem Bundesgesetz voraus, dass die Norm nach Art. 82 I 1 GG verkündet ist. Es ist allerdings nicht erforderlich, dass die Norm auch schon in Kraft getreten ist.[388] Eine präventive bzw. vorbeugende abstrakte Normenkontrolle ist somit nach ständiger Rechtsprechung des Bundesverfassungsgerichts grundsätzlich unzulässig.[389]

Von diesem Grundsatz macht das Bundesverfassungsgericht eine Ausnahme im Bereich der **Zustimmungsgesetze zu völkerrechtlichen Verträgen** gemäß Art. 59 II 1 GG. Hier besteht die Gefahr, dass die Bundesrepublik Deutschland nach völkerrechtlichen Grundsätzen im Außenverhältnis wirksam verpflichtet ist, obwohl die innerstaatliche Rechtslage verfassungswidrig ist. Um ein solches Auseinanderfallen von Außen- und Innenverhältnis zu verhindern, geht das Bundesverfassungsgericht ausnahmsweise von der Zulässigkeit einer vorbeugenden abstrakten Normenkontrolle aus, sobald das parlamentarische Verfahren nach Art. 78 GG abgeschlossen ist und nur noch die Ausfertigung und Verkündung nach Art. 82 I 1 GG fehlt.[390]

---

[386] Maßgeblich ist hierbei allein die Form, so dass auch das Haushaltsgesetz tauglicher Prüfungsgegenstand ist, obwohl es sich dabei nur um ein Gesetz im formellen, aber nicht im materiellen Sinne handelt.
[387] Diese Fallgruppe ist Gegenstand einer besonderen Rechtsprechung des Bundesverfassungsgerichts. Dazu sogleich mehr im nächsten Absatz.
[388] BVerfGE 104, 23, 29 mit weiteren Nachweisen.
[389] BVerfGE 79, 311, 327.
[390] BVerfGE 1, 396, 410ff.; 36, 1, 15.

Da es sich bei der abstrakten Normenkontrolle um ein objektives Verfahren handelt, ist keine **Antragsbefugnis** im klassischen Sinne der Behauptung einer subjektiven Rechtsverletzung erforderlich. Man sollte daher statt von Antragsbefugnis besser vom **Antragsgrund** sprechen. In diesem Zusammenhang besteht ein in Prüfungen gerne abgefragtes Zulässigkeitsproblem, weil der Wortlaut des Art. 93 I Nr. 2 GG und des § 76 I BVerfGG auseinanderfallen. Art. 93 I Nr. 2 GG fordert insofern das Vorliegen von **Meinungsverschiedenheiten oder Zweifeln**. Demgegenüber ist die abstrakte Normenkontrolle nach § 76 I Nr. 1 BVerfGG nur zulässig, wenn der Antragsteller Bundes- oder Landesrecht wegen seiner förmlichen oder sachlichen Unvereinbarkeit mit dem Grundgesetz oder dem sonstigen Bundesrecht für **nichtig** hält.

Die **Prüfungskonstellation** wird daher regelmäßig so aussehen, dass der Antragsteller bloße Zweifel an der Verfassungsmäßigkeit einer Norm hat, jedoch nicht von deren Nichtigkeit überzeugt ist. Die überwiegende Literatur löst das Problem durch einen Rückgriff auf die Normenhierarchie. Danach ist § 76 I Nr. 1 BVerfGG nicht verfassungsmäßig, weil die Norm hinter der weiteren Fassung des Art. 93 I Nr. 2 GG zurückbleibt.[391] Das Bundesverfassungsgericht sieht in § 76 I Nr. 1 GG jedoch eine zulässige Konkretisierung des Art. 93 I Nr. 2 GG und geht von der Verfassungsmäßigkeit der einfachgesetzlichen Regelung aus.[392]

Neben dem soeben angesprochenen Antragsgrund fordert das Bundesverfassungsgericht noch ein **objektives Klarstellungsinteresse**, das jedoch in der Regel bereits durch die Meinungsverschiedenheiten und Zweifel indiziert wird.[393]

---

[391] *Stern*, Staatsrecht II, Seite 986.
[392] BVerfG NJW 1998, 589.
[393] BVerfGE 52, 63, 80; 103, 111, 124; 108, 169, 178.

Für die **Form** des Antrags auf Durchführung einer abstrakten Normenkontrolle ist erneut die Regelung in § 23 BVerfGG einschlägig. Eine **Frist** ist aufgrund des objektiven Charakters der abstrakten Normenkontrolle nicht zu beachten.

Soweit das Bundesverfassungsgericht zu der Überzeugung gelangt, dass Bundesrecht mit dem Grundgesetz oder Landesrecht mit dem Grundgesetz oder dem sonstigen Bundesrecht unvereinbar ist, ergibt sich der Inhalt der **Entscheidung** aus § 78 Satz 1 BVerfGG. In einem solchen Fall wird das Gesetz für nichtig erklärt. Dieses Urteil des Bundesverfassungsgerichts wirkt ex tunx. Soweit aufgrund der nunmehr nichtigen Regelung bereits weitere Maßnahmen, z. B. Verwaltungsakte, ergangen sind, ist § 79 BVerfGG maßgeblich. Gemäß § 79 II 1 BVerfGG bleiben unanfechtbare Maßnahmen von der Nichtigkeit der Norm, auf der sie beruhen, unberührt. Nach § 79 II 2 BVerfGG ist eine Vollstreckung aus ihnen jedoch unzulässig.

Im Rahmen der Begründetheitsprüfung ist insbesondere auf die Wahl des richtigen **Prüfungsmaßstabes** zu achten, weil Bundesrecht nach Art. 93 I Nr. 2 GG nur auf seine Vereinbarkeit mit dem Grundgesetz, Landesrecht jedoch auch auf seine Vereinbarkeit mit sonstigem Bundesrecht überprüft werden kann.

Zusammenfassung zur Zulässigkeit der abstrakten Normenkontrolle

1.) Antragsteller (ein Antragsgegner entfällt aufgrund des objektiven Charakters des Verfahrens)
2.) Tauglicher Prüfungsgegenstand: Gesetz muss zumindest verkündet sein; Ausnahme hiervon nur bei Zustimmungsgesetzen zu völkerrechtlichen Verträgen
3.) Antragsbefugnis: Problematik der unterschiedlichen Anforderungen in Art. 93 I Nr. 2 GG und § 76 I BVerfGG
4.) Objektives Klarstellungsinteresse
5.) Form

III. Die abstrakte Normenkontrolle nach Art. 93 I Nr. 2a GG

Neben der soeben dargestellten Normenkontrolle des Art. 93 I Nr. 2 GG sieht das Grundgesetz seit dem Jahr 1994 einen besonderen Fall der abstrakten Normenkontrolle gemäß Art. 93 I Nr. 2a GG in Verbindung mit § 13 Nr. 6a und §§ 76 bis 79 BVerfGG vor.[394] Das Bundesverfassungsgericht entscheidet dabei bei Meinungsverschiedenheiten, ob ein Gesetz den Voraussetzungen des Art. 72 II GG entspricht. Die Erforderlichkeitsklausel des Art. 72 II GG wird somit durch ein spezielles prozessuales Verfahren ergänzt und abgesichert.

Im Unterschied zur abstrakten Normenkontrolle des Art. 93 I Nr. 2 GG kommen im Rahmen des Art. 93 I Nr. 2a GG nur der Bundesrat, eine Landesregierung und die Volksvertretung eines Landes als **Antragsteller** in Frage.

Als **Antragsgegenstand** kommen nur formelle Bundesgesetze in Betracht, weil es gerade um die Einhaltung der Anforderungen des Art. 72 II GG geht. Da sich der **Prüfungsmaßstab** des Bundesverfassungsgerichts darauf beschränkt, ob die Voraussetzungen des Art. 72 II GG eingehalten sind, handelt es sich um ein recht spezielles Verfahren, das eine im Verhältnis zu Art. 93 I Nr. 2 GG deutlich geringere **Prüfungsrelevanz** aufweist. Da die Föderalismusreform dazu geführt hat, dass die Erforderlichkeit im Gegensatz zur früheren Rechtslage nicht mehr stets, sondern nur noch in den in Art. 72 II GG genannten Fällen nachgewiesen werden muss, wird die Bedeutung dieses Verfahrens abnehmen.

---

[394] Die Darstellung beschränkt sich auf die Unterschiede zur abstrakten Normenkontrolle nach Art. 93 I Nr. 2 GG.

IV. Die konkrete Normenkontrolle

Im Unterschied zur abstrakten Normenkontrolle erfolgt die konkrete Normenkontrolle nach Art. 100 I GG in Verbindung mit § 13 Nr. 11 und §§ 80 bis 82 BVerfGG im Rahmen eines konkreten Rechtsstreits. Die Funktion der konkreten Normenkontrolle kann nur vor dem Hintergrund der Auseinandersetzung um das **richterliche Prüfungsrecht** verstanden werden. Hierbei ging es um die Frage, ob jedes Fachgericht in einem Rechtsstreit befugt sein sollte, eine streitentscheidende Norm auf ihre Verfassungsmäßigkeit hin zu untersuchen und gegebenenfalls auch zu verwerfen.

Art. 100 I GG beantwortet diese Problematik dahingehend, dass grundsätzlich jedes Gericht befugt ist, Gesetze auf ihre Verfassungsmäßigkeit zu überprüfen. Die Verwerfung einer solchen Norm steht jedoch allein dem Bundesverfassungsgericht zu. Dies soll sicherstellen, dass nicht jedes Gericht die Autorität des Gesetzgebers durch eine Normverwerfung in Frage stellen und sich über den gesetzgeberischen Willen hinwegsetzen kann. Die **Normprüfungskompetenz** steht somit jedem Gericht zu, während die **Normverwerfungskompetenz** beim Bundesverfassungsgericht monopolisiert ist.

Letztendlich liegt der Ausgestaltung des Verfahrens nach Art. 100 I GG der Gedanke der Gewaltenteilung zu Grunde. Die Monopolisierung der Normverwerfungskompetenz beim Bundesverfassungsgericht sorgt zudem für Rechtsklarheit, da einer Rechtszersplitterung durch gegenläufige Entscheidungen der Fachgerichte entgegengewirkt wird. Da es sich bei der konkreten Normenkontrolle nach der Verfassungsbeschwerde um das nach Zahlen zweitwichtigste Verfahren beim Bundesverfassungsgericht handelt, stellt es auch einen beliebten **Prüfungsstoff** dar.

Die **Vorlageberechtigung** bzw. **–verpflichtung** steht jedem Gericht zu. Hierunter versteht man alle Spruchstellen, die sachlich unabhängig, in einem formell gültigen Gesetz mit den Aufgaben eines Gerichtes betraut und als Gerichte bezeichnet sind.[395]

Neben streitigen Verfahren vor den bekannten Gerichtszweigen kommen hierbei auch Verfahren der freiwilligen Gerichtsbarkeit in Betracht. Der Rechtspfleger ist jedoch kein Gericht im Sinne des Art. 100 I GG, weil er nach § 5 I Nr. 1 Rechtspflegergesetz (RPflG) ihm übertragene Geschäfte dem Richter vorzulegen hat, wenn sich bei der Bearbeitung der Sache ergibt, dass eine Entscheidung des Bundesverfassungsgerichts oder eines für Verfassungs- streitigkeiten zuständigen Gerichts eines Landes nach Art. 100 GG einzuholen ist.

Der **taugliche Vorlage- bzw. Prüfungsgegenstand** unterscheidet sich bei der konkreten Normenkontrolle von dem der abstrakten Normenkontrolle. Der konkreten Normenkontrolle vor dem Bundesverfassungsgericht unterliegen nur **nachkonstitutionelle** Bundes- oder Landesgesetze im **formellen Sinne**.[396] Daraus folgt, dass die Gerichte untergesetzliche Regelungen wie beispielsweise eine Rechtsverordnung selbst auf ihre Verfassungsmäßigkeit überprüfen und auch verwerfen können. Eine Gefahr der Rechts- zersplitterung oder Rechtsunsicherheit besteht nach Ansicht des Bundesverfassungsgerichts bei Rechtsverordnungen nicht, weil die Landesregierungen zur Klärung der Rechtslage jederzeit das Verfahren der abstrakten Normenkontrolle nach Art. 93 I Nr. 2 GG anstreben können, um eine allgemeinverbindliche Entscheidung des Bundesverfassungsgerichts herbeiführen zu können.[397]

---

[395] BVerfGE 6, 55, 63.
[396] BVerfGE 1, 184, 201; 17, 208, 209f.; 71, 305, 337 f. Das Haushaltsge- setz ist nach BVerfGE 38, 121, 127 jedoch kein tauglicher Prüfungs- gegenstand der konkreten Normenkontrolle, weil es keine materiellen Regelungen enthält.
[397] BVerfGE 1, 184, 199.

Unter einem nachkonstitutionellen Gesetz versteht man solche Gesetze, die nach dem Inkrafttreten des Grundgesetzes am 23. Mai 1949 verkündet worden sind. Die Beschränkung auf nachkonstitutionelle Gesetze beruht auf der Tatsache, dass vorkonstitutionelle Regelungen nicht vom Bundestag erlassen worden sind und eine Verwerfung eines solchen Gesetzes durch ein Fachgericht somit keine Missachtung des gesetzgeberischen Willens des Bundestages darstellen kann.[398] Der oben erwähnte Normzweck des Art. 100 I GG ist in einem solchen Fall daher nicht einschlägig.

Unter bestimmten Bedingungen sind jedoch auch vorkonstitutionelle Gesetze als nachkonstitutionelle Regelungen zu behandeln und fallen somit in den Anwendungsbereich des Art. 100 I GG. Dies ist immer dann der Fall, wenn der Gesetzgeber eine vorkonstitutionelle Regelung **in seinen Willen aufgenommen** und somit bestätigt hat.[399] Dies ist der Fall, wenn er seinen konkreten Bestätigungswillen im Gesetz selbst zu erkennen gibt oder wenn sich ein solcher Wille aus dem engen sachlichen Zusammenhang zwischen unveränderten und geänderten Normen objektiv erschließen lässt, insbesondere wenn eine alte Norm als Gesetz neu verkündet wird, wenn eine neue (nachkonstitutionelle) Norm auf die alte Norm verweist oder wenn ein begrenztes und überschaubares Rechtsgebiet durchgreifend geändert wird und veränderte und unveränderte Normen eng miteinander zusammenhängen.[400] Hingegen ist von einem Willen zur Bestätigung eines vorkonstitutionellen Gesetzes nicht auszugehen bei Änderung nur einzelner Vorschriften dieses Gesetzes, denen ein solcher Zusammenhang fehlt. Das gleiche gilt, wenn der Gesetzgeber eine vorkonstitutionelle Norm nur als solche hinnimmt und von ihrer Aufhebung oder sachlichen Änderung vorerst absieht, ohne sie in ihrer Geltung bestätigen zu wollen.[401]

---

[398] BVerfGE 2, 124, 129.
[399] BVerfGE 97, 117, 122f.
[400] BVerfG NJW 1998, 3557.
[401] BVerfG NJW 1998, 3557; BVerfGE 70, 126, 129 f.

Hinsichtlich der Frage, ob auch sekundäres Gemeinschaftsrecht Gegenstand einer konkreten Normenkontrolle sein kann, wird auch die Darstellung der einschlägigen Rechtsprechung des Bundesverfassungsgerichts zu dieser Frage verwiesen.[402] Danach sind solche Vorlagen unzulässig.

Des Weiteren muss es nach Art. 100 I GG auf die Gültigkeit des Gesetzes bei der Entscheidung ankommen, d. h. die Entscheidung müsste im Ergebnis bei Gültigkeit der Norm anders ausfallen als bei Unwirksamkeit der fraglichen Regelung. Diese **Entscheidungserheblichkeit** liegt nur dann vor, wenn sich der **Tenor** des fachgerichtlichen Urteils verändern würde.[403] Wenn sich lediglich die Begründung der Entscheidung verändern würde, der Tenor aber gleich bliebe, fehlt es regelmäßig an der Entscheidungserheblichkeit. Um dem Bundesverfassungsgericht die Möglichkeit einer eigenen Nachprüfung und Kontrolle zu geben, muss die Begründung des Vorlagebeschlusses insofern nach § 80 II 1 BVerfGG angeben, inwiefern von der Gültigkeit der Rechtsvorschrift die Entscheidung des Gerichts abhängig ist und mit welcher übergeordneten Rechtsnorm sie unvereinbar ist.

Das Bundesverfassungsgericht macht von der Vorlageverpflichtung jedoch trotz Entscheidungserheblichkeit eine Ausnahme, wenn dies zur Erreichung eines effektiven Rechtsschutzes vor dem Hintergrund des Art. 19 IV GG erforderlich ist. Bei Konstellationen dieser Art handelt es sich um **Verfahren des einstweiligen Rechtsschutzes vor den Fachgerichten.** Da in diesen Verfahren schnell entschieden werden muss, würde eine Vorlageverpflichtung nach Art. 100 I GG den Rechtsschutz des Antragstellers erheblich verringern, weil das Fachgericht erst zeitaufwendig vorlegen müsste und danach erst entscheiden könnte.

---

[402] Siehe dazu bereits oben § 18.
[403] BVerfGE 84, 233, 236f.; 90, 145, 166.

Das Bundesverfassungsgericht entschied diesbezüglich, dass die Fachgerichte an der Gewährung vorläufigen Rechtsschutzes für den Fall, dass sie die angegriffene Regelung für verfassungswidrig erachten, nicht dadurch gehindert sind, dass sie über die Frage der Verfassungswidrigkeit nicht selbst entscheiden könnten, sondern insoweit die Entscheidung des Bundesverfassungsgerichts nach Art. 100 I GG einholen müssten.[404] Das dem Bundesverfassungsgericht vorbehaltene Verwerfungsmonopol hat zwar zur Folge, dass ein Gericht Folgerungen aus der (von ihm angenommenen) Verfassungswidrigkeit eines formellen Gesetzes – jedenfalls im Hauptsacheverfahren – erst nach deren Feststellung durch das Bundesverfassungsgericht ziehen darf.[405] Die Fachgerichte sind jedoch durch Art. 100 I GG nicht gehindert, schon vor der im Hauptsacheverfahren einzuholenden Entscheidung des Bundesverfassungsgerichts auf der Grundlage ihrer Rechtsauffassung vorläufigen Rechtsschutz zu gewähren, wenn dies nach den Umständen des Falles im Interesse eines effektiven Rechtsschutzes geboten erscheint und die Hauptsacheentscheidung dadurch nicht vorweggenommen wird.

Zuletzt muss das Gericht von der Verfassungswidrigkeit der Norm **überzeugt** sein. Bloße Zweifel an der Verfassungsmäßigkeit der Norm genügen demnach nicht. In einem solchen Fall wäre zudem vorrangig an eine verfassungskonforme Auslegung der relevanten Norm zu denken. An dieser Stelle ist in einer **Prüfung** darauf zu achten, dass das Gericht von der Verfassungswidrigkeit überzeugt sein muss und nicht der Bearbeiter der Prüfungsaufgabe.

---

[404] BVerfGE 86, 382, 389.
[405] BVerfGE 79, 256, 266.

238

Soweit die genannten Voraussetzungen vorliegen, ist das Gericht nicht nur zur Vorlage berechtigt, sondern sogar zur Vorlage verpflichtet, um eine Klärung der entscheidungserheblichen Frage herbeizuführen. Der Wortlaut des § 80 I BVerfGG ist insofern eindeutig, denn danach holen die Gerichte unmittelbar die Entscheidung des Bundesverfassungsgerichts ein, wenn die Voraussetzungen des Art. 100 I GG gegeben sind. Insbesondere ist dieser Antrag des Gerichts gemäß § 80 III BVerfGG unabhängig von der Rüge der Nichtigkeit der Rechtsvorschrift durch einen Prozeßbeteiligten. Sollte das Gericht seiner Vorlagepflicht nicht nachkommen, begründet dies einen Verstoß gegen das in Art. 101 I 2 GG verankerte Recht auf den gesetzlichen Richter.[406]

Die **Form** und der Inhalt des Vorlagebeschlusses ergibt sich aus § 80 II BVerfGG.

Die **Entscheidung** des Bundesverfassungsgerichts ergibt sich bei Begründetheit der konkreten Normenkontrolle aus §§ 82 I und 78 BVerfGG. Demnach erklärt das Bundesverfassungsgericht die relevante Norm für nichtig. Diese Entscheidung hat nach § 31 II 1 BVerfGG Gesetzeskraft.

Zusammenfassung zur Zulässigkeit der konkreten Normenkontrolle

1.) Vorlageberechtigung bzw. −verpflichtung
2.) Tauglicher Prüfungsgegenstand: formelle, nachkonstitutionelle Gesetze
3.) Entscheidungserheblichkeit
4.) Überzeugung von der Verfassungswidrigkeit
5.) Form

---

[406] Siehe dazu bereits oben § 15 am Ende.

V. Der Bund – Länder – Streit

Bei dem Bund – Länder – Streit nach Art. 93 I Nr. 3 GG in Verbindung mit § 13 Nr. 7 und §§ 68 bis 70 BVerfGG handelt es sich im Gegensatz zur abstrakten Normenkontrolle wieder um ein kontradiktorisches Verfahren. Dies hat der Bund – Länder – Streit mit dem Organstreit[407] gemeinsam, dem er nachgebildet ist. Dies erklärt auch, warum § 69 BVerfGG die Vorschriften über Organstreitigkeiten für entsprechend anwendbar erklärt. Im Rahmen des Bund – Länder – Streits wird jedoch um verfassungsrechtliche Rechte und Pflichten gestritten. Dies unterscheidet den Bund – Länder – Streit nach Art. 93 I Nr. 3 GG von dem verwaltungsgerichtlichen Bund – Länder – Streit vor dem Bundesverwaltungsgericht nach § 50 I Nr. 1 VwGO.[408] Der Bund – Länder – Streit fristet in der verfassungsgerichtlichen Rechtsprechung jedoch eher ein Schattendasein, weil Streitigkeiten im Zusammenhang mit förmlichen Aufsichtsmaßnahmen nach den Art. 84, 85 GG in der Praxis selten vorkommen und vor allem die abstrakte Normen-

---

[407] Siehe dazu bereits oben § 19 I.

[408] Gleichwohl kann es im Einzelfall schwierig sein, zu entscheiden, ob es sich um eine vom Bundesverfassungsgericht zu entscheidende verfassungsrechtliche Streitigkeit oder um eine öffentlich-rechtliche Streitigkeit nichtverfassungsrechtlicher Art handelt. Die VwGO sieht daher in § 50 III VwGO vor, dass das Bundesverwaltungsgericht die Sache dem Bundesverfassungsgericht zur Entscheidung vorlegt, wenn das Bundesverwaltungsgericht eine Streitigkeit nach § 50 I Nr. 1 VwGO für verfassungsrechtlich hält. Die Klage vor dem Bundesverwaltungsgericht ist fristlos möglich, wohingegen für ein Verfahren vor dem Bundesverfassungsgericht nach § 64 III BVerfGG eine Frist von sechs Monaten vorgesehen ist. Ein unschlüssiger Kläger bzw. Antragsteller wäre daher geneigt, sowohl das Bundesverwaltungsgericht als auch das Bundesverfassungsgericht mit der Sache zu beschäftigen, um auf jeden Fall die Frist nach § 64 III BVerfGG zu wahren. Um eine solche Doppelbelastung der Gerichte zu verhindern, hat das Bundesverfassungsgericht (BVerfGE 109, 1, 10) entschieden, dass es für einen Wechsel vom Bundesverwaltungsgericht zum Bundesverfassungsgericht nach § 50 III VwGO ausreicht, wenn die Klage zum **Bundesverwaltungsgericht** binnen sechs Monaten nach Bekanntwerden der beanstandeten Maßnahme oder Unterlassung erhoben worden ist. Damit ist ein Unterlaufen der Frist ausgeschlossen.

240

kontrolle das effektivere Verfahren ist, wenn sich die Auseinandersetzung um ein Gesetz dreht, denn die abstrakte Normenkontrolle ist fristungebunden und kann im Ergebnis zur Nichtigerklärung eines Gesetzes führen.

Antragsteller und **Antragsgegner** im Bund – Länder – Streit können gemäß § 68 BVerfGG nur die Bundesregierung und die jeweiligen Landesregierungen sein. **Parteifähig** sind nach **herrschender Meinung** aber der Bund und die Länder.[409]

Streitgegenstand sind nach Art. 93 I Nr. 3 GG Meinungsverschiedenheiten über Rechte und Pflichten des Bundes und der Länder, insbesondere bei der Ausführung von Bundesrecht durch die Länder und bei der Ausübung der Bundesaufsicht. Da § 69 BVerfGG auf § 64 BVerfGG verweist, muss es sich hierbei um eine rechtserhebliche Maßnahme oder Unterlassung handeln.

Im Rahmen der **Antragsbefugnis** muss der Antragsteller geltend machen, dass er durch eine solche konkrete rechtserhebliche Maßnahme oder Unterlassung des Antragsgegners möglicherweise in seinen verfassungsrechtlich begründeten Rechten verletzt oder unmittelbar gefährdet ist. Im Gegensatz zum Organstreit kommt eine Prozeßstandschaft beim Bund – Länder – Streit jedoch nicht in Betracht, so dass der Antragsteller eine Verletzung **eigener Rechte** geltend machen muss.[410]

---

[409] *Degenhart*, Staatsrecht I, Rdnr. 758 geht demgegenüber davon aus, dass die Bundesregierung und die jeweilige Landesregierung Parteien des Verfahrens sind. Sie nehmen demnach als Prozeßstandschafter fremde Rechte des Bundes oder des Landes im eigenen Namen wahr. Diese Auffassung widerspricht jedoch dem Wortlaut des § 68 BVerfGG, der gerade die Vertretung des Bundes und der Länder im Bund – Länder – Streit regelt.
[410] Siehe dazu bereits oben Fußnote 380.

Im Rahmen des Abschnitts über die Ausführung der Bundesgesetze[411] wurde bereits darauf hingewiesen, dass es insbesondere im Zusammenhang mit den Art. 84, 85 GG zu einem Bund –
Länder – Streit kommen kann. Obwohl ein Bund – Länder – Streit
grundsätzlich ohne Durchführung eines **Vorverfahrens** zulässig
ist, besteht im Bereich des Art. 84 GG hiervon eine erwähnenswerte Ausnahme. Soweit die Länder die Bundesgesetze als
eigene Angelegenheiten ausführen, ist nach Art. 84 IV 1 GG
vorgesehen, dass zunächst der Bundesrat in einem Vorverfahren
durch die Bundesregierung oder das Land angerufen werden
muss, wenn Mängel, die die Bundesregierung bei der Ausführung
der Bundesgesetze in den Ländern festgestellt hat, nicht beseitigt
werden. Erst gegen diesen Beschluss des Bundesrates kann nach
Art. 84 IV 2 GG das Bundesverfassungsgericht angerufen werden.

Der Antrag muss gemäß § 23 BVerfGG schriftlich gestellt werden
und nach § 64 II BVerfGG begründet werden. Die **Frist** beträgt
nach § 64 III BVerfGG sechs Monate nach Kenntnis der Maßnahme. Im Falle des Verfahrens nach Art. 84 IV 2 GG beträgt die
Frist gemäß § 70 BVerfGG jedoch nur einen Monat.

Die **Entscheidung** des Bundesverfassungsgerichts ergeht wie im
Organstreitverfahren durch ein Feststellungsurteil. Ein Antrag im
Bund – Länder – Streit ist begründet, wenn die beanstandete Maßnahme oder Unterlassung des Antragsgegners gegen eine Bestimmung des GG verstößt, die für das bundesstaatliche Rechts-
verhältnis von Bedeutung ist und den Antragsteller in seinen
Rechten verletzt.

---

[411] Siehe dazu bereits oben § 14.

242

Zusammenfassung zur Zulässigkeit des Bund – Länder – Streits

1.) Antragsteller, Antragsgegner
2.) Streitgegenstand: rechtserhebliche Maßnahme oder Unterlassung
3.) Antragsbefugnis: mögliche Verletzung in eigenen Rechten, Prozeßstandschaft scheidet aus
4.) Vorverfahren im Fall des Art. 84 IV 1 GG
5.) Form und Frist

VI. Die Verfassungsbeschwerde

Die Verfassungsbeschwerde nach Art. 93 I Nr. 4a GG in Verbindung mit § 13 Nr. 8a und §§ 90 bis 95 BVerfGG stellt das nach Zahlen häufigste Verfahren des Bundesverfassungsgerichts dar. Nach Angaben des Bundesverfassungsgerichts sind in der Zeit von 1951 bis 2005 insgesamt 157.233 Anträge eingegangen, wovon 151.424 Verfassungsbeschwerden waren. Davon waren insgesamt nur 3.699 Verfassungsbeschwerde erfolgreich. Dies entspricht einem Anteil von 2,5 Prozent. Derzeit liegt der jährliche Eingang etwa bei 5000 Verfassungsbeschwerden.

Zugleich handelt es sich um das wichtigste Verfahren des Bürgers zum Schutz seiner Grundrechte, weil er anders als beim Organstreit, der abstrakten oder konkreten Normenkontrolle das Bundesverfassungsgericht selbst anrufen kann. Obwohl dies sicherlich die wichtigste Aufgabe ist, dient die Verfassungsbeschwerde jedoch nicht nur ausschließlich dem Individualrechtsschutz des Bürgers, sondern hat darüber hinaus die Funktion, das objektive Verfassungsrecht zu wahren und seiner Fortbildung zu dienen.[412] Die Verfassungsbeschwerde hat somit eine **doppelte Funktion**.

---

[412] BVerfGE 33, 247, 259; 79, 365, 367f.; 85, 109, 113.

Zur großen Beliebtheit dieses **außerordentlichen Rechtsbehelfs** trägt zudem bei, dass das Verfahren vor dem Bundesverfassungsgericht nach § 34 I BVerfGG **kostenfrei** ist. Nach § 34 II BVerfGG kann das Bundesverfassungsgericht dem Beschwerdeführer im Einzelfall lediglich eine Gebühr von bis zu 2.600 Euro auferlegen, wenn die Einlegung der Verfassungsbeschwerde einen **Missbrauch** darstellt. Ein solcher Missbrauch liegt nach der ständigen Rechtsprechung des Bundesverfassungsgerichts vor, wenn die Verfassungsbeschwerde **offensichtlich unzulässig oder unbegründet** ist und ihre Einlegung von jedem Einsichtigen als völlig aussichtslos angesehen werden muss.[413]

Das Bundesverfassungsgericht muss nicht hinnehmen, dass es an der Erfüllung seiner Aufgaben durch für jedermann erkennbar aussichtslose Verfassungsbeschwerden behindert wird und dadurch anderen Bürgern den ihnen zukommenden Grundrechtsschutz nur verzögert gewähren kann. Dies gilt namentlich dann, wenn ein Beschwerdeführer trotz zahlreicher Nichtannahmeentscheidungen in ähnlich gelagerten Fällen weiterhin Verfassungsbeschwerden in derselben Sache anhängig macht.[414] Gleichwohl hat die Auferlegung einer solchen Missbrauchsgebühr gemäß § 34 II BVerfGG in der Praxis nur eine geringe Relevanz.

Die große Bedeutung der Verfassungsbeschwerde in der Praxis spiegelt sich natürlich auch in ihrer **Prüfungsrelevanz** wieder, so dass man die Zulässigkeitsprobleme sicher beherrschen sollte.

Die Diskrepanz zwischen beständig hohen Eingangszahlen von Verfassungsbeschwerden und einer Besetzung des Bundesverfassungsgerichts mit lediglich 16 Richtern macht bereits deutlich, dass eine vollumfängliche Befassung mit allen Verfassungsbeschwerden schon aus rein praktischen Gründen nicht möglich ist.

---

[413] BVerfG NJW-RR 2005, 1721, 1722
[414] BVerfG NJW 1992, 1952; NJW 1995, 1419; NJW 1996, 1273; NJW 1998, 2205; NJW-RR 1999, 1149.

244

Das BVerfGG enthält daher Normen, die zur Entlastung des Bundesverfassungsgerichts beitragen sollen. Nach mehreren Änderungen des Bundesverfassungsgerichtsgesetzes hat sich der Gesetzgeber nunmehr seit 1993 zu den Regelungen der §§ 93a bis 93d BVerfGG durchgerungen. Gemäß § 93a I BVerfGG bedarf nunmehr **jede** Verfassungsbeschwerde einer Annahme zur Entscheidung durch eine der beim Bundesverfassungsgericht nach § 15a BVerfGG gebildeten **Kammern**. Dieses Verfahren ist im deutschen Prozessrecht einzigartig.

Nach § 93a II lit. a) BVerfGG ist die Verfassungsbeschwerde zur Entscheidung anzunehmen, soweit ihr grundsätzliche verfassungsrechtliche Bedeutung zukommt oder wenn es zur Durchsetzung der in § 90 I BVerfGG genannten Rechte angezeigt ist; dies kann auch der Fall sein, wenn dem Beschwerdeführer durch die Versagung der Entscheidung zur Sache ein besonders schwerer Nachteil entsteht, § 93a II lit. b) BVerfGG. In einer Grundsatzentscheidung aus dem Jahr 1994 legte das Bundesverfassungsgericht fest, wann die Anforderungen des § 93a II BVerfGG erfüllt sind.[415]

Demnach liegt eine **grundsätzliche verfassungsrechtliche Bedeutung** nach § 93a II lit. a) BVerfGG vor, wenn die Verfassungsbeschwerde eine verfassungsrechtliche Frage aufwirft, die sich nicht ohne weiteres aus dem Grundgesetz beantworten lässt und noch nicht durch die verfassungsgerichtliche Rechtsprechung geklärt oder die durch veränderte Verhältnisse erneut klärungsbedürftig geworden ist. Über die Beantwortung der verfassungsrechtlichen Frage müssen also ernsthafte Zweifel bestehen. Anhaltspunkt für eine grundsätzliche Bedeutung in diesem Sinne kann sein, dass die Frage in der Fachliteratur kontrovers diskutiert oder in der Rechtsprechung der Fachgerichte unterschiedlich beantwortet wird.

---

[415] BVerfGE 90, 22, 24ff.

An ihrer Klärung muss zudem ein über den Einzelfall hinaus-
gehendes Interesse bestehen. Das kann etwa dann der Fall sein,
wenn sie für eine nicht unerhebliche Anzahl von Streitigkeiten
bedeutsam ist oder ein Problem von einigem Gewicht betrifft, das
in künftigen Fällen erneut Bedeutung erlangen kann. Bei der
Prüfung der Annahme muss bereits absehbar sein, dass sich das
Bundesverfassungsgericht bei seiner Entscheidung über die Verfassungsbeschwerde mit der Grundsatzfrage befassen muss.
Kommt es auf sie hingegen nicht entscheidungserheblich an, ist
eine Annahme nach § 93a II lit. a) BVerfGG nicht geboten.

Zur Durchsetzung der in § 90 I BVerfGG genannten Rechte ist
eine Annahme der Verfassungsbeschwerde nach § 93 II lit. b)
BVerfGG angebracht, wenn die geltend gemachte Verletzung von
Grundrechten oder grundrechtsgleichen Rechten besonderes Gewicht hat oder den Beschwerdeführer in existentieller Weise
betrifft. Besonders gewichtig ist eine Grundrechtsverletzung, die
auf eine generelle Vernachlässigung von Grundrechten hindeutet
oder wegen ihrer Wirkung geeignet ist, von der Ausübung von
Grundrechten abzuhalten. Eine geltend gemachte Verletzung hat
ferner dann besonderes Gewicht, wenn sie auf einer groben Ver-
kennung des durch ein Grundrecht gewährten Schutzes oder
einem geradezu leichtfertigen Umgang mit grundrechtlich
geschützten Positionen beruht oder rechtsstaatliche Grundsätze
krass verletzt.

Eine existentielle Betroffenheit des Beschwerdeführers kann sich
vor allem aus dem Gegenstand der angegriffenen Entscheidung
oder der aus ihr folgenden Belastung ergeben. Ein besonders
schwerer Nachteil ist jedoch dann nicht anzunehmen, wenn die
Verfassungsbeschwerde keine hinreichende Aussicht auf Erfolg
hat oder wenn deutlich abzusehen ist, dass der Beschwerdeführer
auch im Falle einer Zurückverweisung an das Ausgangsgericht im
Ergebnis keinen Erfolg haben würde.

246

In der Regel wird in einer Prüfung jedoch nicht verlangt, dass man auf dieses Annahmeverfahren nach den §§ 93a ff. GG eingeht. Entweder wird dies im Bearbeitervermerk ausdrücklich ausgeschlossen oder die Verfassungsbeschwerde ist laut Sachverhalt bereits angenommen worden, so dass wie gewohnt die Zulässigkeit und die Begründetheit zu prüfen sind.

Erster Prüfungspunkt der eigentlichen Zulässigkeitsprüfung ist somit die **Beschwerdefähigkeit**.[416] Nach Art. 93 I Nr. 4a GG in Verbindung mit § 90 I BVerfGG kann **jedermann** Verfassungsbeschwerde erheben, wenn er behauptet, durch die öffentliche Gewalt in einem seiner Grundrechte oder in einem seiner in Artikel 20 IV, Art. 33, 38, 101, 103 und 104 GG enthaltenen Rechte verletzt zu sein.[417] Soweit eine natürliche Person als Beschwerdeführer in Betracht kommt, ist dieses Merkmal unproblematisch zu bejahen, denn diese kann Träger von Grundrechten sein und ist insofern grundrechtsfähig.

Die Grundrechtsfähigkeit kann nach der *Mephisto-Entscheidung* des Bundesverfassungsgerichts jedoch nicht nur lebenden, sondern unter bestimmten Umständen **auch bereits verstorbenen Personen** zustehen.[418] Hintergrund dieser Entscheidung war die Veröffentlichung eines Romans mit dem Titel „*Mephisto – Roman einer Karriere* von *Klaus Mann* (* 18. November 1906, † 21. Mai 1949). Die Hauptfigur des Romans war an das Leben und Wirken des Schauspielers und Intendanten *Gustav Gründgens* (* 22. Dezember 1899, † 07. Oktober 1963) und dessen Verhältnis zu den Nationalsozialisten angelehnt. Die Veröffentlichung des Buches sollte allerdings erst nach dem Tod von *Gustav Gründgens* stattfinden.

---

[416] Siehe dazu bereits oben § 6 I.
[417] Zur Problematik der Anwendbarkeit von Deutschengrundrechten auf EU-Bürger siehe § 6 Beispiel Nr. 1.
[418] BVerfGE 30, 173, 194.

Da der Adoptivsohn des verstorbenen Schauspielers eine Herab-
würdigung seines Vaters verhindern wollte, erwirkte er vor dem
Bundesgerichtshof ein Verbot des Romans. Hiergegen wandte
sich der betroffene Verlag mit der Verfassungsbeschwerde an das
Bundesverfassungsgericht und macht eine Verletzung der Kunstfreiheit geltend. Das Bundesverfassungsgericht wies die Verfassungsbeschwerde jedoch zurück, weil dem Verstorbenen ein
postmortaler Persönlichkeitsschutz aus Art. 1 I GG zustehe.

Demnach würde es mit dem verfassungsverbürgten Gebot der
Unverletzlichkeit der Menschenwürde, das allen Grundrechten
zugrunde liegt, unvereinbar sein, wenn der Mensch, dem Würde
kraft seines Personseins zukommt, in seinem allgemeinen
Achtungsanspruch auch nach seinem Tode herabgewürdigt oder
erniedrigt werden dürfte. Dementsprechend endet die in Art. 1 I
GG aller staatlichen Gewalt auferlegte Verpflichtung, dem
Einzelnen Schutz gegen Angriffe auf seine Menschenwürde zu
gewähren, **nicht mit dem Tode**.

Eine Fortwirkung des Grundrechts auf freie Entfaltung der Persön-
lichkeit aus Art. 2 I GG nach dem Tode ist nach Auffassung des
Bundesverfassungsgerichts jedoch zu verneinen, weil Träger
dieses Grundrechts nur die lebende Person ist; mit ihrem Tode
erlischt der Schutz aus diesem Grundrecht. Das Grundrecht aus
Art. 2 I GG setzt die Existenz einer wenigstens potentiell oder
zukünftig handlungsfähigen Person als unabdingbar voraus. Dieses Urteil des Bundesverfassungsgerichts darf jedoch nicht
darüber hinwegtäuschen, dass zahlreiche Details im Zusammenhang mit Fragen des postmortalen Persönlichkeitsschutzes noch
nicht geklärt sind.[419]

---

[419] Ein Überblick zur neueren Rechtsprechung des Bundesverfassungsgerichts findet sich bei *Pabst*, NJW 2002, 999 ff.

Bei einer **juristischen Person des Privatrechts** ist insofern auf Art. 19 III GG abzustellen, wonach die Grundrechte auch für **inländische**[420] juristische Personen gelten, soweit sie **ihrem Wesen nach** auf diese anwendbar sind. Eine juristische Person im Sinne des Art. 19 III GG liegt bereits dann vor, wenn ein hinreichender Organisationsgrad vorliegt und eine Fähigkeit zur einheitlichen Willensbildung besteht. Eine Rechtsfähigkeit im Sinne des einfachen Rechts ist nicht erforderlich, weil eine verfassungsrechtliche Vorschrift aufgrund der Normenhierarchie nicht durch einfaches Gesetzesrecht definiert werden kann. Das Merkmal wird somit insgesamt weit ausgelegt.

Die wesensmäßige Anwendbarkeit erfordert, dass das jeweilige Grundrecht einen sogenannten **korporativen Charakter** haben muß. Das Bundesverfassungsgericht formuliert insoweit, dass die Erstreckung eines Grundrechts auf juristische Personen als bloße Zweckgebilde der Rechtsordnung dort ausscheidet, wo der Grundrechtsschutz an Eigenschaften, Äußerungsformen oder Beziehungen anknüpft, die nur natürlichen Personen wesenseigen sind.[421] Demgegenüber kommt ein Schutz für juristische Personen in Betracht, wenn das Grundrecht auch korporativ betätigt werden kann. So genießen beispielsweise Kommanditgesellschaften den Schutz der Unverletzlichkeit der Wohnung nach Art. 13 I GG weil sie – ebenso wie Einzelpersonen – berechtigterweise Inhaberinnen von Wohnungen sein können.[422]

Dass beispielsweise Art. 13 I GG seinem Ursprung nach ein personales Individualrecht gewährleistet, das dem Einzelnen im Hinblick auf seine Menschenwürde und im Interesse seiner freien Entfaltung einen „elementaren Lebensraum" einräumt[423], steht der

---

[420] Maßgeblich ist insofern der Sitz der Gesellschaft und nicht die eventuelle ausländische Staatsangehörigkeit der Gesellschafter. Siehe dazu bereits das Beispiel bei § 6 I am Ende.
[421] BVerfGE 95, 220, 242.
[422] BVerfGE 42, 212, 29; 44, 353, 371; 76, 83, 88.
[423] BVerfGE 42, 212, 219.

Erstreckung des Schutzes auf juristische Personen nicht entgegen. Angesichts dieser Rechtsprechung des Bundesverfassungsgerichts kommen als anerkannte korporative Grundrechte
und grundrechtsgleiche Rechte insbesondere Art. 2 I, 3 I, 5, 9, 12
I, 13, 14, 101 I 2 und 103 I GG in Betracht. Demgegenüber kann
sich eine juristische Person nicht über Art. 19 III GG auf die Menschenwürde des Art. 1 I 1 GG berufen, weil dieses Grundrecht
bereits sprachlich nur einer natürlichen Person zustehen kann.

Für **juristische Personen des öffentlichen Rechts** (Gemeinden,
Körperschaften, Anstalten und Stiftungen[424]) gilt, dass diese
grundsätzlich nicht grundrechtsfähig bzw. beschwerdefähig sind,
weil die Grundrechte in erster Linie Abwehrrechte des Bürgers
gegen den Staat darstellen.[425] Bei den juristischen Personen des
öffentlichen Rechts handelt es sich jedoch gerade um einen Teil
des Staates, so dass der typische Schutzzweck der Grundrechte
keine Anwendung findet. Es fehlt somit an der sogenannten
grundrechtstypischen Gefährdungslage.

Ebenfalls keine Grundrechtsträger sind vom Staat geschaffene
juristische Personen des Privatrechts oder solche, deren Anteile
vollständig von juristischen Personen des öffentlichen Rechts gehalten werden. Das Bundesverfassungsgericht argumentiert insoweit, dass die Befugnis einer juristischen Person des Privatrechts
eine Verfassungsbeschwerde zu erheben (Art. 19 III GG), namentlich von der Art der wahrzunehmenden Aufgabe und der Funktion
abhängt, in der sie von dem beanstandeten Akt der öffentlichen
Gewalt betroffen ist. Besteht diese Funktion in der Wahrnehmung
gesetzlich zugewiesener und geregelter öffentlicher Aufgaben, ist
also die juristische Person als Teil der öffentlichen Verwaltung im
materiellen Sinn betroffen, ist sie insoweit – ungeachtet ihrer

---

[424] Definitionen dieser Begriffe finden sich oben in den Fußnoten 131 und
132.
[425] Siehe dazu bereits oben § 6 I.

250

privat- oder öffentlich-rechtlichen Organisation – nicht grundrechtsfähig.[426]

Allerdings können sich alle juristischen Personen des öffentlichen
Rechts aus Gründen der Waffengleichheit auf die Verfahrens-
grundrechte der Art. 101 I und 103 I GG berufen.[427] Zudem
können sich **Universitäten** auf das Grundrecht aus Art. 5 III GG,
Rundfunkanstalten auf das Grundrecht aus Art. 5 I GG und
Religionsgemeinschaften auf sämtliche Grundrechte berufen,
weil insofern die Autonomie dieser öffentlich-rechtlichen Einrichtungen gegenüber dem Staat abgesichert wird. **Gemeinden**
können sich nach der Rechtsprechung des Bundesverfassungsgerichts nur auf ihr Selbstverwaltungsrecht aus Art. 28 II GG
berufen.[428]

Unter **Prozessfähigkeit** versteht man die Fähigkeiten eines Beteiligten, Verfahrenshandlungen selbst wirksam vornehmen und
vor dem Bundesverfassungsgericht geltend machen zu können.
Das BVerfGG enthält zu dieser Frage insbesondere im Hinblick
auf Minderjährige im Gegensatz zu den anderen Prozessordnungen keine Regelungen. Lediglich § 22 I 1 BVerfGG sieht
vor, dass sich die Beteiligten in jeder Lage der Verfahrens durch
einen Rechtsanwalt oder durch einen Lehrer des Rechts an einer
deutschen Hochschule vertreten lassen können und sie sich in der
mündlichen Verhandlung vor dem Bundesverfassungsgericht in
dieser Weise vertreten lassen müssen. Da die Verfassungsbeschwerde ein Mittel zur Verwirklichung eigener Grundrechte
darstellt, geht das Bundesverfassungsgericht zur effektiven
Rechtsverfolgung von einer sogenannten **fließenden Altersgrenze** aus.

---

[426] BVerfGE 68, 193, 212f.; 70, 1 15ff.; 75, 192, 200, NJW 1996, 584.
[427] BVerfGE 18, 441, 447; 61, 82, 104f. Dies gilt auch für ausländische
juristische Personen.
[428] Siehe dazu bereits oben Fußnote 135.

Dies bedeutet, dass sich die Prozessfähigkeit eines Minderjährigen nach der notwendigen Einsichtsfähigkeit und Reife zur eigenverantwortlichen Verfolgung seiner Rechte bestimmt.[429]

Soweit die Verfassungsbeschwerde von einer juristischen Person erhoben wird, handelt diese durch ihre gesetzlichen Vertreter. Dies ist beispielsweise bei einer Aktiengesellschaft der Vorstand nach § 78 I Aktiengesetz (AktG) oder bei einer GmbH der Geschäftsführer nach § 35 I GmbHG.

Tauglicher Beschwerdegegenstand einer Verfassungsbeschwerde ist nach Art. 93 I Nr. 4a GG in Verbindung mit § 90 I BVerfGG jeder Akt der öffentlichen Gewalt. Dieser Begriff umfasst – anders als in Art. 19 IV GG[430] – gemäß Art. 1 III GG bzw. Art. 20 III GG **alle drei Staatsgewalten.** Ausgenommen sind nur Entscheidungen des Bundesverfassungsgerichts selbst, weil sonst ein endloser Rechtsstreit möglich wäre. Als Akte der öffentlichen Gewalt im Sinne des Art. 93 I Nr. 4a GG kommen somit insbesondere in Betracht:

1.) Gesetze, Rechtsverordnungen und Satzungen
2.) Verwaltungsakte und Realakte
3.) Urteile

Allen erwähnten Maßnahmen ist insoweit eigen, dass es sich um aktive Handlungen der Staatsgewalten handelt. Das Bundesverfassungsgericht hat sich jedoch bereits mehrfach mit der Frage beschäftigt, ob auch ein **Unterlassen des Gesetzgebers** mit der Verfassungsbeschwerde angegriffen werden kann. Grundsätzlich kann nur ein erlassenes Gesetz, nicht aber ein Unterlassen des Gesetzgebers Gegenstand einer Verfassungsbeschwerde sein.[431]

---

[429] Siehe dazu bereits oben Fußnoten 129 und 130 sowie das dortige Beispiel.
[430] Art. 19 IV GG erfasst nur Akte der Exekutive.
[431] BVerfGE 1, 97, 100.

Ausnahmen hiervon bilden die Fälle, in denen sich der Beschwerdeführer auf einen ausdrücklichen Auftrag des Grundgesetzes
berufen kann, der Inhalt und Umfang der Gesetzgebungspflichten
im Wesentlichen bestimmt.[432] Dies wurde bisher beispielsweise
bei Art. 2 II 1 und 6 V GG bejaht.

Bei Verwaltungsakten und Urteilen ergibt sich zudem aufgrund der
Notwendigkeit der Rechtswegerschöpfung nach § 90 II 1 BVerfGG
eine weitere Besonderheit, da insofern **mehrere angreifbare
Maßnahmen** vorliegen. Bei einem Verwaltungsakt als Ausgangs-
entscheidung folgt zunächst der Widerspruchsbescheid, dann die
erstinstanzliche Entscheidung des Verwaltungsgerichts, die Be-
rufungsentscheidung des Oberverwaltungsgerichts und letztendlich die Revisionsentscheidung des Bundesverwaltungsge-
richts. Insoweit ist jedoch anerkannt, dass der Beschwerdeführer
mehrere Maßnahmen der öffentlichen Gewalt mit der Verfassungsbeschwerde rügen kann. Ihm steht daher die Wahl zu, ob
er alle Maßnahmen in einer Gesamtschau rügt oder sich auf das
letztinstanzliche Urteil beschränkt.

Nach Art. 93 I Nr. 4a GG in Verbindung mit § 90 I BVerfGG ist der
Beschwerdeführer **beschwerdebefugt**, wenn er behaupten kann,
durch den Beschwerdegegenstand in seinen Grundrechten oder
grundrechtsgleichen Rechten verletzt zu sein. Eine solche Grundrechtsverletzung darf dabei **nicht von vornherein auszuschließen** sein, wobei im Rahmen der Zulässigkeit nur die
Möglichkeit einer solchen Rechtsverletzung zu prüfen ist.[433] Ob
eine Rechtsverletzung tatsächlich eingetreten ist, ist eine Frage
der Begründetheit. In einer **Prüfung** sollte daher im Rahmen der
Beschwerdebefugnis eine Aufzählung der möglicherweise betroffenen Grundrechte erfolgen, um dem Korrektor somit bereits an
dieser Stelle alle einschlägigen Grundrechte aufzuzeigen, die
später in der Begründetheit abgehandelt werden.

---

[432] BVerfG NJW 2001, 3323 mit weiteren Nachweisen.
[433] BVerfGE 64, 367, 375; 89, 155, 171.

253

Wenn ein gerügtes Grundrecht **offensichtlich** mangels Eröffnung des Schutzbereichs oder mangels Eingriffs ausscheidet, kann dies bereits hier in der Beschwerdebefugnis geklärt werden.[434] Die Verfassungsbeschwerde ist dann diesbezüglich teilweise unzulässig. Sobald jedoch zwischen verschiedenen Ansichten über die Eröffnung des Schutzbereichs oder über die Eingriffsqualität gestritten wird, scheidet eine Grundrechtsverletzung nicht mehr von vornherein aus.

Neben der Möglichkeit der Rechtsverletzung ist in der Beschwerdebefugnis zu prüfen, ob der Beschwerdeführer **selbst, gegenwärtig** und **unmittelbar** betroffen ist.[435] Durch dieses Kriterium soll sichergestellt werden, dass der Beschwerdeführer eigene Rechte verfolgt und keine Popularverfassungsbeschwerde erhebt.[436] Nach der Rechtsprechung des Bundesverfassungsgerichts stellen diese Zulässigkeitsvoraussetzungen eine spezielle Ausprägung des in § 90 II BVerfGG zum Ausdruck kommenden allgemeinen Grundsatzes der Subsidiarität der Verfassungsbeschwerde dar, wonach die Verfassungsbeschwerde unzulässig ist, soweit der Beschwerdeführer vor Anrufung des Bundesverfassungsgerichts in zumutbarer Weise Rechtsschutz durch die allgemein zuständigen Gerichte erlangen kann.[437]

Damit soll neben der Entlastung des Bundesverfassungsgerichts erreicht werden, dass das Bundesverfassungsgericht nicht auf ungesicherter Tatsachen- und Rechtsgrundlage entscheiden muss.[438]

---

[434] Dies macht deutlich, dass mit der Ablehnung der Beschwerdebefugnis insgesamt zurückhaltend umgegangen werden sollte.
[435] BVerfGE 64, 301, 319; 89, 155, 171.
[436] Dieser Grundsatz des Ausschlusses von Popularrechtsbehelfen gilt grundsätzlich für die gesamte Rechtsordnung. Eine entsprechende Regelung findet sich für das verwaltungsgerichtliche Verfahren etwa in § 42 II VwGO.
[437] BVerfGE 97, 157, 165; 102, 197, 207; BVerfG NVwZ-RR 2005, 217, 218; BVerfG NJW 1998, 1385.
[438] BVerfGE 79, 1, 20; 97, 157, 165; 102, 197, 207.

Soweit der Beschwerdeführer Adressat einer staatlichen Maßnahme in Form eines Verwaltungsaktes oder eines gerichtlichen
Urteils ist, bereiten diese Voraussetzungen regelmäßig keine
großen Probleme. Bei einer Verfassungsbeschwerde gegen ein
Gesetz ist die Frage, ob der Beschwerdeführer bereits durch den
bloßen Erlass des Gesetzes selbst, gegenwärtig und unmittelbar
betroffen ist, schwieriger zu beantworten.

Die notwendige **Selbstbetroffenheit** liegt vor, wenn der Beschwerdeführer selbst Adressat der staatlichen Maßnahme ist.[439]
Eine Selbstbetroffenheit ist aber auch dann gegeben, wenn der
Akt an Dritte gerichtet ist und eine hinreichend enge Beziehung
zwischen der Grundrechtsposition des Beschwerdeführers und der
Maßnahme besteht. Es muss eine rechtliche Betroffenheit vorliegen; eine nur faktische Beeinträchtigung im Sinne einer Reflex-
wirkung reicht nicht.[440]

Die Beschwer muss **gegenwärtig** sein. Dies ist der Fall, wenn der
Beschwerdeführer von der angegriffenen Maßnahme aktuell und
nicht nur irgendwann in der Zukunft betroffen ist. Von einer gegenwärtigen Betroffenheit geht das Bundesverfassungsgericht aber
auch dann aus, wenn die Maßnahme den Beschwerdeführer mit
Blick auf seine künftig eintretende Wirkung zu später nicht mehr
korrigierbaren Entscheidungen zwingt[441] oder wenn klar abzusehen ist, dass und wie der Beschwerdeführer in der Zukunft von
der Regelung betroffen sein wird.[442] Mit dieser Rechtsprechung
erfasst das Bundesverfassungsgericht insbesondere die Fälle der
Verfassungsbeschwerde gegen ein **bereits verkündetes, aber
noch nicht in Kraft getretenes Gesetz**.

---

[439] BVerfGE 74, 297, 318.
[440] BVerfGE 13, 230, 232f.; 78, 350, 354.
[441] BVerfGE 43, 192, 387.
[442] BVerfGE 74, 297, 320.

Hier ist der Beschwerdeführer aufgrund der gesetzlichen Neuregelung bereits zu Dispositionen gezwungen, weil die spätere
Betroffenheit bereits klar absehbar ist.

Eine **unmittelbare** Betroffenheit liegt vor, wenn die angegriffene
Maßnahme, ohne eines weiteren Vollzugsaktes zu bedürfen, die
Rechtsstellung des Beschwerdeführers verändert.[443] Dies ist bei
Maßnahmen der Exekutive und Judikative regelmäßig der Fall, so
dass dieses Kriterium hauptsächlich Bedeutung bei einer Verfassungsbeschwerde gegen ein Gesetz erlangt, weil dieses regelmäßig erst noch durch einen zwischengeschalteten Verwaltungsakt vollzogen werden muss.[444] Der Beschwerdeführer muss also
geltend machen können, dass er gerade durch die Norm und nicht
erst durch ihren Vollzug in seinen Grundrechten betroffen ist.[445]

Setzt die Durchführung der angegriffenen Norm rechtsnotwendig
oder auch nur nach der tatsächlichen Verwaltungspraxis einen
besonderen Vollzugsakt voraus, so muss der Beschwerdeführer
grundsätzlich zunächst diesen Akt angreifen und den gegen ihn
eröffneten Rechtsweg erschöpfen, bevor er die Verfassungsbeschwerde erhebt.[446] Dies gilt selbst dann, wenn der Vollzugsakt
von der Verwaltung nach der eindeutigen und klaren Gesetzes-
regelung ohne jeden Entscheidungs- und Prüfungsspielraum erlassen werden muss.[447]

Von diesem Erfordernis macht das Bundesverfassungsgericht
jedoch unter dem Aspekt der **Unzumutbarkeit** im Einzelfall Ausnahmen. Ein solcher Fall liegt vor, wenn:

---

[443] BVerfGE 97, 157, 164; 102, 197, 207.
[444] BVerfGE 1, 97, 102f.
[445] BVerfGE 1, 97, 102.
[446] BVerfGE 72, 39, 43; 93, 319, 338.
[447] BVerfGE 72, 39, 43; BVerfG NVwZ-RR 2005, 217, 218.

256

1.) dem Beschwerdeführer ein Abwarten des späteren Vollzugsaktes unzumutbar wäre

2.) fachgerichtlicher Rechtsschutz aussichtslos wäre.

Bei der erstgenannten Alternative wird es sich regelmäßig um
Fälle handeln, bei denen dem Beschwerdeführer ein **Bußgeld
oder eine strafrechtliche Maßnahme** droht. Es versteht sich
dann von selbst, dass dem Beschwerdeführer nicht erst ein Verstoß gegen eine in seinen Augen verfassungswidrige, jedoch straf-
bewehrte Vorschrift zugemutet werden kann. Anderenfalls müsste
er zunächst das komplette Strafverfahren mit allen Instanzen
durchlaufen, um dann eine Urteilsverfassungsbeschwerde zu erheben. Eine vergleichbare Problematik stellte sich dem Bundesverfassungsgericht in seiner Entscheidung zum Luftsicherheitsgesetz.[448]

Beispiel 1: Das Luftsicherheitsgesetz (LuftSiG) sah in § 14 III LuftSiG[449]
eine Ermächtigung der Streitkräfte vor, durch unmittelbare Einwirkung mit
Waffengewalt ein Luftfahrzeug abzuschießen. Den Befehl hierzu sollte
nach § 14 IV LuftSiG der Bundesverteidigungsminister erteilen. Die Beschwerdeführer wandten sich gegen diese Regelung an das Bundesverfassungsgericht und legten dabei glaubhaft dar, dass sie aus privaten
und beruflichen Gründen häufig zivile Luftfahrzeuge benutzen. Ist die
Verfassungsbeschwerde gegen das Luftsicherheitsgesetz zulässig?

Lösung: Das Bundesverfassungsgericht urteilte diesbezüglich, dass es
durch die häufigen Flüge hinreichend wahrscheinlich ist, dass die Beschwerdeführer durch die von ihnen angegriffene Vorschrift des § 14 III
LuftSiG selbst und gegenwärtig in ihren Grundrechten betroffen
werden.[450] Auch die unmittelbare Betroffenheit der Beschwerdeführer ist
unter diesen Umständen gegeben, denn es kann ihnen nicht zugemutet

---

[448] BVerfGE 115, 118 ff.
[449] Die Regelung lautete: „Die unmittelbare Einwirkung mit Waffengewalt
ist nur zulässig, wenn nach den Umständen davon auszugehen ist, dass
das Luftfahrzeug gegen das Leben von Menschen eingesetzt werden soll,
und sie das einzige Mittel zur Abwehr dieser gegenwärtigen Gefahr ist."
[450] BVerfGE 115, 118, 137 ff.

werden abzuwarten, bis sie selbst Opfer einer Maßnahme nach § 14 III LuftSiG werden. Unmittelbare Betroffenheit ist somit auch dann anzunehmen, wenn ein Beschwerdeführer gegen einen denkbaren Vollzugsakt nicht oder nicht in zumutbarer Weise vorgehen kann.[451] Die Verfassungsbeschwerde war somit zulässig und im Übrigen auch begründet, weil § 14 III LuftSiG mit Art. 2 II 1 GG in Verbindung mit Art. 87a II GG und Art. 35 II, III sowie in Verbindung mit Art. 1 I GG unvereinbar und somit nichtig ist.

Für den Fall der Aussichtslosigkeit fachgerichtlichen Rechtsschutzes sind die Ausführungen des Bundesverfassungsgerichts in der Entscheidung über die Neuregelung der akustischen Wohnraumüberwachung beispielhaft.[452]

Beispiel 2: Der Beschwerdeführer ist Partner einer mittelgroßen Anwaltskanzlei, der auch ein Fachanwalt für Strafrecht angehört; nach eigenen Angaben übernimmt der Beschwerdeführer auch selbst Wirtschaftsstrafverteidigungen. Er sieht sich durch § 100c StPO selbst, unmittelbar und gegenwärtig betroffen und ist der Ansicht, dass die Vorschrift gegen Art. 1 und 13 GG verstößt. Insbesondere stört er sich daran, dass nach § 100c I StPO das in einer Wohnung nichtöffentlich gesprochene Wort **ohne Wissen der Betroffenen** mit technischen Mitteln abgehört und aufgezeichnet werden darf. Ist die Verfassungsbeschwerde gegen die Regelung des § 100c StPO zulässig?

Lösung: Das Bundesverfassungsgericht urteilte insofern, dass sich der Beschwerdeführer darauf berufen kann, von den angegriffenen Regelungen unmittelbar betroffen zu sein. Diese Voraussetzungen sind erfüllt, wenn die angegriffenen Bestimmungen, ohne eines weiteren Vollzugsakts zu bedürfen, die Rechtsstellung des Beschwerdeführers verändern.[453] Das ist auch dann anzunehmen, wenn dieser gegen einen denkbaren Vollzugsakt nicht oder nicht in zumutbarer Weise vorgehen kann.[454] Das Abhören des nichtöffentlich gesprochenen Worts in Wohnungen ist eine Maßnahme, von der der Betroffene weder vor noch während der Durchführung etwas erfährt, so dass **fachgerichtlicher Rechtsschutz**

---

[451] BVerfGE 100, 313, 354; 109, 279, 306 f.
[452] BVerfG NJW 2007, 2753ff.
[453] BVerfGE 97, 157, 164; 102, 197, 207.
[454] BVerfGE 100, 313, 354; 109, 279, 306 f.

insoweit nicht in Anspruch genommen werden kann.[455] Auch der
Umstand, dass § 100d VIII StPO eine nachträgliche Benachrichtigung der
Beteiligten von den getroffenen Maßnahmen vorsieht, steht der Zulässig-
keit der Verfassungsbeschwerde nicht entgegen.[456]

Nach der Beschwerdebefugnis stellt die **Rechtswegerschöpfung**
und **Subsidiarität** den nächsten abzuhandelnden Punkt der Zulässigkeit dar.[457] § 90 II 1 BVerfGG normiert insoweit, dass die
Verfassungsbeschwerde erst nach Erschöpfung des Rechtswegs
erhoben werden kann, wenn gegen die Verletzung der Rechtsweg
zulässig ist. Soweit sich die Verfassungsbeschwerde gegen ein
Gesetz richtet, spielt die Frage der Rechtswegerschöpfung keine
Rolle, weil es in diesem Fall **keinen Rechtsweg** gibt. Sollte eine
Maßnahme der Exekutive oder Judikative angegriffen werden, ist
der **komplette Instanzenzug** einschließlich eines vorherigen
Widerspruchsverfahrens zu durchlaufen.[458]

Die Regelung in § 90 II 1 BVerfGG ist Ausdruck des im Verfassungsrecht gemäß Art. 94 II 2 GG verankerten Grundsatzes der
Subsidiarität der Verfassungsbeschwerde. Die Verfassungsbeschwerde als ein außerordentlicher, dem Staatsbürger zur Ver-
teidigung seiner Grundrechte zusätzlich zu einem ausgebauten
Rechtsschutzsystem gewährter Rechtsbehelf soll aus Gründen der
Rechtssicherheit nur ausnahmsweise rechtskräftige Entscheidungen der Gerichte in Frage stellen.[459] Sie ist daher nur zulässig,
wenn sie erforderlich ist, um einen Grundrechtsverstoß auszu-
räumen.

---

[455] BVerfGE 109, 279, 307.
[456] BVerfGE 109, 279, 307 zur damaligen inhaltlich entsprechenden Regelung des § 101 I StPO.
[457] Zum Teil werden Rechtswegerschöpfung und Subsidiarität auch in
zwei getrennten Punkten geprüft. Beide Aufbauvarianten sind jedoch
üblich und somit vertretbar.
[458] Einige Bundesländer bereiten jedoch im Moment eine weitgehende
Abschaffung des Widerspruchsverfahrens vor.
[459] BVerfGE 22, 287, 291.

Das ist nicht der Fall, wenn ein Beschwerdeführer die von ihm behauptete Grundrechtsverletzung durch Einlegen von Rechtsbehelfen abwenden oder auf andere Weise ohne Anrufung des Bundesverfassungsgerichts beseitigen konnte.[460] Danach **muss** ein Beschwerdeführer zunächst die ihm gesetzlich zur Verfügung stehenden, **nicht offensichtlich unzulässigen Rechtsbehelfe ergreifen**[461]; namentlich **muss** er den ihm nach der jeweiligen Verfahrensordnung eröffneten Instanzenzug durchlaufen.[462]

Durch die umfassende fachgerichtliche Vorprüfung der Beschwerdepunkte soll dem Bundesverfassungsgericht ein regelmäßig in mehreren Instanzen geprüftes Tatsachenmaterial unterbreitet und ihm die Fallanschauung und Rechtsauffassung der Gerichte, insbesondere der obersten Bundesgerichte vermittelt werden.[463] Zugleich entspricht es der grundgesetzlichen Zuständigkeitsverteilung und Aufgabenzuweisung, dass vorrangig die Fachgerichte Rechtsschutz gegen Verfassungsverletzungen selbst gewähren[464] und etwaige im Instanzenzug auftretende Fehler durch Selbstkontrolle beheben.[465]

Von diesem Grundsatz des § 90 II 1 BVerfGG sind gesetzlich zwei Ausnahmen gemäß § 90 II 2 BVerfGG geregelt. Hiernach **kann** das Bundesverfassungsgericht über eine vor Erschöpfung des Rechtswegs eingelegte Verfassungsbeschwerde sofort entscheiden, wenn:

1.) sie von allgemeiner Bedeutung ist oder
2.) dem Beschwerdeführer ein schwerer und unabwendbarer Nachteil entstünde, falls er zunächst auf den Rechtsweg verwiesen würde.

---

[460] BVerfGE 51, 130, 139.
[461] BVerfGE 22, 287, 290; 28, 1, 6.
[462] BVerfGE 4, 193, 198; 8, 222, 225 f.; 31, 364, 368; 57, 170, 180.
[463] BVerfGE 8, 222, 227; 9, 3, 7.
[464] BVerfGE 47, 144, 145.
[465] BVerfGE 47, 182, 191.

260

In einem solchen Fall wird der Sachverhalt zwangsläufig Hinweise enthalten, die zu einer Auseinandersetzung mit § 90 II 2 BVerfGG führen. Da bereits § 90 II 2 BVerfGG gesetzliche Ausnahmen von der Erschöpfung des Rechtswegs vorsieht, sind weitere Ausnahmen eng zu begrenzen.[466] Sie kommen nach der Rechtsprechung des Bundesverfassungsgerichts nur in Betracht, wenn die Erschöpfung objektiv nicht geboten und dem Beschwerdeführer subjektiv nicht zuzumuten ist.[467] Die Erschöpfung des Rechtswegs kann demnach ausnahmsweise entbehrlich sein, wenn im Hinblick auf eine **gefestigte jüngere und einheitliche Rechtsprechung** auch im konkreten Einzelfall kein von dieser Rechtsprechung abweichendes Ergebnis zu erwarten ist.[468]

Neben der Erschöpfung des Rechtswegs muss der Beschwerdeführer außerdem die **Subsidiarität** gewahrt haben. Der Grundsatz der Subsidiarität erfordert, dass ein Beschwerdeführer über das Gebot der Rechtswegerschöpfung im engeren Sinne hinaus alle ihm zur Verfügung stehenden prozessualen Möglichkeiten ergreift, um eine Korrektur der geltend gemachten Verfassungsverletzung zu erwirken oder eine Grundrechtsverletzung zu verhindern.[469] Der Weg der Verfassungsbeschwerde kann danach grundsätzlich nur beschritten werden, wenn keine anderweitige Möglichkeit besteht oder bestand, dieses Ziel ohne Inanspruchnahme des Bundesverfassungsgerichts zu erreichen. Im Gegensatz zur Rechtswegerschöpfung findet der Subsidiaritätsgrundsatz insbesondere bei Gesetzen eine praktische Anwendung.[470]

---

[466] BVerfGE 22, 349, 355.
[467] BVerfGE 9, 3, 7f.
[468] Bei der Annahme dieser Fallgruppe ist jedoch Vorsicht geboten, da es sich um eine absolute Ausnahme handelt und eine zu großzügige Handhabung zu einem Leerlaufen des gesetzlichen Grundsatzes in § 90 II 1 BVerfGG führen würde. In jedem Fall wird der Sachverhalt deutliche Anzeichen enthalten, wenn diese Rechtsprechung einschlägig sein sollte.
[469] BVerfGE 68, 384, 388f.; 74, 102, 113; 104, 65, 70; 115, 81, 91f.
[470] BVerfGE 71, 305, 335f.; 74, 69, 74.

In den vergangenen Jahren spielte dieser Gedanke beim Rechtsschutz gegen Rechtsverordnungen des Bundes eine Rolle.[471]

Beispiel 3: Der Beschwerdeführer ist Miteigentümer eines südwestlich
des Flughafens Köln/Bonn gelegenen, selbst genutzten Wohngrundstücks
in Bonn – Holzlar. Mit seiner Verfassungsbeschwerde wendet er sich
gegen die Verlegung der Abflugstrecke NOR, die das Luftfahrt-Bundesamt für Abflüge von der Hauptstartbahn und Landebahn des Flughafens
in Richtung 14 L in der später mehrfach geänderten 147. Durchführungs-
verordnung zur Luftverkehrsordnung vom 11. Juli 1994 festgesetzt hat.
Diese Festsetzung entfaltet unmittelbare Wirkung und bedarf keines
weiteren Umsetzungsaktes. Nachdem das Luftfahrt-Bundesamt eine vom
Beschwerdeführer beantragte Änderung der Abflugstrecke abgelehnt
hatte, erhob er unmittelbar Verfassungsbeschwerde gegen die maßgebliche Verordnung. Zur Begründung machte er geltend, er und seine
Familie würden aufgrund der Neuregelung in erheblichem Umfang,
insbesondere zur Nachtzeit, durch Fluglärm beeinträchtigt. Wie sich aus
einem im Auftrag der Stadt Bonn erstellten Lärmgutachten ergebe, seien
die Grenzen des Zumutbaren deutlich überschritten. Eine nachhaltige
Schädigung seiner Gesundheit sei zu befürchten. Sein Grundstück erleide
einen deutlichen Wertverlust. Die angegriffene Rechtsverordnung sei
daher verfassungswidrig, weil sie gegen Art. 2 II 1 und 14 I GG verstoße.
Ist die Verfassungsbeschwerde gegen die Rechtsverordnung zulässig?

Lösung: Das Bundesverfassungsgericht hat bereit mehrfach geurteilt,
dass eine solche Verfassungsbeschwerde unzulässig ist, weil ihrer Zulässigkeit der Grundsatz der Subsidiarität der Verfassungsbeschwerde
entgegensteht. Auch bei Verordnungen des Bundes, **gegen die unmittelbar kein Rechtsweg eröffnet ist**, verlangt dieser Grundsatz die
Anrufung der allgemein zuständigen Gerichte, wenn diese der be-
haupteten Grundrechtsverletzung abhelfen können.[472] Zumutbar ist dies
allerdings nur, wenn die Anrufung dieser Gerichte nicht offensichtlich aussichtslos ist.[473] Das Bundesverwaltungsgericht hat – dieser verfassungsgerichtlichen Rechtsprechung folgend – demnach geurteilt, dass der

---

[471] BVerfG NVwZ-RR 2002, 1 mit weiteren Nachweisen.
[472] BVerfGE 68, 319, 325 f.; BVerfG NVwZ 1998, 169 f.; BVerfG NVwZ-
RR 2002, 1; BVerfG NVwZ 2006, 922, 923.
[473] BVerfGE 79, 1, 20; 85, 80, 86.

Bürger gegen die Festlegung von An- und Abflugstrecken von und zu Flugplätzen gemäß § 27a II 1 Luftverordnung durch Rechtsverordnung Rechtsschutz im Wege der verwaltungsgerichtlichen Feststellungsklage nach § 43 VwGO erlangen kann.[474]

Im Rahmen der Subsidiarität gibt es noch einen weiteren **Prüfungsklassiker**, der das Verhältnis des einstweiligen Rechtsschutzes und des Hauptsacheverfahrens vor den Fachgerichten zur Verfassungsbeschwerde betrifft. Es stellt sich hierbei die Frage, ob der Beschwerdeführer bereits Verfassungsbeschwerde erheben kann, wenn er den Instanzenzug im einstweiligen Rechtsschutz durchlaufen hat oder ob er zuvor noch das komplette **Hauptsacheverfahren** durchführen muss.

Das Bundesverfassungsgericht hat sich bereits mehrfach mit dieser Frage beschäftigt und insoweit geurteilt[475], dass § 90 II 1 BVerfGG nicht ohne weiteres verlangt, dass der Rechtsweg im Verfahren der Hauptsache erschöpft wird, wenn im Eilverfahren ergangene Entscheidungen Gegenstand der Verfassungsbeschwerde sind.[476] Der in dieser Norm zum Ausdruck kommende **Grundsatz der Subsidiarität** fordert aber, dass der Beschwerdeführer über das Gebot der Rechtswegerschöpfung im engeren Sinne hinaus die ihm zur Verfügung stehenden Möglichkeiten ergreift, um eine Korrektur der geltend gemachten Verfassungsverletzung zu erreichen oder sie gar zu verhindern.[477] Das bedeutet, **dass auch die Erschöpfung des Rechtswegs in der Hauptsache geboten sein kann, wenn sich dort nach der Art des gerügten Grundrechtsverstoßes die Chance bietet, der verfassungsrechtlichen Beschwer abzuhelfen.**[478]

---

[474] BVerwGE 111, 284 ff. Dieser Entscheidung ist der 3. Beispielsfall nachgebildet.
[475] BVerfGE 79, 275, 278f.
[476] BVerfGE 69, 315, 339f. mit weiteren Nachweisen.
[477] BVerfGE 74, 102, 113.
[478] BVerfGE 77, 381, 401.

Die Notwendigkeit, vorab das Klageverfahren zu betreiben, fehlt allerdings, wenn dies für den Beschwerdeführer **nicht zumutbar** ist. Das ist der Fall, wenn eine Klage im Hinblick auf entgegenstehende Rechtsprechung der Fachgerichte von vornherein als aussichtslos erscheinen muss[479], wenn die Verletzung von Grundrechten durch die Eilentscheidung selbst geltend gemacht wird, wie etwa bei der Versagung rechtlichen Gehörs[480] oder einer Verletzung des Art. 19 IV GG durch die Verweigerung einstweiligen Rechtsschutzes[481], oder wenn die Entscheidung von keiner weiteren tatsächlichen Aufklärung abhängt und diejenigen Voraussetzungen gegeben sind, unter denen gemäß § 90 II 2 BVerfGG vom Erfordernis der Rechtswegerschöpfung abgesehen werden kann[482].

Nach den Fragen der Rechtswegerschöpfung und der Subsidiarität sollte das **Rechtsschutzbedürfnis** der Verfassungsbeschwerde angesprochen werden. Dieses ist in der Regel gegeben, wenn die zuvor erwähnten Zulässigkeitsvoraussetzungen erfüllt sind. Sollte dem Beschwerdeführer noch ein einfacherer Weg zur Verfolgung seiner Rechte zur Verfügung stehen, wird er regelmäßig den Rechtsweg nicht erschöpft oder die Subsidiarität nicht gewahrt haben, so dass die Verfassungsbeschwerde bereits an diesen Punkten und nicht erst beim Rechtsschutzbedürfnis scheitert. Maßgeblich ist allerdings, dass das Rechtsschutzbedürfnis noch im **Zeitpunkt der Entscheidung** des Bundesverfassungsgerichts gegeben sein muss.[483]

---

[479] BVerfGE 70, 180, 186 mit weiteren Nachweisen.
[480] BVerfGE 65, 227.
[481] BVerfGE 59, 63, 84.
[482] BVerfGE 77, 381, 401 f. mit weiteren Nachweisen.
[483] BVerfGE 9, 89, 92; 21, 139, 143; 30, 54, 58.

264

Im Einzelfall kann jedoch eine vertiefte Auseinandersetzung mit dieser Frage erforderlich sein. Hierbei handelt es sich insbesondere um die **Fälle der Erledigung**.[484] Unter einer Erledigung versteht man den dauerhaften Wegfall der tatsächlichen und/oder rechtlichen Beschwer in objektiver Weise. Solche Konstellationen kommen häufig im Zusammenhang mit strafprozessualen Maßnahmen (z. B. einer Wohnungsdurchsuchung[485]) oder mit polizei- und ordnungsrechtlichen Gefahrenabwehrmaßnahmen vor.

Das Bundesverfassungsgericht bejaht das Vorliegen eines Rechtsschutzbedürfnisses jedoch auch in den Fällen der Erledigung, wenn bestimmte Voraussetzungen erfüllt sind.[486] Demnach kommt es im Falle der Erledigung des mit der Verfassungsbeschwerde verfolgten Begehrens für das Fortbestehen eines Rechtsschutzbedürfnisses darauf an, ob entweder die Klärung einer verfassungsrechtlichen Frage von grundsätzlicher Bedeutung anderenfalls unterbliebe und der gerügte Grundrechtseingriff besonders belastend erscheint oder ob eine Wiederholung der angegriffenen Maßnahme zu besorgen ist.[487]

In Fällen besonders tief greifender und folgenschwerer Grundrechtsverstöße besteht das Rechtsschutzbedürfnis auch dann fort, wenn die direkte Belastung durch den angegriffenen Hoheitsakt sich auf eine Zeitspanne beschränkt, in welcher der Betroffene nach regelmäßigem Geschäftsgang eine Entscheidung des Bundesverfassungsgerichts kaum erlangen konnte, da der

---

[484] Die Problematik wird teilweise auch bereits im Rahmen der Beschwerdebefugnis unter dem Merkmal der Gegenwärtigkeit angesprochen. Der unterschiedliche Prüfungsort ändert jedoch nichts an der dogmatischen Problematik der Erledigung.
[485] BVerfG NJW 2006, 976, 977.
[486] Die Problematik ist vergleichbar mit der Rechtsprechung der Verwaltungsgerichte zur Frage des Fortsetzungsfeststellungsinteresses bei der Fortsetzungsfeststellungsklage nach § 113 I 4 VwGO.
[487] BVerfGE 33, 247, 257f.; 69, 161, 168; BVerfG NJW 2002, 3691.

Grundrechtsschutz des Beschwerdeführers sonst in unzumutbarer Weise verkürzt würde.[488]

Der Umstand, dass die Fachgerichte und das Bundesverfassungsgericht oft außer Stande sind, schwierige Fragen in kurzer Zeit zu entscheiden, darf nicht dazu führen, dass eine Verfassungsbeschwerde allein wegen des vom Beschwerdeführer nicht zu vertretenden Zeitablaufs verworfen wird.[489]

Zudem geht das Bundesverfassungsgericht ebenfalls von einer Erledigung des Verfahrens aus, wenn der **Beschwerdeführer während des laufenden Verfahrens verstirbt.**[490] Eine Fortführung des Verfahrens durch Angehörige ist in der Regel unzulässig, weil eine Rechtsnachfolge im Verfassungsbeschwerdeverfahren grundsätzlich nicht in Betracht kommt, denn das Verfahren dient regelmäßig der Durchsetzung höchstpersönlicher Rechte. Ausnahmen hiervon sind nur im Hinblick auf solche Rügen zugelassen worden, die der Rechtsnachfolger im eigenen Interesse geltend machen kann.[491]

Zuletzt bedarf die Verfassungsbeschwerde auch einer **form- und fristgerechten Einlegung.** Die Anforderungen hinsichtlich der Form und der Begründung der Verfassungsbeschwerde ergeben sich aus §§ 23 I und 92 BVerfGG. Die Frist ergibt sich aus § 93 BVerfGG. Der Grundsatz ist insoweit die Monatsfrist des § 93 I 1 BVerfGG, wenn es sich nicht um eine Verfassungsbeschwerde gegen ein Gesetz, sondern gegen Maßnahmen der Exekutive oder Judikative handelt.

---

[488] BVerfGE 34, 165, 180; 41, 29, 43; 49, 24, 51f.
[489] BVerfGE 74, 163, 172f.; 76, 1, 38f.; 81, 138, 140f.
[490] BVerfGE 6, 389, 442f.; 12, 311, 315; 109, 279, 304.
[491] BVerfGE 6, 389, 442f.; 17, 86, 90f.; 23, 288, 300; 37, 201, 206; 69, 188, 201. Ein Beispiel wäre die Fortführung einer Verfassungsbeschwerde gegen eine strafrechtliche Verurteilung durch Angehörige, um dem verstorbenen Beschwerdeführer auch nach seinem Tod noch den Makel der rechtskräftigen Verurteilung zu nehmen.

Die Monatsfrist beginnt nach § 93 I 2 BVerfGG mit der Zustellung oder formlosen Mitteilung der in vollständiger Form abgefassten Entscheidung, wenn diese nach den maßgebenden verfahrensrechtlichen Vorschriften von Amts wegen vorzunehmen ist. Die Berechnung der Monatsfrist richtet sich mangels einer Regelung im BVerfGG nach den §§ 187 ff. BGB. Da der Fristlauf von einem Ereignis, nämlich der Zustellung der maßgeblichen Entscheidung, abhängt, wird dieser Tag bei der Fristberechnung nach § 187 I BGB nicht mitgerechnet. Die Monatsfrist endet gemäß § 188 II BGB mit Ablauf[492] desjenigen Tages der letzten Woche oder des letzten Monats, welcher durch seine Benennung oder seine Zahl dem Tage entspricht, in den das Ereignis fällt.

Verschiebungen des Frist-Endes können allerdings nach § 193 BGB eintreten, wenn es sich bei dem letzen Tag der Frist um einen Samstag, Sonntag oder anerkannten Feiertag handelt. Dann tritt an die Stelle eines solchen Tages der nächste Werktag. Als **Faustformel** gilt somit für die Berechnung der Monatsfrist, dass Fristablauf am namensgleichen Tag des Folgemonats eintritt. Soweit der Beschwerdeführer ohne Verschulden verhindert war, diese Frist einzuhalten, ist ihm gemäß § 93 II 1 BVerfGG auf Antrag **Wiedereinsetzung in der vorigen Stand** zu gewähren.

Beispiel 4: Das maßgebliche Urteil wird am 04. Juni zugestellt. Da der Ereignistag für den Fristbeginn nach § 187 I BGB nicht mitgerechnet wird, beginnt die Monatsfrist somit am 05. Juni um 0 Uhr. Sie endet nach § 188 II BGB am 04. Juli um 24 Uhr.

Im Fall der Verfassungsbeschwerde gegen ein Gesetz beträgt die Frist jedoch nicht einen Monat, sondern gemäß § 93 III BVerfGG ein Jahr seit dem Inkrafttreten des Gesetzes. Die Fristberechnung richtet sich auch in diesem Fall nach den §§ 187 ff. BGB. Allerdings treten Gesetze in der Regel zu Beginn eines Tages in Kraft, so dass sich der Fristbeginn nicht nach § 187 I BGB, sondern nach § 187 II 1 BGB richtet. Ist demnach der Beginn eines Tages

---

[492] Die Frist läuft somit bis 24 Uhr.

der für den Anfang einer Frist maßgebende Zeitpunkt, so wird dieser Tag bei der Berechnung der Frist mitgerechnet. Das Fristende richtet sich dann jedoch wieder nach § 188 II BGB, so dass die Frist aufgrund der Einschlägigkeit des § 187 II 1 BGB für den Fristbeginn mit dem Ablauf desjenigen Tages des letzten Monats endet, welcher dem Tage **vorhergeht**, der durch seine Benennung oder seine Zahl dem Anfangstag der Frist entspricht. Anders als bei der Monatsfrist eröffnet sich bei der Jahresfrist keine Möglichkeit der Wiedereinsetzung in den vorigen Stand, weil der Wortlaut des § 93 II 1 BVerfGG insoweit eindeutig ist.

Beispiel 5: Ein Gesetz tritt am 01. Juni in Kraft. Dieser Tag wird nach § 187 II 1 BGB bei der Berechnung der Frist mitgerechnet. Das Fristende tritt nach § 188 II BGB jedoch nicht am 01. Juni des Folgejahres ein, sondern bereits einen Tag früher, so dass die Frist am 31. Mai um 24 Uhr endet.

Im Rahmen des Beschwerdegegenstandes wurde bereits erwähnt, dass nicht nur positives Tun des Gesetzgebers, sondern unter engen Voraussetzungen auch ein gesetzgeberisches Unterlassen durch die Verfassungsbeschwerde angegriffen werden kann. In diesem Fall besteht das Problem, dass für die Berechnung der Jahresfrist nicht auf das nach § 93 III BVerfGG erforderliche Inkrafttreten des Gesetzes abgestellt werden kann. Hier sind zwei Fälle zu unterscheiden.

Soweit der Beschwerdeführer rügt, dass der Gesetzgeber **gänzlich untätig** geblieben ist (sogenanntes **echtes Unterlassen**), fehlt ein Anknüpfungspunkt für den Beginn des Fristlaufs. Das Bundesverfassungsgericht geht damit mangels Einschlägigkeit des § 93 III BVerfGG davon aus, dass eine Verfassungsbeschwerde, die von dem gänzlich untätig gebliebenen Gesetzgeber den Erlass eines Gesetzes verlangt, – anders als etwa im Organstreitverfahren nach § 64 III BVerfGG – **nicht an die Einhaltung einer Frist gebunden ist.**[493]

---

[493] BVerfGE 56, 54, 70; BVerfG NVwZ-RR 1999, 281, 282.

268

Anders liegt der Fall, wenn der Beschwerdeführer nicht die vollständige Untätigkeit des Gesetzgebers angreift, sondern rügt, dass eine getroffene Regelung inhaltlich unvollständig ist (sogenanntes **unechtes Unterlassen**). Ist der Gesetzgeber somit tätig geworden und enthält das Gesetz eine – sei es auch ablehnende oder unvollständige – Regelung, dann hat er nach Auffassung des Bundesverfassungsgerichts eine Entscheidung nicht „unterlassen".[494] Wer diese Regelung als unzureichend ansieht, ist gehalten, sie in erster Linie unmittelbar im Rahmen der Anfechtung eines Vollziehungsaktes zur verfassungsrechtlichen Nachprüfung zu stellen oder – sofern die entsprechenden Voraussetzungen vorliegen – unmittelbar mit einer Verfassungsbeschwerde anzugreifen, die innerhalb der in § 93 III BVerfGG genannten **Jahresfrist** einzulegen ist.[495]

Die Verfassungsbeschwerde ist **begründet**, wenn der Beschwerdeführer durch einen Akt der öffentlichen Gewalt in einem seiner in Art. 93 I Nr. 4a GG erwähnten Rechte verletzt ist. Hierbei geht das Bundesverfassungsgericht **grundsätzlich** von einer **umfassenden** Prüfungskompetenz aus. Demnach sieht sich das Bundesverfassungsgericht als berechtigt an, den in Betracht kommenden Verstoß umfassend zu prüfen und ist diesbezüglich nicht auf die vom Beschwerdeführer gerügten Rechte begrenzt. Ob das Bundesverfassungsgericht von dieser weitreichenden Prüfungskompetenz auch Gebrauch macht, ist dabei vom jeweiligen Einzelfall abhängig, denn zum Teil wird eine weitergehende Überprüfung auch mit dem Argument abgelehnt, dass das in Betracht kommende Grundrecht vom Beschwerdeführer gerade nicht gerügt wurde. Als Faustformel kann man somit davon ausgehen, dass das Bundesverfassungsgericht zu einer umfassenden Prüfung berechtigt, jedoch nicht verpflichtet ist.[496]

---

[494] BVerfGE 13, 284, 287; 23, 229, 238; 29, 268, 273.
[495] BVerfGE 56, 54, 71.
[496] Diese Frage kann im Einzelfall zu rechtlich schwierigen Konstellationen führen, die jedoch bisher weder in der Rechtsprechung noch in der Literatur umfassend geklärt sind.

Soweit sich die Verfassungsbeschwerde gegen ein Urteil richtet, gilt es eine Besonderheit hinsichtlich des **Prüfungsumfangs** des Bundesverfassungsgerichts zu beachten, weil der Beschwerdeführer durch jedes unrichtige Urteil zumindest in Art. 2 I GG verletzt ist. Da das Bundesverfassungsgericht sich jedoch nicht als **Superrevisionsinstanz** sieht, beschränkt es seine Prüfungskompetenz auf die Verletzung **spezifischen Verfassungsrechts**.[497] Ob das Urteil nach einfachem Gesetzesrecht korrekt ist, wird somit vom Bundesverfassungsgericht nicht überprüft. Dies ist zu Beginn der Begründetheitsprüfung einer Urteilsverfassungsbeschwerde klarzustellen. Ein Verstoß gegen spezifisches Verfassungsrecht liegt vor, wenn:

1.) der Einfluss bzw. die Bedeutung der Grundrechte ganz oder grundsätzlich verkannt wurde

2.) die Rechtsanwendung grob und offensichtlich willkürlich war oder

3.) die Grenzen richterlicher Rechtsfortbildung überschritten wurden.

Zusammenfassung zur Zulässigkeit der Verfassungsbeschwerde

1.) Beschwerde- und Prozeßfähigkeit
2.) Tauglicher Beschwerdegegenstand
3.) Beschwerdebefugnis
    a) selbst
    b) gegenwärtig
    c) unmittelbar
4.) Rechtswegerschöpfung und Subsidiarität
5.) Rechtsschutzbedürfnis (insbesondere in Fällen der Erledigung)
6.) Form und Frist

---

[497] BVerfGE 18, 85, 92f.; 30, 173, 188; 85, 248, 258; BVerfG NJW 2005, 1344.

VII. Die einstweilige Anordnung

Nach § 32 I BVerfGG kann das Bundesverfassungsgericht aufgrund der in der Regel langen Verfahrensdauer einstweilige Anordnungen erlassen, wenn dies zur Abwehr schwerer Nachteile, zur Verhinderung drohender Gewalt oder aus einem anderen wichtigen Grund zum gemeinen Wohl dringend geboten ist. Hiermit soll somit die Schaffung endgültiger Tatsachen bis zu einer Entscheidung in der Hauptsache verhindert werden.

Eine solche einstweilige Anordnung ist in allen Verfahren **statthaft**, in denen das Bundesverfassungsgericht auch in der Hauptsache zuständig ist.

Zur Erlangung einer solchen einstweiligen Anordnung ist grundsätzlich ein **Antrag** erforderlich. **Antragsberechtigt** ist hierbei jeder, der im Hauptsacheverfahren bereits beteiligt ist oder später beteiligt sein könnte. Soweit die Hauptsache bereits anhängig ist, wird man auch davon ausgehen können, dass das Bundesverfassungsgericht eine solche einstweilige Anordnung **von Amts wegen** erlassen darf.

Da eine Entscheidung im einstweiligen Rechtsschutz nie weiter reichen kann, als eine Entscheidung in der Hauptsache, dürfte das Hauptsacheverfahren nicht **offensichtlich unzulässig oder unbegründet sein.**[498] Hier ist demnach im Rahmen der Zulässigkeit der einstweiligen Anordnung zu überprüfen, ob die Fristen in der Hauptsache bereits abgelaufen sind. Die Annahme einer offensichtlichen Unbegründetheit der Hauptsache darf jedoch nur äußerst zurückhaltend erfolgen, weil diese Frage umfassend erst in der Begründetheit der Hauptsache geklärt werden soll.

---

[498] Zum Teil wird die Prüfung, ob die Hauptsache offensichtlich unbegründet ist, auch erst am Beginn der Begründetheitsprüfung der einstweiligen Anordnung vorgenommen. Der Prüfungsstandort dieses Merkmals wird somit nicht einheitlich gehandhabt.

Demnach soll nur bei **evident** unbegründeten Hauptsache-verfahren auch kein einstweiliger Rechtsschutz mehr in Betracht kommen, weil dies letztendlich sinnlos wäre, wenn in der Hauptsache ohnehin nichts erreicht werden kann.

Zuletzt darf durch eine einstweilige Anordnung grundsätzlich **keine Vorwegnahme der Hauptsache** eintreten. Dieser Grundsatz erklärt sich bereits aus sich selbst, denn die endgültige Klärung der Rechtslage soll durch das Hauptsacheverfahren herbeigeführt werden. Bis dahin soll die einstweilige Anordnung nur den Eintritt vollendeter Tatsachen verhindern. Eine Ausnahme besteht jedoch, wenn dem Antragsteller sonst kein effektiver Rechtsschutz zur Verfügung stünde und er dadurch einen **schweren und irreparablen Nachteil** erleiden würde.

Die Form des Antrags ergibt sich wiederum aus § 23 BVerfGG. Zudem können sich im Einzelfall weitere zu berücksichtigende Besonderheiten aus § 32 II bis VII BVerfGG ergeben.

Die **Begründetheit** der einstweiligen Anordnung richtet sich bei offenem Ausgang des Hauptsacheverfahrens nach der vorzunehmenden **Doppelhypothese**. Demnach ist abzuwägen zwischen:

1.) den Folgen, die eintreten würden, wenn eine einstweilige Anordnung nicht erginge und die spätere Hauptsache aber Erfolg hätte und

2.) den Nachteilen, die eintreten würden, wenn eine einstweilige Anordnung erginge, die spätere Hauptsache jedoch keinen Erfolg hat.

▶ Unsere 📖 Skripten 📑 Karteikarten 🔊 Hörbücher (Audio-CDs)

Zivilrecht (je 6,60 €*)
- 📖 Standardfälle für Anfänger und 📖 Standardfälle für Fortg.
- 📖 Standardfälle BGB AT
- 📖 Standardfälle Schuldrecht
- 📖 Standardfälle Ges. Schuldverh. (§§ 677, 812, 823)
- 📖 Standardfälle Sachenrecht
- 📖 Standardfälle Familien- und Erbrecht
- 📖 Originalklausuren Übung für Fortgeschrittene
- 📖 🔊 Basiswissen BGB (AT) (Frage-Antwort)
- 📖 🔊 Basiswissen SchR (AT) und 📖 🔊 Basisw SchR (BT)
- 📖 Einführung in das Bürgerliche Recht
- 📖 BGB (AT) (9,90 €)
- 📖 Schuldrecht (AT) (9,90 €)
- 📖 Schuldrecht (BT) 1 - §§ 437, 536, 634, 670 ff.
- 📖 Schuldrecht (BT) 2 - §§ 812, 823, 765 ff.
- 📖 Sachenrecht 1 – Bewegliche Sachen
- 📖 Sachenrecht 2 – Unbewegliche Sachen
- 📖 Familienrecht
- 📖 Erbrecht
- 📖 Streitfragen Schuldrecht
- 📖 🔊 Definitionen für die Zivilrechtsklausur (9,90 €)

Strafrecht (je 6,60 €*)
- 📖 Standardfälle für Anfänger Band 1 (7,90 €)
- 📖 Standardfälle für Anfänger Band 2
- 📖 Standardfälle für Fortgeschrittene (8,90 €)
- 📖 🔊 Basiswissen Strafrecht (AT) (Frage-Antwort)
- 📖 Basiswissen Strafrecht (BT) in Vorbereitung
- 📖 Strafrecht (AT)
- 📖 Strafrecht (BT) 1 – Vermögensdelikte (7,90 €)
- 📖 Strafrecht (BT) 2 – Nichtvermögensdelikte (7,90 €)
- 📖 Jugendstrafrecht/Strafvollzug/Kriminologie
- 📖 🔊 Definitionen für die Strafrechtsklausur

Öffentliches Recht (je 6,60 €*)
- 📖 Standardfälle Staatsrecht I – StaatsorgaR (7,90 €)
- 📖 Standardfälle Staatsrecht II – Grundrechte (9,90 €)
- 📖 Standardfälle für Anfänger (StaatsorgaR u. Grundrechte)
- 📖 Standardfälle Verwaltungsrecht (AT) (7,90 €)
- 📖 Standardfälle Verwaltungsrecht für Fortgeschrittene
- 📖 Standardfälle Baurecht (7,90 €)
- 📖 Standardfälle Europarecht (7,90 €)
- 📖 🔊 Basiswissen Staatsrecht I – StaatsorgaR (Frage-Antw.)
- 📖 🔊 Basiswissen Staatsrecht II – GrundR (Frage-Antw.)
- 📖 🔊 Basiswissen Verwaltungsrecht AT– (Frage-Antwort)
- 📖 Staatsorganisationsrecht (9,90 €)
- 📖 Grundrechte (9,90 €)
- 📖 Staatshaftungsrecht (7,90 €)
- 📖 Verwaltungsrecht (AT) 1 - VwVfG
- 📖 Verwaltungsrecht (AT) 2 – VwGO
- 📖 Verwaltungsrecht (BT) 1 – POR (7,90 €)
- 📖 Verwaltungsrecht (BT) 2 – Baurecht
- 📖 Verwaltungsrecht (BT) 3 – Umweltrecht
- 📖 🔊 Europarecht (9,90 €)
- 📖 🔊 Definitionen Öffentliches Recht (8,90 €)

Steuerrecht (je 6,60 €*)
- 📖 Abgabenordnung (AO)
- 📖 Einkommensteuerrecht (EStG) (7,90 €)
- 📖 Umsatzsteuerrecht (UStG) (7,90 €)
- 📖 Erbschaftsteuerrecht: erscheint ca. April 2008!
- 📖 Steuerstrafrecht/Verfahren/Steuerhaftung (7,90 €)

Sozialrecht (je 6,60 €*)
- 📖 Kinder- und Jugendhilferecht
- 📖 Sozpäd. Diagn.: SPFH & ambul. Hilfen d. KJH
- 📖 Sozialrecht

Nebengebiete (je 6,60 €*)
- 📖 Standardfälle Handels- & GesellschaftsR
- 📖 Standardfälle Arbeitsrecht (7,90 €)
- 📖 🔊 Basiswissen Handelsrecht (Frage-Antwort)
- 📖 🔊 Basiswissen Gesellschaftsrecht (Fra.-Antw.)
- 📖 🔊 Basiswissen ZPO (Frage-Antwort) (7,90 €)
- 📖 🔊 Basiswissen StPO (Frage-Antwort)
- 📖 Handelsrecht
- 📖 Gesellschaftsrecht
- 📖 Arbeitsrecht (7,90 €)
- 📖 Kollektives Arbeitsrecht (7,90 €)
- 📖 ZPO I – Erkenntnisverfahren (7,90 €)
- 📖 ZPO II – Zwangsvollstreckung
- 📖 Strafprozessordnung – StPO
- 📖 Internationales Privatrecht – IPR (7,90 €)
- 📖 Insolvenzrecht
- 📖 Gewerbl. Rechtsschutz/Urheberrecht (7,90 €)
- 📖 Wettbewerbsrecht (7,90 €)
- 📖 500 Spezial-Tipps f. Juristen (10,90 €)
- 📖 Mediation (7,90 €)

Karteikarten (je 8,90 €)
- 📑 Grundlagen des Zivilrechts
- 📑 Streitfragen Strafrecht
- 📑 Strafrecht (BT) 1 - Vermögensdelikte
- 📑 Strafrecht (BT) 2 – Nichtvermögensdelikte

Assessorexamen (je 6,60 €*)
- 📖 Die Relationstechnik
- 📖 Der Aktenvortrag im Strafrecht
- 📖 Der Aktenvortrag im Wahlfach Strafrecht
- 📖 Der Aktenvortrag im Zivilrecht
- 📖 Der Aktenvortrag im Öffentlichen Recht
- 📖 Urteilsklausuren Zivilrecht
- 📖 Anwaltsklausuren Zivilrecht
- 📖 Staatsanwaltl. Sitzungsdienst & Plädoyer
- 📖 Die strafrechtliche Assessorklausur
- 📖 Die öff.-rechtl. Assessorklausur Bd.1 (7,90 €)
- 📖 Die öff.-rechtl. Assessorklausur Bd.2
- 📖 Zwangsvollstreckungsklausuren
- 📖 Vertragsgestaltung in der Anwaltsstation

BWL & VWL (je 6,60 €*)
- 📖 Einführung in die Betriebswirtschaftslehre
- 📖 Einführung in die Volkswirtschaftslehre
- 📖 Ratg. „500 Spezial-Tipps für BWLer"
- 📖 Rechnungswesen
- 📖 Marketing
- 📖 Organisationsgestaltung & -entwickl. (7,90 €)
- 📖 Internationales Management
- 📖 Unternehmensführung
- 📖 Wie gelingt meine wiss. Abschlussarbeit?
- 📖 Ratgeber Assessment Center

Schemata (9,90 €)
- 📖 Die wichtigsten Schemata - ZivR,StrafR,ÖR
- 📖 Die wichtigsten Schemata - Nebengebiete

* 6,60 Euro, soweit nicht ein anderer Preis in ( ) angegeben ist! Irrtümer/Änd. vorbehalten!

🔊 bedeutet: auch als **Hörbuch** (Audio-CD) lieferbar (7,90 €)

Im **niederle-shop.de** bestellte Artikel treffen idR *nach 1-2 Werktagen* ein!